U0111810

大展好書　好書大展

品嘗好書　冠群可期

大展好書　好書大展

品嘗好書　冠群可期

心一拳術

李泰慧◎著

崔虎剛◎校注

武學古籍新注⑤

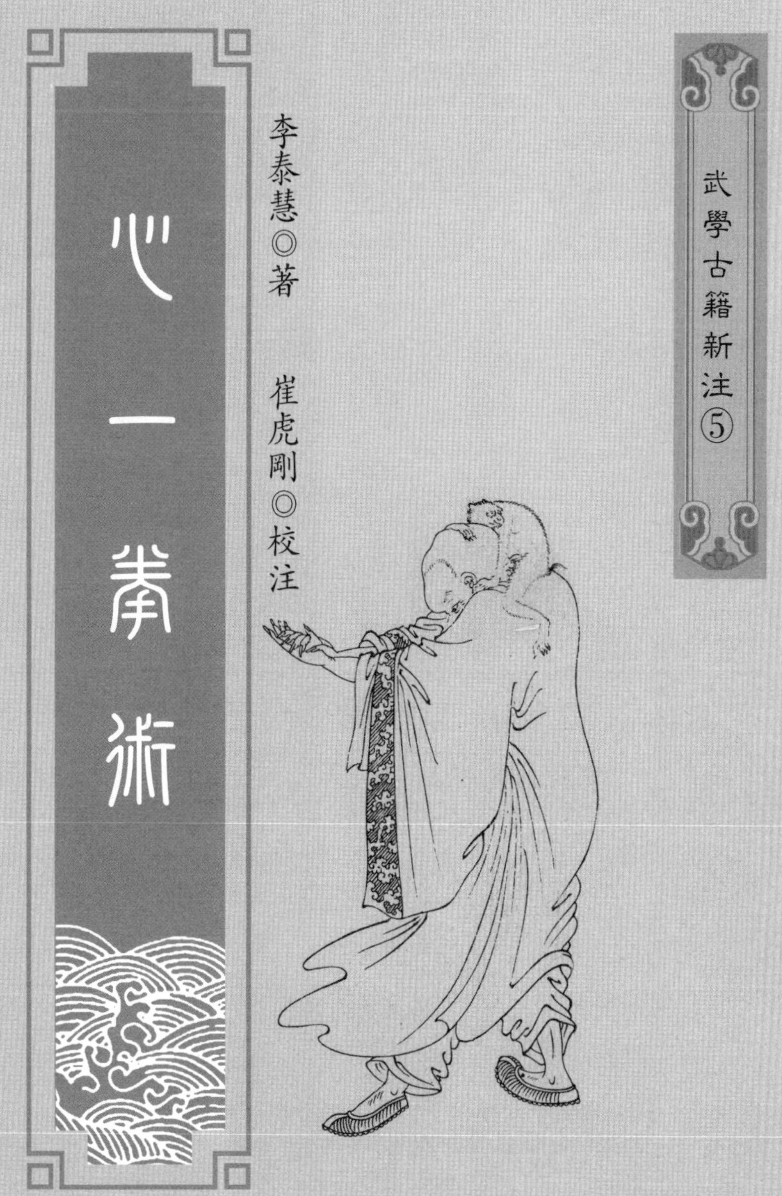

大展出版社有限公司

《心一拳術》重現導讀

以心意拳為代表的山西姬氏武學，經過幾百年的流傳，在各時期、各地域，有著不同的特徵和名稱。「心一拳」就是其中之一。

提到心意拳，人們常有很多疑問，例如姬氏武學最大的價值是什麼？

心意拳神秘面紗後究竟有哪些內容？

姬氏武學史上名家巨手的神奇功夫到底是如何練出的？

我們耳熟能詳的古譜名句，每一句原本是何含義？

享有盛譽的「七拳之論」具體如何操作？

心意拳是否僅以刮地風一種腿法便橫行天下？

心意拳共有多少種腿法？

……………

對於類似的種種疑問，《心一拳術》一書能做到逐句詳述，橫豎比喻，唯恐解釋不清，無一句遺漏。這是何等的師傳及人物才能有的作為？

作者到底是什麼身份，他為什麼要無私披露？

在什麼樣的歷史背景下，有過哪些傳奇的經歷，才寫出如此巨著？

《心一拳術》成文近百年，但在很長一段時間裡都不為學界所知，直到二〇一五年初被筆者重新披露，學界皆為之驚喜。

不僅此書不為人知，而且該書所介紹的拳藝之源起也不甚清楚。此書作者介紹，該藝源出姬祖，清乾隆年間後期由河南汝州劉遇泰傳馬建章，太平天國時期前後，馬建章等傳到湖北荊州等地，再往前，便道不出究竟是姬氏哪位弟子所傳。

後經考證認為是姬龍鳳八百弟子之一的雙鶴老祖在陝西西安府的傳系，河南汝州劉遇泰在陝西西安府得到傳授。

該傳系與河南馬學禮、山西戴龍邦、四川金家功夫傳系並列，以前不為人知，此次刊印堪稱是心意拳歷史上《倚山武論》（又稱《鄂王武論》）之後的又一個重大發現。僅此一點，其價值和意義不言而喻。

此外，眾所周知，清代武學著作多是歌訣、拳論或某些心得，又或者是一些理論的介紹，往往「欲言又止」，如寶鼎著作明言有些內容非弟子不傳，岳武穆《九要論》、王宗岳的《太極拳論》的理論內容雖然都無可超越，但缺少具體操作方法。

可以說，從來沒有一本武學著作將其門秘傳和盤托出，將如何成為巨手的具體步驟一步一步地披露出來。

打破心意門保守的歷史傳承，馬建章、李泰慧師徒結合古譜，對該稀有傳系中經過戰爭洗禮、軍隊培訓與江湖傳承等經各方面檢驗的武藝，做了全面系統、深入細緻、具體可操作的總結，並全文披露，即《心一拳術》。

憑此，《心一拳術》便具有晚清以來，心意門乃至中國武學著作中獨一無

二的地位。

只有在特定的中國歷史時期、經歷國家巨變、具備高尚品德的師徒，確實情繫中華民族興亡，才會有如此大成之作。

至於該支傳系歷史、技術及諸多傳人等發現，有待一一披露。該著作的特點可以略歸納幾點。

一、傳承獨特，師承高明

依據其舊譜記載可知，心一拳術屬於山西姬氏武學，但其關於姬祖的資訊與馬學禮傳系、戴龍邦傳系和《倚山武論》中的記載相差甚遠，這是年代久遠造成的誤傳。

該拳系師承特別，雖然出自河南，卻來自陝西西安，應是姬公八百弟子中獨特的一支。

該書還記載了許多前輩先師，如「馬建章的生卒年月（生於清朝嘉慶十六年）」。由此可以大致推算出，其師「雞腿先生」劉遇泰是清朝乾隆時期人，同時證實劉遇泰的陝西西安師父是姬龍鳳弟子雙鶴老祖。湖北荊門的馬建章傳人，可以確知自己的源流和馬建章的師承問題。

作者李泰慧先生，師承馬公建章。馬建章，河南新野人，與買壯圖大致同時代人，閱歷超人，由字門拳投入汝州心意門，藝成後，於民間廣泛驗證武功。馬公還是姬氏武學中，繼清康熙時期曹繼武領兵、襄縣耿飛雄軍中任職之後，又一位於軍隊中任教的姬氏武學代表人物。

馬公的一些歷史、交往人物及弟子事蹟，如在太平天國時期曾訓練官兵，師徒直接參與戰事，弟子在杭州保衛戰中戰死，書中都有記載。

與姬公一樣，馬公畢生以教授武藝為生，是晚清時期姬氏武學的一位傑出人物，積累大量心得，一直注重總結與提煉，晚年將畢生武學全部傳授給弟子李泰慧先生，使之整理流傳，方使這支傳人得以保留並日後重現。

二、文武雙全，貢獻非凡

李泰慧先生，字德謙，武舉，清末在陸軍任教官，民國初年被聘請為國立武昌商業大學（一九二三年更名為國立武昌商科大學，一九二六年併入國立武昌中山大學，後成為武漢大學經濟學科的重要源頭）教師。

李泰慧先生在清光緒時期送走恩師後，遵師囑，胸懷華夏，立志真正為強國強種著作此書，披露全部奧秘，沒有任何保留——「本書備專門師範中學，及高等國民各校教科之用，施之於海陸軍警，亦無不可，擴而充之，推諸全國：或老幼，或婦女，酌量其用，亦莫不宜」，名副其實！

一九三五年，正值抗戰前夕，祖籍荊門四嶺山的李泰慧先生，率妻攜子從武昌歸來辦學，他清理普庵寺空曠的殿堂，合併幾處私塾，捐資聘師，創辦了影響方圓四十餘里、當地規模最大的私立學校——普庵學堂。學堂分設兩個班，師生四十餘人，曾培養出許多抗日將領。

李泰慧先生不僅對於中華武學貢獻卓著，對於武學歷史文化也有重大貢獻。筆者曾與李泰慧先生後人取得聯繫，得到許多重要資訊，得知馬公建章墓被保存至今。

三、民初出版，學術價高

眾所周知，姬氏武學中，最早公開出版著作的是山西戴龍邦傳系中李洛能的傳人，如民國四年河北形意傳人孫祿堂著《形意拳學》、張占魁著《形意武術教科書》，民國七年河北保定軍官學校出版《武術研究社成績錄》等。

河南心意拳以獨特的方式繼承了姬氏武學的精華。其最早的著作，是寶鼎先生民國二十五年出版的《形意拳譜》。

然而，《心一拳術》的出現打破了上述格局。與「行意拳」之於「形意拳」一樣，「心一拳術」不是對「心意拳」之名的誤會，而是對於姬氏武學的一種自成體系的認識和解讀。

這部始於清朝末期，民國六年寫作、民國七年面世的著作，與姬氏武學河北形意傳人在民國四年出版的最早一批著作幾乎同期，改寫了心意傳系學術著作出版落後其他傳系二十多年的歷史。只是由於戰亂等原因，被埋沒了近百年。

《心一拳術》不僅出版時間很早，而且其內容顯示，它是在特定歷史環境下的武學傑出之作，是姬氏武學中的上乘之作。

四、內容豐富，體系完備

作者本著愛國真誠、傳術育人、懷抱強國強種之志，全面傳授心得秘訣，呈現出完備的技術體系。

此外，心意門養氣、練氣法（與戴家蹲猴功法類似）等及其他許多套路在書中被披露，為各支技術，諸如四把、十大形等的研究，提供難得證據。

書中不僅有拳法，還有器械，如心意岳家槍、姬家單刀、心一雙鐧等各種器械；強調了練丹田、貫丹田、用丹田等的作用，強調了整力、良知、良能、發聲的威力等。

另外，書中還介紹了襄陽小字門等諸多高手切磋的故事，詳解了古譜的許多篇章，其對古譜的解釋別具一格，並與其他門派拳譜進行了對比研究，如與少林五法做了對比研究，同時記載了一些跌打藥方，許多內容與馬學禮傳系、戴龍邦傳系有不同。

總之，從這一著作中對一些歷史的重新發現，與《倚山武論》一樣，將對重新認識心意拳，提高心意拳的技術有很大幫助，還將為姬氏武學早期歷史、歷史各階段的傳系分佈、各自貢獻、姬龍鳳八百弟子傳人之謎、姬氏武學原創原傳內容等課題研究提供新的依據。

同時，該著作也為歷史上「姬龍、姬鳳」說法的出處提供了又一個文獻支援。馬建章、劉遇泰及雙鶴老祖及其傳人，無疑將成為學界挖掘研究的新課題。

該著作出版於無標點的時代，以繁體字寫成，為今日讀者閱讀帶來許多不便。今版該著作的校注本，實為武學界一大幸事，必將引起武學界重視，成為心意學界的焦點，引出該傳系更多傳人的優秀成果和著作，會在理論、技術等各方面對整個心意拳的發展有一個促進。

關於此書，難以言盡，精華盡在眼前，技術上更是有德者得之。同好讀後，歡迎交流高見高論。

崔虎剛於加拿大首都渥太華

心一拳術學例言

（一）本書分上中下三卷上卷類爲七編論拳術之理與法及關於身心性命之學中卷集爲六編載拳術運動之形勢及用力法下卷得爲五編載拳術器械法及周身穴圖

（一）本書以增進武德發揚體育爲宗旨以養氣練氣爲基本先明拳術之理次明拳術之用若器械練習諸法又其次焉者矣

（一）本書爲提倡武士道書及拳術學起見故論其理法用三者不憚瑣碎務求明瞭使開卷者能按說而得從容之工拙非慧所敢知也海內廣其諒之

（一）本書以强體保身爲先務以衛國衛家爲前提凡屬個人私見而與人鬪狠者或逆犯公法而作亂者雖勇猶怯吾門當羣起攻之若衛國家奪鬪擲敵外族者雖死猶榮吾門當紀念之崇拜之

（一）本書係慧得諸吾師馬建章之薪傳與生平研究之心得并搜諸拳術家之理擇其適宜於學校體育者悉心編輯之

（一）本書備專門師範中學及高等國民各校教科之用施之於海陸軍警亦無不可擴而充之推諸全國或老幼或婦女尚覺其用亦莫不宜

（一）本書有采諸拳術家之法者并詳載其名及其所著之書示大公無我以共諸同胞不忘人之善者也

（一）本書詳載周身大小之穴及其部位圖又解活法與各藥方爲施救跌打損傷者起見非使人知其穴而恃此以傷人也

（一）本書分門編類若理若法若式若用靡不逐條詳細解說凡入門者閱之當可了然無疑矣惟難於繪圖故未立圖耳識者幸諒之

時民國六年冬十一月　荊門李泰慧謙謹編於國立商業專門學校

心一拳術源流譜

啟教先師氏姬諱名乃明名孝原係陝西西安府人其兄龍名乃名宦堂先師因讀書古寺見雄雞相爭奮力激鬭與動物眞形原其良知良能遂悟其理而作拳名曰心一凡習心一者呼氣法即爲心氣曰一者須其心專一純然無二始可奏升堂入室之效大禹謨云惟精惟一惟其心一者乃能精耳蓋心之所至則全身之精神亦必隨而赴之苟其心一用於手則氣力必貫注於手苟其心一用於足則氣力必奔赴於足故天君泰然百體從令若反乎此者心即放逸複雜無定則出入無時莫知其鄉矣昔日從事於學亦豈能有所得乎吾門拳術之命名即此理也已厥後續傳至劉先師名過秦係汝寧府汝州郟縣人曾遊學於陝西十載復自摸煉數十年凡上中下三盤之學無不精妙神明故名嶽遐邇聞師言劉先師因練雞腿往來後院中地成深坑云

吾師馬建章係河南南陽新野縣人幼嗜拳術曾習字門無心得遂棄之後耳劉先師之名就其家而學焉凡六閱寒暑後此朝夕勤練終其身未嘗稍休嘗游湖廣蘇杭皖寧等省喻滿咸豐間官文督鄂時聘師爲防營教練官募齊魯燕秦之壯士八百餘人師擢第一人皆稱曰馬八百以勞績保五品銜官文瑞等受業於吾師有年後從隨州總兵因援杭輸吾師教練至杭被李秀成圍困三月絕後援且餉不得食城陷瑞死之師亦陷入李之營中爲其嘗馬月餘脫出自此遂漫遊湖廣數十年教授弟子亦不下數千人泰慧受業時師年已七十八矣留舍三年因患病而亡年八十有二吾師少魁梧性勇俠深於養氣練氣故技藝超邁勇敢異常爲拳術中出類拔萃者矣生於滿嘉慶辛未十六年正月首日巳時沒於光緒十五年己丑七月二十五日辰時葬於慧之宅北羅鏡山下其地在荊門城南六十里之趙家剛東二里面强勒有碑文以誌不朽焉

時民國七年歲在戊午春三月　荊門後學慈護李泰慧謹識於商業專門學校

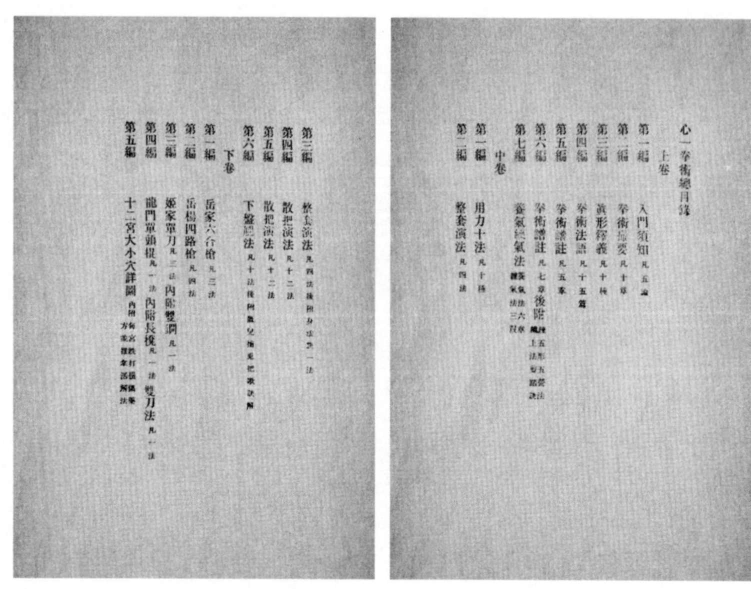
心一拳術總目錄

上卷

第一編　入門須知　凡五論
第二編　拳術摘要　凡十章
第三編　演形釋義　凡十條
第四編　拳術法語　凡十五篇
第五編　拳術譜註　凡五章
第六編　拳術譜註　凡七章後附[illegible]五形五要法[illegible]上法[illegible]路訣
第七編　養氣練氣法　養氣法六章練氣法三段

中卷

第一編　用力十法　凡十條
第二編　整套演法　凡四法
第三編　整長演法　凡四法後附身法拳一法
第四編　散把演法　凡十二法
第五編　散把演法　凡十二法
第六編　下盤把法　凡十法後附盤兒捶克把歌訣解

下卷

第一編　岳家六合槍　凡三法
第二編　岳楊四路槍　凡四法
第三編　姬家單刀　凡三法　內臨雙鐧　凡一法
第四編　龍門單頭棍　凡一法　內臨長攙　凡一法　雙刀法　凡一法
第五編　十二宮大小穴詳圖　內附各宮跌打損傷藥方並擒拿活解法

心一拳術學例言①

⊙本書分上、中、下三卷。上卷類為七編，論拳術之理與法及關於身心性命之學；中卷集為六編，載拳術運動之形勢及用力法；下卷輯為五編，載拳術器擊法及周身穴圖。

⊙本書以增進武德、發揚體育為宗旨，以養氣練氣為基本，先明拳術之理，次明拳術之用，若器械練習諸法，又其次焉者矣。

⊙本書為提倡武士道、普及拳術學起見，故論其理、法、用三者，不憚瑣碎，務求明瞭，使開卷者能按說而得，至辭之工拙，非慧②所敢知也，海內庶其諒之。

⊙本書以強體保身為先務，以衛國衛家為前提。凡屬個人私見，而與人鬥狠者，或違犯公法而作亂者，雖勇猶辱，吾門當群起攻之；若衛國家、尊國權、敵外族者，雖死猶榮，吾門當紀念之、崇拜之。

⊙本書係慧得諸吾師馬建章③之薪傳，與生平研究之心得，並搜諸拳術家之理，擇其適宜於學校體育者，悉心編輯之。

⊙本書備專門師範中學，及高等國民各校教科之用，施之於海陸軍警，亦無不可。擴而充之，推諸全國，或老幼，或婦女，酌量其用，亦莫不宜。

⊙本書有採諸拳術家之法者，並詳載其名及其所著之書，示大公無我，以共諸同胞不忘人之善者也。

⊙本書詳載周身大小之穴及其部位圖，又解活法與各藥方，為施救跌打損傷者起見，非使人知其穴而恃此以傷人也。

⊙本書分門編類，若理若法，若式若用，靡不逐條詳細解說。凡入門者閱之，當可了然無疑矣。惟難於繪圖，故未立圖耳，識者幸鑒之。

時民國六年④冬十一月

荆門泰慧德謙，謹編於國立商業專門學校

【注釋】

①例言：著作前用來説明體例的語言文字。

按：此書內容十分豐富，是姬氏武學出版物中，首次以武德體育、養氣練氣、拳術之理、拳術之用、器械練習等內容系統整理出版。作者寫作此書強調重在實效，修辭次要。對本門的是非辨別提出了標準。

②慧：李泰慧，字德謙，清武舉，後被聘請為國立武昌商業大學（一九二三年更名為國立武昌商科大學，一九二六年併入國立武昌中山大學，後成為武漢大學經濟學科的重要源頭）教師。

③馬建章：有抄本拳譜作「馬劍章」或「馬鑑章」。生於清嘉慶辛未十六年正月首日巳時，死於光緒十五年己丑七月二十五日辰時，是晚清時姬氏武學

自陝西至河南傳系中最重要的代表人物。其武學經過實戰磨鍊，弟子上千。所知的嫡傳弟子，除了晚年所收的李泰慧外，早期另有湖北荊州三位弟子，京山肖黑兒、監利彭高清、潛江賈正茂。其中一支傳譜作「師父出於雙龍山，姓姬名龍、名鳳，傳於徒弟姓雙名鶴，老祖傳於馬劍章：一倉拳、二跑標、三鷹啄、四掌聲……」

另一支傳人的拳譜有湖北嚴字門內容和心意拳內容，其中記載「姓姬名龍鳳，山西平陽府莆州縣，傳於徒弟姓雙名鶴，老祖傳於……姓馬名鑑章……」由此可知，不僅姬龍鳳有徒弟名雙鶴老祖，而且該支就是雙鶴老祖所傳，與河南、山西、四川心意傳系確為並列關係。

按：李先生在此表明，其寫作中也參考了其他各拳術家的理論，其後各段依次表明李先生著作目標之宏大、治學之嚴謹、思慮之周詳，只可惜當時不具備繪圖條件，未能配圖說明，實在一大遺憾。

④民國六年：一九一七年。此書是姬氏武學出版的第三本著作，陝西—河

南傳系出版的第一本著作。

按：此書寫於國立商業專門學校，因此該書在武學老譜中，屬於學術價值非常高的著作。

心一拳術源流譜①

啟教先師②，氏姬③、鳳名④，乃明名孝廉，⑤係陝西西安府人，其兄龍名，⑥乃名宦。⑦姬先師因讀書古寺，見雄雞相爭，奮力激鬥與動物真形，原其良知良能，遂悟其理而作拳，名曰「心一」。

凡習心一者，呼氣法即為「心氣」；曰「一」者，須其心專一，純然無二，始可奏升堂入室之效。《大禹謨》云「惟精惟一」，惟其心一者，乃能精耳。蓋心之所至，則全身之精神亦必隨而赴之。苟其心一，用於手，則氣力必貫注於手；苟其心一，用於足，則氣力必奔赴於足，故天君泰然，百體從令。若反乎此者，心即放逸，複雜無定，則出入無時，莫知其鄉矣。雖日從事於學，亦豈體能有所得乎？吾門拳術之命名，即此理也已⑧。

厥後數傳，至劉先師。⑨名遇泰，係汝寧府汝州郟縣人，⑩曾遊學於陝西十載，⑪復自煅煉⑫數十年，凡上、中、下三盤之拳，無不精妙神明，故名震遐邇。⑬聞師言：「劉先師，因練雞胸腿往來，後院中地成深軌⑭。」云。

【注釋】

①心一拳術源流譜：表明心一拳術源流的記載。

②啓教先師：開門先師。

③氏姬：姓姬。

④鳳名：名鳳。

⑤明名孝廉：明朝有名的舉人。

⑥其兄龍名：其兄長名龍。

⑦名宦：聞名的（明朝）官員。

⑧凡習心一者……即此理也已：此處給出了「心一」拳名的命名來歷及其

原理。

⑨厥後數傳，至劉先師：以後經過幾代傳授，傳到了劉先師這裡。從後文馬建章生卒及學藝時間推算，劉先師的生年在乾隆年間。

⑩名遇泰，係汝寧府汝州郟縣人：（劉先師）名遇泰，汝寧府汝州郟縣人。清朝時汝州是直隸州，不歸汝寧府，此處當是李先生記憶有誤。清朝沿襲明制，汝州直隸州的地位沒有改變，領魯山、寶豐、郟縣、伊陽四縣。

⑪曾遊學於陝西十載：這是姬氏武學早期傳人出現在陝西西安府的首次記載。

⑫煆煉：同「鍛鍊」。後同。

⑬故名震遐邇：清道光前後，劉先師聞名河南汝州遠近，今已經被埋沒，有待挖掘。

⑭後院中地成深軌：可見，其功與少林寺千佛殿腳窩之傳說並駕齊驅。

按：買壯圖先生因雞腿功深，人呼雞腿先生。由此可見，雞腿功作為最重要之基本功，歷來為心意門人所重視，當代滬派盧嵩高稱為「老三篇」，尚門孫少甫傳系李彥、羅斌亦稱為「老雞步」。

馬建章公子馬祥聖所傳的另一支，其傳譜的源流介紹多出許多資訊和特殊之處，如「岳武穆顯靈」「雙龍山」等文字。

吾師馬建章①，係河南南陽新野縣人。幼嗜拳術，曾習字門②無心得，遂棄之。後耳③劉先師之名，就其家而學焉④，凡六閱寒暑⑤。後此，朝夕勤練，終其身未嘗稍休。⑥嘗遊湖廣蘇杭皖寧等省⑦。前清咸豐間⑧，官文督鄂時⑨，聘師為防營教練官⑩，募齊魯燕秦之壯士八百餘人，師擢第一人，⑪皆稱曰「馬八百」⑫，以勞績保五品銜⑬。有文瑞者，受業於吾師有年，後為隨州總兵，⑭因援杭，請吾師教練至杭⑮，被李秀成圍困三月，絕後援，且饑不得食，城陷，瑞死之，師亦陷入李之營中，為其醫馬月餘，脫出。⑯自此，遂漫遊湖廣數十年，教授弟子亦不下數千人⑰。

【注釋】

①馬建章：晚清時姬氏武學的傑出代表之一，與其子馬祥聖一道為姬氏武學在南方的傳播做出了傑出貢獻，有上千傳人，並傳譜於世，以前不為人知。

按：從地理上看，從河南安陽、濟源到荊州，中間地帶多有姬氏武學傳人，這一線地帶，構成了姬氏武學早期傳系地域的重地，包括安陽、鶴壁、濟源、鄭州、新安、洛陽、平頂山襄縣、漯河、南陽、荊門、荊州監利縣等。

②字門：字門拳。

③後耳：後來聽說。

④就其家而學焉：到劉先師家裡學藝。可見當時劉先師名聲遠揚，並已經在家傳徒授課。

⑤凡六閱寒暑：一共六年的時間。

⑥朝夕勤練，終其身未嘗稍休：可見馬公用功畢生，他人難及。

⑦嘗遊湖廣蘇杭皖寧等省：曾到湖南、湖北、蘇州、杭州、安徽、南京等

地遊歷。

⑧前清咸豐間：咸豐皇帝（一八三一年七月十七日——一八六一年八月二十二日），指一八五〇——一八六一年間。

⑨官文督鄂時：在咸豐五年以後。官文（一七九八——一八七一年）又名僬，字秀峰，滿洲正白旗人。道光初由拜堂阿補藍翎侍衛，擢升荊州將軍、湖廣總督，咸豐十年拜文淵閣大學士，同治三年升入滿洲正白旗，封一等果威伯，後歷直隸總督、內大臣。同治十年，卒，優詔賜恤，贈太保，賜金治喪，遣惠郡王奠醊，祀賢良祠，謚文恭。

⑩聘師為防營教練官：（湖廣總督官文）聘請馬建章為防營部隊教練官。

⑪募齊魯燕秦之壯士八百餘人，師擢第一人：招募山東、河北、陝西等地的壯士八百多人比武競爭，馬建章得了第一名。

⑫皆稱曰「馬八百」：馬公被人送了一個外號叫「馬八百」。

⑬以勞績保五品銜：以優異成績被報送為五品銜。大約是現在的副師級、

正師級、副軍級之間的官。

⑭有文瑞者……後為隨州總兵：隨州總兵文瑞也是馬建章的弟子。

⑮因援杭，請吾師教練至杭：因支援守衛杭州，請馬建章在杭州教練部隊。

⑯被李秀成圍困三月……脫出：被太平天國李秀成圍困三個月，因沒有援兵和口糧，被攻陷，文瑞戰死，馬公被俘，在李秀成的兵營裡為馬治病有一個多月，然後找機會逃離。

⑰遂漫遊湖廣數十年，教授弟子亦不下數千人：馬公遊歷湖北、湖南廣傳弟子，不下幾千人，堪稱清代姬氏武學傳人最多者。因此，民間還會有傳人傳譜是必然之事。若果眞如此，王薌齋先生傳人常提的湖南心意傳人謝鐵夫，未嘗不是馬公傳系。

泰慧受業時，師年已七十八矣，留舍三年，因患痢而亡，年八十有二。①

吾師身魁梧，性義俠，深於養氣練氣，故技藝超邁，勇健異常，為拳術中出類拔萃者矣。②生於清嘉慶辛未十六年正月首日巳時，沒於光緒十五年己丑七月二十五日辰時，葬於慧之宅北羅鏡山下，其地在荊門城南六十里之趙家廟東二里，而強勒有碑文，以志不朽焉③。

時民國七年歲在戊午春三月④

荊門後學德謙李泰慧，謹識於商業專門學校

【注釋】

①泰慧受業時……年八十有二：對照李泰慧先生提供的馬公生卒時間看，或李先生記憶有誤，或馬公生卒資訊（馬公在世八十年）有誤。

②吾師身魁梧……為拳術中出類拔萃者矣：介紹了馬公及其武學成就。

③葬於慧之宅北羅鏡山下……以志不朽焉：馬公墓在李泰慧先生家北邊的

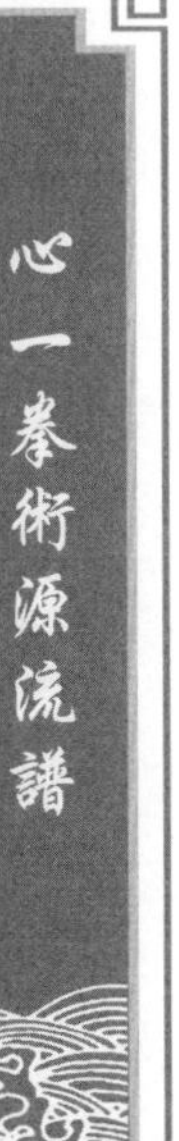

羅鏡山下，具體位置在荊門城南六十里之趙家廟東二里，刻有碑文，以記載其不朽生平。據李氏族裔介紹，馬公墓至今依舊保存完好。羅鏡山在湖北宜昌。《大清一統志．卷二百七十三》記載「羅鏡山在興山縣治北，高二十里，週五十里，上有雙峰直幹霄漢，又縣北五十里，有天柱山峰又北十里，有兩珠山。」

④民國七年：一九一八年。與河北保定陸軍軍官學校出版的《武術研究社成績錄》同一年。

心一拳術總目錄①

【注釋】

①原書目錄與正文不對應處，此處皆依正文訂正。

②凡：總共。

③撮要：音ㄘㄨㄛ　ㄧㄠˋ，摘取出來的要點。

心一拳術

心一拳術

卷上

心一拳術

心一拳術上卷第一編

入門須知 凡五論

第一論心一之價值與關係

荊門李泰慧編輯

（甲）心一拳術首重體育凡關乎體育者無不悉心研究故其立法以養氣練氣為本以剛柔動靜為用今處競爭時代人人應具國民資格振起尚武精神欲振尚武精神[illegible]當鍛煉身體養成強毅勇敢之體力不可舍拳術而外孰有愈於此者若衛國而戰當槍林彈雨中忘生捨死能與兵相接血肉相搏戰者亦莫不利用乎此也前日人之戰俄其柔術之收效可為明證已

（乙）拳術家宜高尚人格清潔品行以深沉厚健為貴堅忍耐勞成習毋恃術藝而援治安毋勇私鬬而怯公戰凡此不規則之行為皆無學識下流社會之所為者若心一之拳理與其用法均精而深非有學問者曷可與言斯道學者宜戒妄忍辱反立循謹言必忠信行必篤敬毋暴躁張戾而輕於一試輕輕傷人昔有張姓者受業吾師年餘偶擔柴者忤其意怒擊之中渠要部旋斃雖未償命卒以傾家故孔子一朝之忿忘其身以及其親之語非吾人所深以為鑒者歟

（丙）心一拳術乃文事而武備者其理精深其用廣博誠為斯道之最上乘也凡操演時衣冠須整齊威儀必嚴肅若動則動靜即靜所謂靜如處女動若脫兔者矣嘗見他家拳術演時必去冠服挺胸露臂游行數遍故作態名曰提勁設猝遇敵詎待汝提勁脫衣而後動乎

（丁）拳術之道皆乎奇正攻守之理動靜剛柔之法舍乎此者豈得謂之拳術者哉若渾身強硬而直一鼓作氣自始至終無稍鬆懈者其名曰氣歸丹田豈偶手自手足自足無有總司令者為之調遣耳吾心一則頭之俯仰手之出入起落身之開合屈伸皆各臻厥妙若發拳擊敵則剛而決突起如飛收回時即軟若棉一拳一勁權自中操中者丹田也凡心一之拳俱帶有丹田之關係故諺曰中節不明渾身是空發以硬勁擊人如杵桿之撞不留餘步敵或可避心一之擊若槍彈之射決而遠敵勢難逃或下落山崩牆倒或上起地雷爆發其來急其去速有迅雷不及掩耳之勢令敵難窺測者也

（戊）心一先發創造拳術其法摹仿動物象形據其自然之形勢因其自然之理用匠心妙運搆造而成非憑揣造作者所可倫也細閱象形釋義便知其詳矣學者苟能專心致志而勇往精進習其形勢從揣摩其理而研究其用庶能洞澈古人創作之真象者矣然徒事手足之動作皆終於身心之理實不能明其大用所謂拾其皮毛者也

（己）身分上中下三大盤用上盤之拳長手高舉上下左右閃倏莫定審視敵情悍然剸截其態度活潑若風吹大樹百枝搖之狀雖明以示敵敵不能逃其擊也居高下臨有泰山壓卵之勢中下二盤嚴密包裹深藏不漏敵每受擊而不知其所以擊之之故如肩動防者拳腰沉必是腿之語此先示人以幾者吾心一則來無形去無踪故諺曰見形不為能見形者非妙手也

（庚）心一務實而不務名修己而不為人專內而不飾外喜樸而不尚美是故拳式無開拳空手並無花法盤套步散把多皆為有用之拳嘗見徒工媚世者乃並廉弄巧苦事細拳花腿或跌單雙一字或單雙跺跕或左右雲手將多而無用也雖巧而失實也徒自炫其浮華使人羨為美觀欲其強健身心造福社會焉可得也已然此乃江湖賣技者流能與有價值之拳術並論耶

（辛）理有精粗術有工拙然粗拙者敗精工者勝此天演之公例不待智者而知之矣如精粗之與工拙半係於師承之優劣半由於操練者工夫之淺深耳吾心一拳術長短兼用動靜時施剛柔並行攻則破守則固雖一體而其用甚多故臨敵之際奇正相生層出疊見手起亦打手落亦打也

（壬）法有動靜剛柔頭有鷹熊俯仰之力身有縮長開闔之勢凡操演時手之出與落必精神團結專注於斯然後猛力發聲喊放其音為一即心一命名之一也喊一是為用心力當發聲時全體鼓鑄堅實氣力陡然奔赴於所擊之點學者苟能歷年

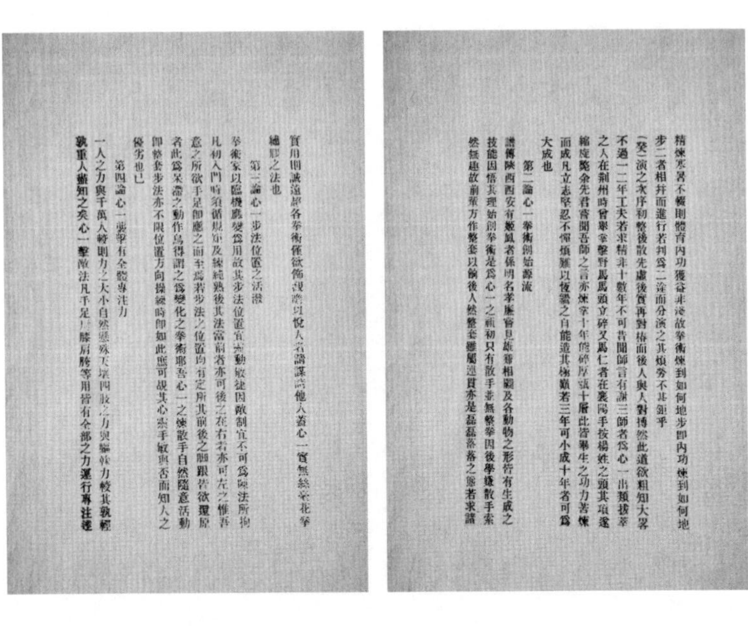

精煉寒暑不懈則體育內功獲益非淺故拳術煉到如何地步即內功煉到如何地步二者相并而進行若判爲二途而分演之其煩勞不甚鉅乎

（癸）演之次序初整後散先虛後實再對搭而後人與人對搏然此道欲粗知大畧不過一二年工夫若求精非十數年不可昔聞師言有謝三師者爲心一出類拔萃之人在荊州時曾舉掌擊野馬馬頭立碎又馬仁者在襄陽手按楊姓之頸其項遂縮旋斃余先君嘗聞吾師之言亦煉掌十年能碎厚磚十層此皆畢生之功力苦煉而成凡立志堅忍不憚煩難以恆鑽之自能造其極巔若三年可小成十年者可爲大成也

第二論心一拳術創始源流

謹傳陝西西安有姬鳳者係明名孝廉嘗見雄雞相鬭及各動物之形皆有生成之技能因悟其理始創拳術是爲心一之祖初只有散手並無整拳因後學鑽散手索然無趣故前輩方作整套以餉後人然整套雖屬連貫亦是磊磊落落之態若求講實用則誠遠遜各拳術僅欲飾觀瞻以悅人若講謀害他人着心一實無絲毫花拳繡腿之法也

第三論心一步法位置之活潑

拳術家以臨機應變爲用故其步法位置宜流動敏捷因敵制宜不可爲陳法所拘凡初入門時須循規矩及練純熟後其法當前者亦可後之在右者亦可左之惟吾意之所欲手足即應之而至焉若步法之位置均有定所其前後之腳跟若欲還原者此爲呆滯之動作烏得謂之爲變化之拳術耶吾心一之煉散手自然隨意活動即整套步法亦不限位置方向操練時即如此庶可覘其心靈手敏與否而知人之優劣也已

第四論心一要擊有全體專注力

一人之力與千萬人較則力之大小自然懸殊天壤四肢之力與驅幹力較其孰輕孰重人盡知之矣心一擊敵法凡手足肩膝肩胯等用皆有全部之力運行專注達於目的之上故其力大而銳若手足之運動無中部傳輸之力以爲貫注其驅幹一於強硬不能開合屈伸以爲手足之司令且手足之與身部勞力渙散各自爲用不能全體輸送一致故其力小而弱也由是而觀其用力之法與運氣之理則拳術之優劣精粗昭然若判矣

第五論海內同志宜保全國粹互相砥礪以期精益求精化除私見勿相嫉妬歧視

有客問曰叙先生記載之言多稱己之長揭人之短果心一之拳爲獨一無二之法門者乎余應曰否不然也今處文明開化之秋萬國交通互換智識是以學術等科日益精進若日之柔術美之拳術其國家皆提倡進行不遺餘力然國之與國固宜同趨進化者矣而斯道同志欲保全吾國原有之國粹而不互相提勵切磋庶幾進於高明豈不墜諸國人之後哉况吾國拳術正當萌孳初生之秋凡斯道同志俱當扶助前進取人之巧濟我之拙以我之長補人之短庶幾拳術日光發達日速也若嫉妬歧視自相傾軋欲斯道之不亡得乎是則鄙之不惜唇舌而不敢緘默者此之謂也倘海內同志見吾之說肯指明缺點或有精深拳術與高明班法能辱以見教者鄙必感謝叙佩受爲師法沒齒不敢忘其敎也

心一拳術上卷第二編

拳術摘要 凡十章

第一章

教育家以德育智育體育三者並重然體育又爲二者之基礎設無體育則學問無鮮進之精神難達其目的者也秦漢而降學者狃於咕嗶之舊習懷安樂憚勞動且以動作爲恥遂演成文弱病夫之國古代學校教育學樂誦詩以養心舞勺象舞大夏以養身兼教射御之屬斯習文事者必有武備矣故孔子爲萬世師表其勇能翹國門之關門入冉子善使矛矣遲能蹤濟以此證之武事詎可輕乎泰東西各列強端重體育特設柔術劍術等科提勵全國尚武之精神是以國勢駸駸日上雄飛全球吾國辦教育者有鑒於此故改絃更張凡學校內皆設體育各科以期恢復吾國武士道之精神然體育之教夥矣最活潑而有實用者莫拳術若也他種體操皆屬於一用惟拳術既可練習身勞增長體力精神之後養成一種發強剛毅之性質以習外衛生便利而有實用者孰有愈於此耶

第二章

凡練時須誠意慕道始能專心致志必清心寡慾方可固精養神如是則拳術可精而氣足體強矣復以不辭辛苦晴下工夫日就月將自然精進化柔爲剛化剛爲柔出則生巧遲則變速矣繼此而進豁然貫通在於一日間也

第三章

練法如練鉛燒丹家用文武二火即心一動靜之謂動則武火非動練無以和氣血強筋骨增體力靜如文火非靜練無以操調中氣轉折合法絲絲入扣然動靜中亦有動動靜靜動動靜靜靜動之訣故心一練法不可舍動靜二字斯動靜之法即剛柔之理爲心一最注重之主動力也

第四章

研究拳之本源若木之有本培其根則枝葉暢茂若水之源濬其泉別流清而遠拳術亦然察其本源方明某力發於某盤某勢根於某節或此盤與彼盤相用相反或彼稍與此稍相合相生力有稍節勢有終始知其運用之先後則中節極集中宮爲全體之操縱凡百有體均服從於命令之下矣

第五章

手足出入起落身式開合屈伸氣力動靜剛柔其運用之妙則存乎一心若表著於外者則有行動之規矩自然之形勢厥用在軟如棉硬似鐵黏身方縱力之妙訣學者深加玩味而實行之慎勿差之毫釐而失之千里也

第六章

演須分析散開先打空後打實先打空者則氣之生機暢達不爲他種力所阻撓後打實者則命中部位方有經驗把握蓋行拳時須注意如臨前敵耳目手足極諸靈警凡一人之身若前後左右各致其妙故聲東而擊西指上而格下向前而却後恍內而疑外如常山率然首尾相應似此身則活潑而手法亦徹矣

第七章

搖摩上法交扣諺云上法容易交扣難交扣容易上法難漲渾身包裹嚴密不漏進步踩打如疾如雷猛勇直前若能若貌然決勝負在瞬息稍遲疑必致悞故欲猛勇尤貴剛斷學者心靜以鎮之目明以察之手足敏捷以應之復秉剛明果毅之氣如是則上法交扣自易吾未見其難者也

第八章

須知攻守奇正之法凡正與奇奇與正相生而相倚也譬用兵者有正斯有奇有奇斯不離乎正矣故奇正相生之法無窮也如天地不竭也如江河層出疊見循環無端蓋正有形者也奇無形者也是心一之法見形不爲能空回不算奇也

第九章

心一之拳皆傚物物之良知良能而原其自然之理與自然之形勢者也學者宜味其自然之理而究其自然之形勢設指鹿爲馬似是而非乃紛紜不專以相矛盾則

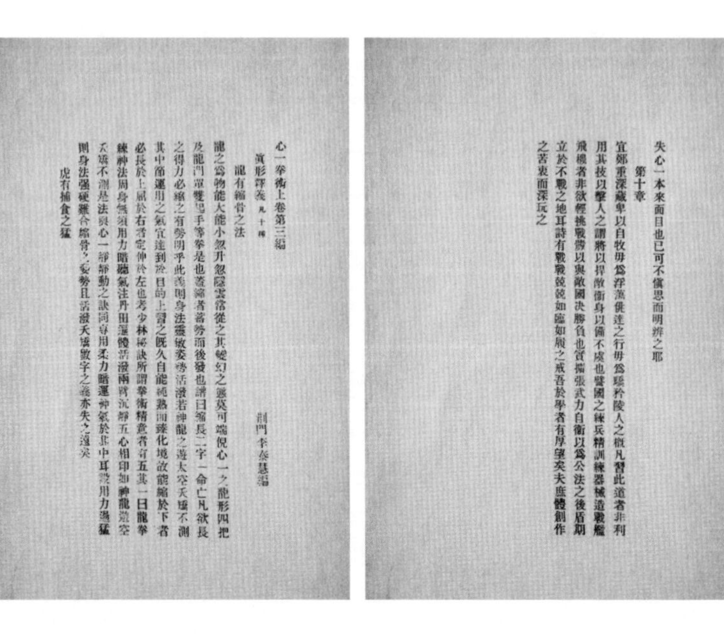

失心一本來面目也已可不愼思而明辨之耶

第十章

宜鄭重深藏卑以自牧毋為浮蕩佻達之行毋為驕矜陵人之概凡習此道者非利用其技以擊人之謂將以捍敵衛身以備不虞也譬國之練兵精訓練器械造戰艦飛機者非欲輕挑戰釁以與敵國決勝負也實欲擴張武力自衛以為公法之後盾期立於不戰之地耳詩有戰戰兢兢如臨如履之戒吾於學者有厚望矣夫庶體創作之苦衷而深玩之

心一拳術上卷第三編

演形釋義 凡十種　　荊門 李奈慧編

龍有縮骨之法

龍之為物能大能小忽升忽隱雲常從之其變幻之靈莫可端倪心一之龍形四把及龍門單雙跕手等拳是也蓋縮者蓄勢而後發也譜曰縮長二字一命亡凡欲長之得力必縮之有勢明乎此義則身法靈敏委婉活潑若神龍之遊太空夭矯不測其中所運用之氣宜達到於目的上習之既久自能純熟而臻化境故能縮於下者必長於上屈於右者定伸於左也考少林秘訣所謂拳術精意者有五其一曰龍拳練神法周身無須用力暗聽氣注丹田渾體活潑兩臂沉靜五心相印如神龍遊空夭矯不測是法與心一靜靜動之訣同專用柔力暗運神氣於其中耳若用力過猛則身法強硬雖合縮骨之姿勢且活潑夭矯數字之義亦失之遠矣

虎有捕食之猛

風從虎山澗舒長嘯澳涼起兼風見食縮身雙手前捕等若夭矯點身縱力長在單雙虎抱頭虎離窩及踩補褒廊决等拳譜曰起手一似虎撲羊蓋捕食雙手前撲也虎首遇物必先縮守蓄視而後縱身前撲迅猛神急捷如飛電其若此者誠縮身之得乎勢也虎具生成之良知良能不待學焉而能考少林第二法曰虎拳練骨法須鼓實全身之力臂堅腰實腋力充沛一氣稍貫始終不懈起落有勢努目強項有怒虎出林兩爪排山之勢此與吾門動動靜之訣同惟一氣稍貫始終不懈差異耳凡吾用氣之法曰動靜動則剛靜則柔若出手擊敵時齊全身之力貫注於其間即剛若擊此手收回時則舒其氣即柔如佛所謂一拳一換勁與少林派不同者觀家貓捕鼠法使知其剛柔動靜矣非柔無以蓄其勢非剛無以達其用且柔可以克剛使一於剛則反遲鈍故靜而後動則動愈覺有力柔而後剛則剛更得乎勢學者不可不深察之

熊有運拳之威

熊能人立善緣木運拳而揉物莫能敵因象作十字揉把一二仙熊出洞等拳凡此皆屬長手式蓋運者使用之謂運其拳而揉可以上下前後亦可遠近左右惟其心之所欲無往而不利焉譜曰隨高打高隨低打低正運拳之類也拳法為各派擅長之技北派謂為柳葉掌南派則為虎爪掌有為鷹爪掌虎蹬掌者形式名稱雖異其用力一也一者即指向外翻力注掌心下是也亦有單雙之別昔岳武穆曾創雙推手法後世多宗之吾門之雙鳳朝陽及雙起手拳皆同此法據聞家之手法通要有云北派尚長手南派尚短手或謂短手欲騙長手遲鈍其意以為短僅利於守長僅利於攻各有利病殊不知攻守之利病與手之長短無涉苟能蹈瑕乘隙出之以神妙雖短手亦能擊人苟應變無術即手伸直亦何濟於用誠臨機有方縱長手亦無患若不知自守之妙雖手不離身亦豈能禦敵之擊哉故精拳術者無南北之畛域長短兼用剛柔並濟攻則破守則固此吾之所謂手法者也

猴有縱身之靈

猴身輕而狡手足捷而利其目光尤精設如剪踏諸法搖山往前進搖山往後退之形勢皆縱身之端縱者放也跳也言放步而前跳也猴之輕捷活潑他物殆莫能過之其由心靈手敏而身之善縱者歟昔秦中高姓者精於猴拳嘗語人曰吾輩遇敵時出手當如飄風迅雷使其聞風而倒那有手路可尋此所謂打來勿言見見時不足算者也是與吾門打人不現形現形不爲能者同以此觀之世俗所謂剪裁手法如切擱斫挑撿拿遏封等式皆無所用其技矣是此八法祇可爲初學步者言之若遇名家鉅手實所謂班門弄斧貽笑大方也已雖宛若遊龍翩若驚鴻不足喻其靈出如脫兔散如沉魚不足言其疾神乎妙乎有不可思議者矣

馬有躲蹄之能

駿馬奔放如風馳電騁浪湧潮翻前蹄仰而落後蹄蹬而起起手如馬奔之拳亦手仰而前落足後而下蹬頸如鹿目下視而後腦上豎諺曰消息只在後腿蹬欲敵人頓跌遠而遠擲後足之蹬力強而猛故厥力愈大而膨脹反抗力之愈大也　者兩

足之實力在練時卽留意十趾抓地堅立而穩固蓋未經練習之人氣多上浮不能下貫丹田故上重而下輕足踵虛踏而乏實力一經推挽則應手而倒此由不練氣所致也拳術入門時先之以養氣次之以練氣養氣爲無形之學以明理爲歸以集義爲宗卽孟子所謂不動心之道心不動而後神淸神淸而後操縱進退綽有餘裕始可與言命中制敵之方然養氣之學乃希聖希賢之關鍵又豈拳術之技所可範圍者哉雖然拳術之功首在強健身心其用在禦敵禦侮設泰嶽崩於前而色宜不變麋鹿興於左目欲不瞬故養氣之學爲決不可緩也練氣爲有形之學以運行爲主以呼吸爲功以柔而剛爲效果以剛而柔爲極致擴而充之以至於剛柔互用虛實同進學者朝夕從事於茲加以堅忍勤勞始終不渝每一動步舉手時卽注意運使呼吸於其間造功成時則周身筋脈靈活骨肉堅實血氣之行動可以隨呼吸以爲流注凡意之所向氣卽趨之倘與敵搏其力能深入膚理其傷至不可救藥氣之功用大矣哉

蛇有分草之巧

繞蜒其身分草而行不風自偃其巧何如且蛇有吸力噓物自來物若遇之勢莫能逃諺曰橫身滾爲莫停勞左右擋順任意行之法可知其用矣設敵入狡閃須張其手勢運其身法以牽制之敵雖滑難越我範圍之外嘗聞吾師云與敵交手敵或左右躲閃或思逃逸須運動姿勢多方以候之乘機以疑之俾敵左右爲難益其惶惑莫知所措時因而擊之是乃蛇之噓物法亦若磁石之吸鐵然少林之四拳曰蛇拳練氣法吞吐抑揚以沉靜柔實爲主如蛇之氣節節靈通其未著物也若甚無力也一與物遇則氣之收歛貫於勇夫有經驗者自能知也練氣柔身而出爲活腰靈騎兩指而推按起落若蛇之有兩舌且游蕩曲折宥行乎不得不行止乎不得不止之意所謂百練之鋼成繞指之柔卽爲此寫照也此法與分草之法同惟吾門主全體而言此用專在兩指學者參互考訂當自辨之嘗見敵人左右狡猾乍進乍退不易制者總意當以聲東擊西指上劃下欲進而實退欲退而實進之法擒之敵誤難施

其伎倆此在用者因敵制勝隨機而動耳

鷹有抓攫之妙

天空飛翔轉折快利俯瞰食物審視周詳能利用其爪之鋒銳與翼之飄倏凡雀鳥狐兔遇之罔不披靡且兩翅跌擊力最鉅如進退勝肩跌山橫及摺捉諸拳法此譜曰肩打一陰並一陽兩手只在洞裏藏又曰海底撈月非等閒撈者自下而上兜也其法蓋做乎此者然雖抓捘切不可用手法實敵人之手或其器械等物凡不實則虛虛則易於變化或有時爲敵手所沾切宜順其手勢勿與逆順則敵手曲而不得逞逆則敵手得勢而知我之趨向矣此初學者不可不知之術也考鷹兒捕兔把法兔睡於地鷹由空際撲下用手兜提兔之後尾兔之後身卽竪起倒翻數轉緣此把時一手自上摸而下一手自下兜提而上手恰按住敵人丹田之下已則運丹田之力以逆之背裏陽有羅姓者習小字門被心一以鷹把探之遂提起離地數尺而倒羅乃得此手法而練習之改名曰抄把後以此把知名荊襄間授徒最夥常自言其

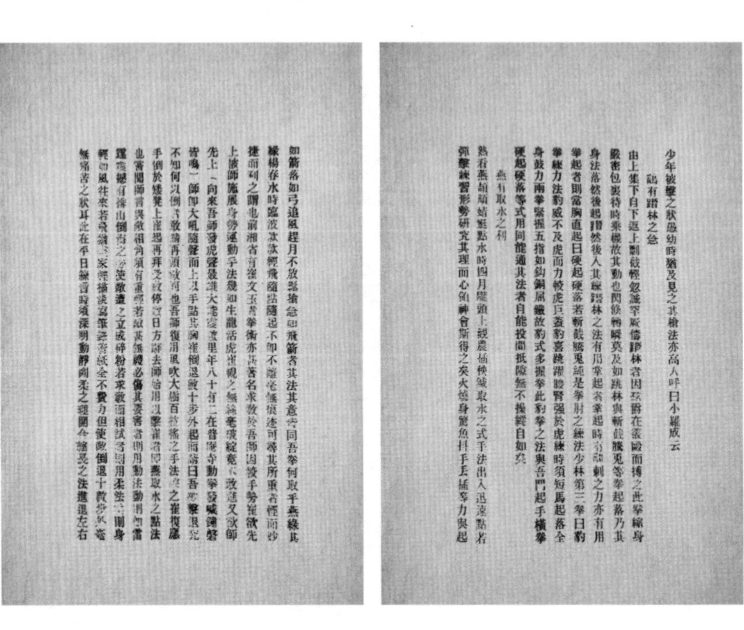

少年被擊之狀恐幼時猶及見之其槍法亦高人呼曰小羅成云

鷂有躐林之急

由上集下自下返上劃截輕忽誠罕厥儔躐林者因茲爵在叢毆而搏之此拳縮身毆者包裹待時乘機於其動也閃倐轉瞬莫及如跳林與斬截騰兎等拳起落乃其身法落然後起躐然後入其練躐林之法有用拳起者拳起時有鑽刺之力亦有用拳起者則當胸直起曰硬起硬落者斬截騰兎純是拳肘之練法少林第三拳曰豹拳練力法豹威不及虎而力較虎巨蓋豹喜跳躍腰腎強於虎練時須短馬起落全身鼓力兩拳緊握五指如鈎鋼屈鐵故豹式多握拳此豹拳之法與吾門起手橫拳硬起硬落等式用同能通其法者自能投間抵隙無不操縱自如矣

燕有取水之利

熟看燕翦頏蜻蜓點水時四月隴頭上覩農插秧鍼取水之式手法出入迅速點者彈擊練習形勢研究其理而心領神會斯得之矣火燒身鷂魚抖手丟插等力與起如箭落如弓追風趕月不放鬆搶急如飛箭者其法其意皆同吾拳何取乎燕綠其緣楊春水時臨波款款輕飛隨點隨起不即不離毫無痕迹可尋其所重者輕而妙捷而利之謂也前湘省有崔文玉者拳術亦甚著名求教於吾師因披手勢崔欲先上披師施展身勢運動手法幾如生龍活虎崔視之無絲毫破綻竟不敢進又欲師先上（向來吾師發虎聲最洪大湛慶寺里年八十有二在普濟寺動拳發喊鐘磬皆鳴）師即大吼隨聲而上以手點其胸崔倒退數十步外起而請曰吾所擊退究不知何以倒吾敢請再領教可也吾師復用風吹大樹百花搖之手法是之崔復應手倒於矮凳上崔起再拜受教停留日方辭去師始用以擊崔者即燕取水之點法也嘗聞師言與敵相角須有重輕若敵甚猛膽必傷其要害當用動法動則如雷霆疾襲有排山倒海之勢使敵遭之立成碎粉若來敵而相試者則用柔法柔則身輕如風往來若飛猶書家輕描淡寫筆靈舊紙全不費力但使敵倒退十數步以毫無痛苦之狀耳此在平日練習時須深明動靜剛柔之理開合縮展之法進退左右之勢由裁衛而進退熟由熟練而臻神化然非吾苦心孤詣琢磨之以恆念不能窺其肩背也已

鷂有[illegible]之勇

兩翼相持斂身作勢變機之降一起一落起而騰翻落而身蹤翻如虎扑躍似喜鵲竪尾心一腿法獨占七分起無形落無蹤退人好似[illegible]心一之拳發源於此姬老師因觀鷂鬥一隅三反悟及各禽獸生成利用之技妥采集十種真形創此拳術或象形或取勢或法其理並會其意無不原其自然之長與自然之性學者慎勿矯揉造作[illegible]蛇添足也鷂拳練腿其用重在腳踏故法曰[illegible]不踏不顧不顧不禦之訣心一下三盤之拳皆為腿法師嘗云腳打七分手打三以愚意度之練下三盤較易於上三盤以上三盤之力較遜於下三盤也况下三盤其勢低下用之不現形使敵難測而不易防也昔劉遇秦老師練此腿法卅餘年吾師受業時曾見其足尖踢牆牆磚退出數尺不可謂不神已使用以擊敵敵非牆比其何能堪此少林第五拳曰鶴拳練精法以緩急適中為宜蓋鶴之精在足神在翼學者練此時凝精鍊神舒臂運氣所謂神閒志暇心手相忘獨立華表望懸千仞學者頤心孤往久練精熟時自能於言外得之非倉猝所能領會也昔少林達摩造十八羅漢手以為門徒磨練筋骨調和氣血之用後至白玉峯氏乃搜其本源集其大成而一闡宗法創此龍虎豹蛇鶴五拳循內兼練外而技術乃成絕學今玩其五拳之精意與吾心一理法相同者甚夥故特附錄於真形各節之下俾後之學者藉茲參考不無裨益云

按前撮要十章及真形釋義十種雖各有詳略而心一大要不越此範圍矣外有用力法十法曰踏[illegible]抽忍丟之訣其義詳後凡欲習此道者先須立至誠線念能篤信不二練之方有益聽教授者須察人品之高尚性情之善良與邪道歡師之誠心堅忍耐勞之苦志能始終如一者始可盡其所傳否則不可輕授之也非徒無益於個人實有損於社會且有害於國家前此流氓賊匪之輩藉為護符實生

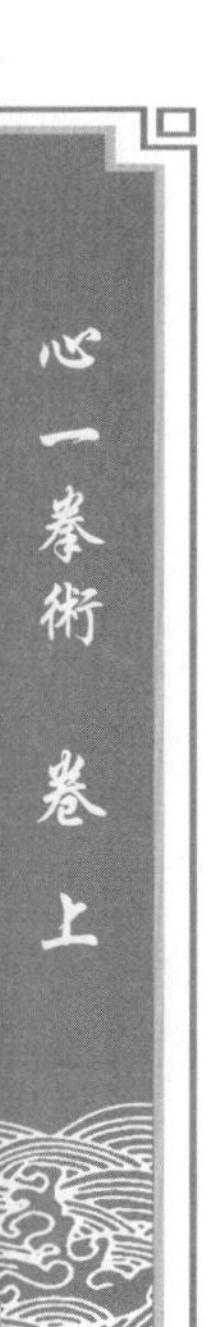

亂階騷斯之故遂使吾國之國粹竟爲海內人士所唾棄而鄙夷之甚禁之實綠授教者不擇人而與人以口實者也今際茲武明時代凡講公法者必先有強權爲之後盾故有強權始有公理無強權者即無公理也日美各列強重視體育各科於數十年前得此柔術頒布學校幾無人不習遂養成強悍剽勇喜戰之風而收強國之效果我國以積久文弱屢受外界之擊刺有志者起而改良教育力圖強種強國之道是故舍提倡體育外別無良策體育中惟拳術收効最廣今學校漸設拳術以爲隨意遊戲科將來能發達遍及全國收強種強國之效與日美列強並肩齊驅者正未可量也但我國人因循苟安羣居嬉戲之風相沿成習漫羅而不習者有之以文人自命而不屑武技者有之有以爲火器時代拳術乃無用之學者有學之畏其勞而作輟無恆者種種原因不一而足能操持堅忍有始有終者僅少數人耳殊不知生存競爭之世弱肉強食優勝劣敗國與國然而人與人亦何獨不然歷觀古之偉人其能負荷鉅艱開拓世界者類皆稟絕人之異質耐非常之苦惱若陶侃之運甓習勞朝夕不懈史可法之督師七日不眠占士比兒之築大北鐵道奔走塗間五年拿破侖之行軍僅睡四小時此數人者苟非歷練體力強壯筋骸堅固安得有通天洞地移山倒海堅忍不拔之精神以創造世界偉大之事業也耶吾願學者習慣勞動立志猛進養成剛毅果敢冒險進取尚武之精神爲將來登大舞臺立偉業之基礎豈非培築於此時者歟

心一拳術上卷第四編

荊門李泰慧編

拳術法語 凡十五篇

拳術之四大特色

此四大特色爲吾輩懸先注意者其一曰拳術之理理者研究身心性命之要素發達國民體育之基礎其二曰拳術之精神在養氣練氣使之至大至剛不屈不撓有獨來獨往之概其三曰拳術之道德能深沉穩健堅忍耐勞將一切嗜慾剷除淨盡其四曰拳術之功用在自衛而衛人衛國而衛家凡能具此四者即爲拳術家之上乘斯不背先進創作之宗旨者矣若逞血氣之勇但誤形勢而野蠻動作者是爲失拳術之本質無價値之輕重者也嘗見謬俚無術者專以殘忍成性械鬬同類但知獨私不知濟公故恃其技術武斷鄉曲擾害治安是以正人君子視若贅疣而不屑道也噫嘻此非拳術之過乃拳術未得其人之過歟今之學者苟能注重四者之道時爾省察力行復貴以學問之深則拳術功成正軌自然遠超若輩不啻霄壤之判也已

拳術爲身心性命之實學

德育智育爲培養身心性命之理體育爲培養身心性命之法理則運動腦力而擴充其思想者也法則強健體力而實行其學問者也此三者之道宜並行而不能相悖者矣茲就體育而言體育中若拳術柔術體操等法皆爲運動身體活潑氣血提倡精神之用者也然體操原地動作分部演習誠不若拳術之法良義備而有實用者歟蓋拳術之道先之以養氣次之以練氣然後操習全體之動作果能久於斯道者實足養成雄偉之體力活潑之精神若堅忍耐勞冒險進取之性質尤吾拳術家之擅長者也且內而臟腑經此活動能排洩一切不潔之滓渣外而皮膚堅強紋理緻密外邪不易侵入故能長保其康強暢達其生機壽矣至若精神充實却病延齡之效果自在意料中耳由是觀之拳術之功用關係於身心性命者豈淺鮮乎哉然今之人竟有疏乎拳術者何也蓋若輩初無身心性命之知識故不知其身心性命

爲何物者苟有稍具知識而能重身心性命之學者必求修養之法是則修養之法舍拳術體育而外孰有愈於此者耶

拳術之精神

今處火器時代其製造之精利能命中致遠幾於無堅不摧無實不破可謂極絕頂矣雖有英雄亦無用武之地乃謂拳術以眇然血肉之軀當此快槍巨礮之敵何異螳臂當車也耶多見其不知量也余曰否是言所見者小而未見其大者矣拳術之不敵火器即婦人孺子類皆知之然國家注重體育而提倡拳術者何也端重拳術之精神者矣夫戰勇氣也斯火器雖精猶賴有勇之精神而用之則勝券庶可操焉縱有精利火器而以懦夫羸卒持之其不敗於強敵也幾希故兵家有云與敵決勝負在最後數分鐘能具強毅堅忍之實力者乃可勝耳吾拳術之用實能養成此種性質振起尚武之精神者也況火器亦有無用之處與不暇施放之時則必以短兵相接是即吾拳術家之慣技也已孰謂拳術無用武之地哉

任勿性

夫治學者專心致志神不外馳惟教誨之是遵造詣必弘深遠大拳術亦猶是也有貪多喜新在未能求精者有畏勞憚煩徒飾虛文而作輟無恆者或爲無用之學不足輕重者或先有他種學說印入腦海自以爲是不肯再虛心納教者凡此種種任性塞足爲拳術前途之障礙苟欲剷除障礙須先明拳術之宗旨斯宗旨何在就關乎一己者可以強筋骨和血脈增體力禦強暴橫逆之事就關於一己以外者能衛羣護己強族強種養成一般軍國民之資格然拳術之關係如斯其重學者宜先有篤信好學之心復勤而勞專而恆其精進自無疑矣

入門之次第

拳術初入門時宜徐徐漸進不可過驟凡未經操練者其筋骨氣血多未流通舒展若忽變其常度或生阻滯決裂之虞是不可不加意者也氣血壅遏不平渾身筋骨疼痛甚不舒服初練時之現象如此人人所不能免者過此則如常又漸而覺精神增長飲食健旺雖氣力用之甚劇亦不自知其苦矣此即拳術家所謂入門時換原有之舊力而生新力之時代者也今之青年每觀他人之操練時則已勃勃有勇往莫遏之勢迨至身親其事稍受痛苦即心怯氣餒而退縮之心遂由此生焉往往因之不敢再過問者良多故無堅忍耐勞之性而能濟事者未之有也抑或性成痴頑因而落人之後即厭而思返不肯前進者或務虛名不專心致志無一能爲己則曰吾觀此甚無意味無用處何以勞心苦力而爲之耶亦有曰此教授者之過苟教授法良我等何能如是之不知也凡此數者皆爲今日所必有之勢雖然和氏之璞三獻而後顯冶工之劍數鍛而後成道之降降原係乎提倡者之熱心與否但精此道者誠能擴充其理一意進行是必有達到目的之一日而與歐美拳法日本柔術並駕齊驅者果爾則爲拳術發展之幸亦即吾國前途之幸也已

愼交擇友

吾師馬建齋嘗有云拳家有四可傳有五不可傳人格高尚性情忠孝一可傳也人無嗜好公正仗義二可傳也操行質樸勤而有恆三可傳也言行誠實信道敬師四可傳也若夫心術奸險行事乖僻者一不可傳性驕氣傲動輒暴戾者二不可傳酗酒狂悖嗜色邪淫者三不可傳筋骨軟弱魯鈍不堪者四不可傳輕佻浮躁手足舞蹈者五不可傳譬之槍礮利器也公用之則可禁暴戡亂而有益於國若私用之則擾害治安而有損於國拳術亦猶是也不可傳者傳之則其術愈深爲害愈烈是猶齎寇以糧資虎以翼其害人噬人曷其有極凡教授者蓋可忽乎哉

其二

朋友有信少長以禮此義也無論古今中外凡屬爲人道者莫不同具此心同具此理矣然吾國拳術之流弊竟與此義有大相背者師授之於徒徒即以此制師者吾嘗聞其語矣後見其乃有人焉是狂悖謬妄不已極乎昔逢蒙學射盡羿之道於是殺羿孟子曰是羿亦有罪焉愚讀之未嘗不反覆討論而感慨其事也逢蒙固屬衣冠禽獸不足責矣羿亦失知人之明有不擇交之罪由是觀之知人擇交古今其難

故諺有之曰知人知面難知心誠斯言也豈不爲拳術前途生阻力者耶究之彼一時此一時也前承平日久重文輕武之風相沿成習遂使上流過問者少大都草茅下品市井無賴者濫觴其間耳其顚倒若是不亦宜乎今國家注重體育提倡拳術斯道之尊已非前比况學校內不乏明禮識體之士則今日之言也爲昔日之人言之則可若爲今日言之則人將詬汝爲杞人憂天者矣

勿分派歧視

拳術盛行於北方者曰北派盛行於南方者曰南派少林曰外家張三峯曰內家其實各家各有所長苟操練精深無論何家俱可以勝人苟功夫不到無論何家均無用處嘗見今之拳術家輒存門戶之見誇己之長詰人之短以爲吾家拳術獨貴獨高餘皆不足道也是亦器局褊淺者流徒貽大家之笑耳然舍乎理法體用者不爲拳術舍乎奇正攻守者不爲拳術舍乎動靜剛柔者不爲拳術舍乎起落縮長者不爲拳術同一果法體用奇正攻守剛柔動靜起落縮長又何門戶之足分乎况今我國拳術尚在幼稚時代凡吾同志俱宜扶助提携互相切磋研究取長補短以巧濟拙庶幾斯道日昌發達無疆可望普及於全國也已然南北之氣候形勢不同因之人民習慣體格亦異故各地之師傳各異而派別遂分焉其中有精粗巧拙之不同者原於工夫之深淺人性之智愚或竊其皮毛者或得其精髓者各守其說而愈傳愈遠竟使此術演成畸零不完全之道焉今學校注重體育列入拳術一科將來斯道之發展能擴充其用者是又端在於今之青年者也

勿急近功速效

拳術之學先之以養氣次之以練氣養氣則操持有素不致妄動練氣則大而且剛不患微弱是二者拳家一定不易之理也然斯道既由氣功入手則氣之爲用無忘無助靜養中和由循序漸進自然充乎其中動乎四體譬若水之流行盈科後進而放乎四海者其理一也蓋人生之力原生於氣氣生於血血強而後氣強氣強而後力壯力壯而後筋骨充實剛健以此言之欲急近功速效斷難期矣能勇往精進三年者乃可小成能經久練至十年者庶可大成又由此臻諸神妙之化境非畢生之力不可昔吾師年八十餘猶念念在茲日夜練夜不輟坐則運氣練氣故年雖耄耋而精神矍鑠如壯年飲食起居逾常人苟非精練之功深曷克臻此今之學者每少堅忍耐勞之性質無論何種學問須具此等性質方可底造就成况拳術之學尤甚焉者乎不然欲速則不達見小利而大事不成聖人以爲無益而且有損也吾願學者庶其鑒而改諸

宜重道敬師

昔韓昌黎之言曰師也者師其道也余以爲天下凡道之所在無論中外其地貴賤其人即尊敬之所至焉吾尊敬其道因以尊敬其人則吾求道之心誠斯道遂獲以傳於我是前此尊敬之心爲道爲己而與他人無關也苟吾不尊敬其人遂以不敬其道則無謀道之心弛斯道即因以不傳於我是前此暴棄之行所損在己而與他人亦無關也故尊敬於吾者爲其道也凡此尊敬者烏足爲有榮於我耶即不尊敬於吾者乃其無求道之心也則此不尊敬者焉能爲有辱於我哉以此言之其得失榮辱之理早已判然矣因觀拳術叢書有德國賓敬師之言曰授我拳術者師也吾尊拳術則不可不尊師矣吾敬拳術則不可不敬師矣人未有不尊敬拳術而能精拳術者則人不尊敬師則不能精拳術也明矣曩時拳師授徒師弟之禮至嚴故弟子俱能傳師之技至於今日學堂雖有是科而學生之對於師藐然不加敬漠然不加愛嗚呼欲他人之尊視拳術可乎哉觀其說也不可謂言之不當矣要之學者果以專心致志求學爲務而教授者以擴充斯道爲己任庶雙方進行不至有畸輕畸重也已

貴精不貴多

拳術之學有次第先後不可紊亂者但初入門時即普通練習法將一門之拳術理由都能明白通曉而無疑義之候則專門練習法擇此中之拳與吾心性相近身體相合者一二手即專心致志寒暑不輟永久練之其餘惟溫習使之不忘耳此即由

博返約由約而不遺博之法也若先無普通則吾門之拳術理由何能周知異日欲旁參博考則難免掛一漏萬之失後無專門則不易精純難造至神妙變化之境此吾拳術家一定之至理者也凡名家巨手莫不有擅長之絕技終身勤煉時時注意者故一舉手間敵則應手而不自知其何以倒者矣

戒多言巧言

凡人莫不有心心必賴言以宣諸口然後心中之意得以顯揚於外故言之辭也惟取達而已矣不必多而巧也多言者德之賊也巧言者顏之厚矣故古人所深以為戒者也若夫正言讜論倘其有益於人至讜論而訣實足傾人家國與其多言而得中不如不言之為愈已昔蘭亭有吉人辭寡之頌淵明有閑靜少言之傳而吾至聖亦有巧言鮮仁之戒以此觀之孰謂多言而巧者為正人君子也耶且多言必失巧言必佞吾人可不三緘其口者與況吾拳術家重誠靜寡言能實力求學之人汲其務內而不務外為己而不為人其心多專一故也至若淺躁浮華之徒雖其才略有

可觀究厥成實還於誠靜者遠甚其故何也蓋此張譊利循私紛營若驚無心假及於是耳縱其有初而克終者實鮮矣

戒酒色與慾

酒性暴烈嗜之者能迷其心志顛倒其常態故禹有旨酒之惡周有酒誥之作以其為害甚烈有難以言語形容者必惡之戒之而後已慾質有毒亦有解性解之能濁人之氣薰人之肺時生痰涎咳嗽之病且令人齒焦而黃惟其害較酒稍遜耳色傷腎損腦好之者能耗人之元神委人之筋骨而促短其生機者也且古之失節傷品亡身敗家滅國者實數難更僕殷以妲己而滅周以褒姒而衰此豈非吾人前車之鑒乎酒之與色為吾拳術家之厲禁若弗操練則已苟欲操練而弗嚴禁之非徒於拳術無益而實於乃身有大礙也慾於操練時或吸之能傷氣損肺故亦在禁之之列且消耗費用無益於身心況吾拳術家注重衛生專以養氣練氣為主是物為損氣者故欲戒之矣

戒妄忍辱

人之守身貴先端本孝弟以立身理法以持身斯本既端矣復處事以謙慎繼密接物以謙慈惠和誠能內外交脩妄之與辱或可鮮也蓋戒妄為免辱之幾無妄斯無辱矣妄者無經還欲之醜辱者橫逆非禮之遭也苟吾立身之道正而猶有強暴無禮之侵豈可置若罔聞姑以妄人例之可也即世人亦不至以我為弱而忍辱則是非之公道自在人心者矣苟吾不悛其德或承之羞斯辱也乃為自作之孽不可活者若不忍之即有無限之煩難若儳存焉故吾拳術家貴有武德以深沉穩健為尚於斯二者宜時加注意毋尚勇以驕人毋持技以陵人其貌若癡其形若愚庶可稱於此道者矣昔吾先考嘗有訓曰人之於身惟忍字工夫難做忍其所能忍者非為忍也忍其所不能忍者乃可謂之忍也故聖賢以忍字垂教者甚多如小不忍則亂大謀宥容德乃大孟子三自反之說豈非勉人犯而不校者哉[illegible]也謹遵先訓拳拳服膺惟恐或失之矣

毋自滿

蓋拳術之學原無止境而人所以研究之程度亦無止境也設有人焉自以其術為甚高者乃不知猶有高尚考遠出乎其前也斯高於吾者吾則虛心師之可得其秘訣而吾拳術之精愈進於高明而不已苟以傳之於後學則斯道由我闡發而更顯吾於斯道若能獨樹一幟而別開生面者是即吾為後學之先覺者矣若其固步自封以為超出流俗者非惟斯道無精進之希望且具此惡劣性根再傳再厲而遞演出無窮之惡果也已況技藝之精深莫若拳術數千年之積聚千萬人之研究其法廣其妙多譬若江海之深不可以盡也天地之大不可以窮也凡習此道者視其力之所及而取其可取者耳即精習數十年之拳師猶不敢自滿曰莫我敵也況初窺藩籬者乎書曰滿招損凡物之滿者則有外溢之患誠能虛其中則外物方可容入由是觀之自滿者現出種種驕矜之態雖有嘉言忠告無門而入亦將拒於千里之外矣夫一人之知識有限能取人之長補己之短此學問當然之理也如泰山不讓

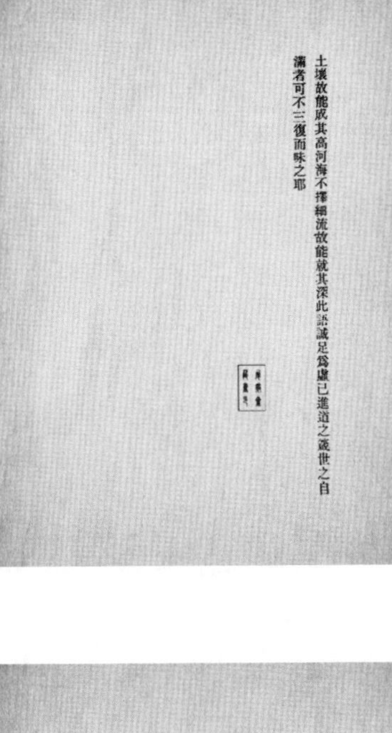

土壤故能成其高河海不擇細流故能就其深此語誠足爲盧已進道之箴世之自滿者可不三復而味之耶

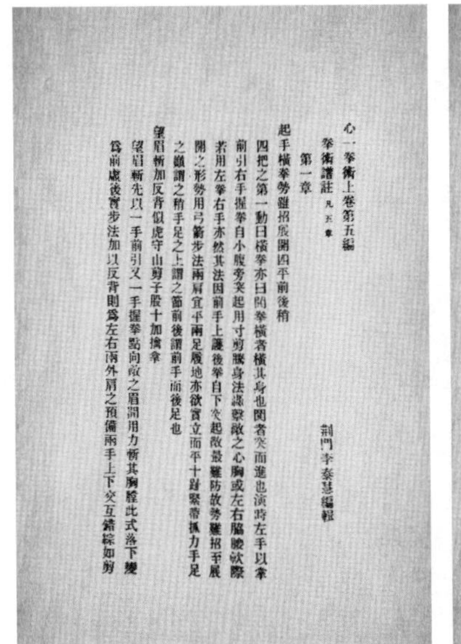

心一拳術上卷第五編

拳術譜註 凡五章

荊門李泰慧編輯

第一章

起手橫拳勢雖招展開四平前後稍

四把之第一動曰橫拳亦曰閃拳橫者橫其身也閃者突而進也演時左手以拳前引右手握拳自小腹旁突起用寸剪膝身法譟擊敵之心胸或左右脇腋欲際若用左拳右手亦然其法因前手上護後拳自下突起敵最難防故勢雖招至展開之形勢用弓箭步法兩肩宜平兩足履地亦欲實立而平十趾緊帶抓力手足之顛謂之稍手足之上謂之節前後謂前手而後足也

望眉斬加反背似虎守山剪子股十加擒拿

望眉斬先以一手前引又一手握拳點向敵之眉間用力斬其胸膛此式落下變爲前虛後實步法加以反背則爲左右兩外肩之預備兩手上下交互錯綜如剪子股又兩手相交如十字此式緊小嚴密不漏敵望之無隙可乘有儼然不可犯之勢故云似虎守山擒拿者以法制敵使其難逸因而命中其要點非以手把握敵之身手者也學者切戒之此拳先由攻而變爲守又由守而即寓有攻之勢也

看人如走路打人如薅草

衣冠儼然兩手下垂惟精靜斂神於內不作形迹於外並無如何之姿勢看之如尋常行路然與敵接近突扣時一舉手敵則自傾如農夫之去草以鋤薅其根也先除其根而草易去譬敵先擊動其下而上即隨之此所謂以下盤擊動敵人下盤之法

打人不見形現形不爲能

名家巨手臨敵制勝神明變化莫可端倪手式出入起落身法開合縮長或剛或柔或動或靜無不極臻厥妙故其輕也如風之倏其捷也如隼之疾其大聲急呼如雷震耳其騰躍馳驟如生龍活虎與敵接近敵即傾跌竟不知手之爲擊亦不知足之爲擊也故見形者不爲能然上盤之拳有曰長手巴掌者練時一手下護一掌高舉疾捲下墜如泰山壓卵將全身之力貫注於掌上此掌臨敵有強硬過勒手段惟練此掌誠爲非十數年之苦功不能操勝算吾門諸前輩如劉遇泰謝三師馬仁與吾師皆畢數十年之精力練此掌法幾於無堅不摧無敵不克先擊敵時稍用力敵即倒退數十步後練至晚年時微以力擊敵敵即受傷間有殞命者此掌之式高舉下落誠爲現形矣然能到變化神明時又不能拘於見形之謂吾故曰上盤之拳所以明示敵也中下二盤之拳始可言打人不見形者矣

拳去不空回空回不算奇

凡臨敵時須知其宗派及其程度淺深次察其身手巧拙敏捷與否然後因而擊之如此者非量敵而後進慮勝而後會也實慎審萬全切不可冒昧而將事始能拳去不空回空回不算奇也此即兵法所謂知己知彼百戰百勝者矣若遇同宗派宜相維持同歸於好毋得仇視但吾門通例或演拳及動手時左足前右足後

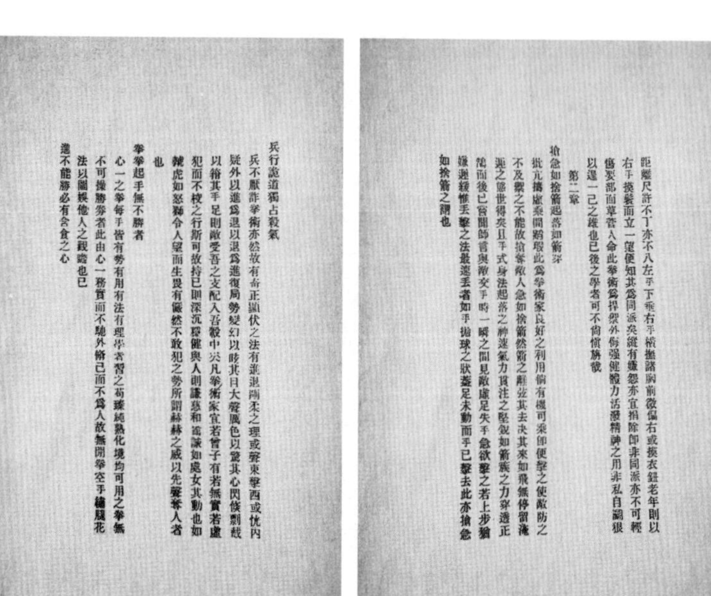

距離尺許不丁亦不八左手下垂右手橫撫諸胸前微偏右或摸衣鈕老年則以右手摸鬢而立一望便知其爲同派矣縱有嫌怨亦宜捐除即非同派亦不可輕侮娶部面草菅人命此拳術爲捍禦外侮強健體力活潑精神之用非私自鬩狠以逞一己之雄也已後之學者可不倘慎旃哉

第二章

搶急如捨箭起落如箭穿

批亢擣虛乘間蹈瑕此爲拳術家良好之利用倘有機可乘即便擊之使敵防之不及禦之不能故搶奪敵人急如捨箭然箭之離弦其去決其來如飛無停留淹運之慮世得矣且手式身法起落之神速氣力貫注之堅銳如箭簇之力穿透正鵠而後已嘗聞師言與敵交手時一瞬之間見敵虛足失手急欲擊之若上步猶嫌遲緩惟丟擊之法最速丟者如手拋球之狀蓋足未動而手已擊去此亦搶急如捨箭之謂也

兵行詭道獨占殺氣

兵不厭詐拳術亦然故有奇正顯伏之法有進退剛柔之理或聲東擊西或忧內疑外以進爲退以退爲進復局勢變幻以眩其目大聲厲色以驚其心閃倏劙截以猶其手足則敵受吾之支配入吾彀中矣凡拳術家宜若曾子有若無實若虛犯而不校之行斯可故持已則深沉穆健與人則謙慈和靄謙如處女其動也如猛虎如怒獅令人望而生畏有儼然不敢犯之勢所謂赫赫之威以先聲奪人者也

拳拳起手無不勝者

心一之拳每手皆有勢有用有法有理學者習之苟臻純熟化境均可用之拳無不可操勝券者此由心一務實而不馳外脩己而不爲人故無閒拳空手繡腿花法以圖娛他人之觀瞻也已

進不能勝必有含食之心

立身行事貴果決戒因循凡事揆之以天理人情可行即欲行之不可行則止切勿狐疑兩端皆見當斷而不斷者反遺其難後柔養奸者實足以僨事故進不能勝必有含食之心含食者不吞不吐無剛明果斷致敗之道也

心似甜藝如刀過狼過虎莫畏縮

習此道者堅忍勤勞不計歲月持之以恆迨成功時其體力雄偉手足鋒利嘗出人意料之外者故此人之心猶是斯人之心而其所練之藝則犀利無比有若刀然惟其如刀苟善用之自無不勝如虎狼最有力而猛者吾至是時善用其技即虎狼亦爲吾制雖遇之何畏焉昔剎門龜山楊大年習藝有年後又業於吾師師年七十矣甚熱心教之有未合法者即校正之以手作勢示之不知楊動步慢觸師之手因受傷焉咯血數月遂以不起師言及之嘗感悼自恨不已此即心似甜藝如刀之明諭者歟

第三章

腳打七分手打三

心一下盤係爲腿法最臻完善其用多自胯以至足尖內外上下頭頭是道其形晦不易窺測其勢下穩固而力多且練足較易於手然手之用雖夥究不若足之用更廣也

五形四梢要合全跟打跟進無遮攔

心肝脾肺腎爲內五形各有職掌爲拳術家之總樞機不可不深加研究者（其論說詳後）手足之末爲四梢四梢之運動猶五形爲肇實之將領故二者湊合一致進行譬若兵家將則好謀有勇兵則精練服從以此臨敵克奏膚功必矣

過着要取勝四梢俱要全手去腳不去在枉然腳去手不去亦枉然

克敵之道無他厥惟全體一致而已如上盤擊敵則中下二盤隨之進行用下盤時則上中二盤爲之護從雖全體俱動而其精神氣力之灌注則專集於所用之一處此欲用之一處即爲主動力餘則爲被動力也

知遠知近方動步知進知退百戰勝不知進退枉學藝不知起落枉用力

上法交扣之步法有剪步過步縱步寸步等用皆以覘敵距離之遠近而爲之酌量適用者臨敵識宜因其動作而急以進退應之則每戰必勝若身法遲鈍立如土偶不知進退攻守之方學與未學等耳明乎起落縮長之義則體力愈形充暢驚警手足之用更覺雄厚敏捷昧乎此者不可與言用力之道矣

寧叫不是莫叫停勢

行拳練藝時或有不經心處偶爾錯誤者即因其錯誤而衍之以底完全苟此時駐手停勢以待校正則旁觀不雅故以錯就錯亦未爲不可也此與人之操行不同苟操行有過即欲改之不可掩飾蓋拳術之學取其變化多端臨機應用原不可以陳法拘之者也大抵老前輩以此道傳世者初皆由其創作而成苟吾能造諸極峯登神明變化之境亦何嘗不能於舊法之中大闢其新法也惟初學者先須以規矩循序漸進不可躐等耳

寧在一起先不在一起後

兵法曰先發者制人後發者制於人先發者有奪人之勢有滅縮人之雄心故能制之諺曰打人不若先下手先下手者方爲妙敵先受擊則其氣餒餒則備禦之不及何暇再戰即此理也

只着一心行正道不用拘摟朋打枉費力

有起落進退奇正攻守剛柔動靜之理法斯爲拳術之正道若拘摟朋打無法門無價値直可謂之未學者野蠻之舉動兒童之廝打耳凡學者於此正道操持有恆研究純熟苟臨敵時須果敢陡決如利劍之斬釘截鐵切毋沾連滋滯是爲行乎正道者矣

若還明瞭六合理四稍齊動永無失

心與意合意與氣合氣與力合是爲內三合肩與胯合肘與膝合手與足合是爲外三合舌爲肉稍牙爲骨稍毛孔爲血稍手指足趾爲筋稍此謂內四稍手足四肢爲外四稍也內外一致復濟以精深之拳術故有動無失

更有三尖當相照三心之實亦須明

鼻尖手尖脚尖此三者每舉動時必常相照着一路進行兩臂閃開拳心實丹田明起本心實十趾抓地脚心實是三者爲三心實三尖照則進行時身如雁行全體連絡一氣三心實則體力雄偉而隱固堅實初學於此宜常注意焉

第四章

脚起而翻脚落而蹚不蹚不翻不翻不蹚

足之行動具自然之形勢曰翻蹚故起也足尖自翻其落也足尖自蹚恆人如是惟其理用未加覺察耳若先不有蹚勢後即無翻力不先有翻勢後即無蹚力二者相依而行若影之隨物響之隨桴也姬先師因其理用擴而充之遂創爲胸腿之練法

十趾抓地頭頂天含胸順氣到丹田

此二句言每拳落下時身體停立之姿勢足落抓地則脚心實而穩手起則頭帶能勢手落則頭帶蹾勢而後腦頂天故縮長力愈覺靈敏胸開則背合背開則胸合合則含含則氣順此時宜注意於氣暗送到丹田學者於初練時凡手足出入起落悉以敏捷爲貴惟此手停落後將換彼手之際則行動宜從緩則每手停當且可暗運此氣初覺勉強久則純熟自然矣

身體康健氣血和時習學成英雄男

拳術爲體育之最上乘其宜於衛生優於體操者多矣有全體之運動天然之活潑足以磨練筋骨調和氣血足以增長體力却病延年推其極效可以強種強族其用可以衛國禦侮人人練成堅實強健之體質一般勇悍尚武之精神又加學力才識之優勝異日志在四方或從政或從戎必能戰風雨敵寒暑衛瘴癘凌波濤攖患難勞苦而能勇往前進其冒險成功之志總必貫澈始終如是豈非英雄男兒者耶即凡農工商苟能精於此道者獲益必非淺鮮此則社會之所共信者

也

起先前進左腿左腿未落右腿隨起先前進右腿右腿未落左腿隨

凡動步進行左進右隨右進左隨整齊連絡互相犄持譬之江風海濤洶湧滾騰前進後繼滔滔不已正如此類也

起如弓落如彈將人打倒還嫌慢

此言先蓄勢而後發故手起時身如弓絃之斷而弓乍翻則出手力大而更得勢手落時身即縮緊團小如彈落之勢即爲起之勢而落故翻弓之力決而猛是以將人打倒猶嫌慢也

起如箭落如弓追風趕月不放鬆

與敵接近敵或後退己則緊隨之趁渠足未穩時猛力突擊之敵或遠隔欲前擊之則用剪踏法如怒虎之出林如鷹鷂之逐鳥飄倏猛捷故手勢起若箭穿手落身如彎弓其去也急而決有追風趕月不放鬆之勢

手如藥箭身似龍弓去意好似捲地風

藥箭毒而利龍弓強且硬以此龍弓發彼藥箭無堅不透無敵不斃矣有此龍弓之身用此藥箭之手則其去意之速有似捲地之風愚按此語謂操練時須具有此等理想非謂以此輕施之於人而傷之也學者宜斟酌慎審苟有用此者非萬不得已切不可輕用爲公仗義則可爲私洩忿則不可嘗見輕手傷人命者縱能脫逃刑律其下場時總無好結果此不可不鑒者也

第五章

進步踩打莫留情鷹啄斬手足下存

手之與足足之與手上下維持互相輔助不可須臾離也故進步之時下用足踩打上則用手左捉右斬手上下一齊併力且果敢而斷不稍留情敵雖強無不勝矣

遠者不發腳發腳不打人

距離過遠則不能發腳即動步則敵逸我勞有主客之判勢難勞居逸客制主故深於拳術者先必假測距離詳審而後發不至鹵莽以將事也

見空不打見陣不上

臨敵時須察其淺深強弱果敵之術深也見其有空可乘則其空斯所以陷我者非眞謂之空也我若打其空即被其愚矣或遇勁敵列陣以誘我我則不可率爾徑上須以手法試之待破其陣然後突擊之敵雖深而強亦安能愚我而誘我哉

隨高打高隨低打低

手法出入起落隨身法之縮長進退故長則高縮則低練習上中下之步法均備於臨敵時可隨敵之高低而措之以咸宜也

上打鷂鷹翻翅下打窩鷄擺尾前打鷂兒捕食後打猛虎翻身

一人之身上下前後極其妙用無一缺點惟不言身之左右者何也蓋左右即此身之一轉移間耳故不言左右而自在其中矣

此拳不用多閃戰搶進中央總爲強

此二句承上文上下前後而言凡此拳進行時須一路逕行爲尙不必左右閃戰惟一意搶進敵之中央爲強能占領其中央則敵勢逼而難防我則趁勢而易擊之蓋近遠已奪其心之故耳但擊敵進行之路有三一中路曰肆中門二左上曰左側方三右上曰右側方無論何家總不越此三路也

四兩能撥千觔力縮身縱力撞倒墻

敵以千觔來我以四兩能撥之厥道維何曰柔能克剛而已所謂因敵之勢而順制之是以不覺其費力也凡身勢之縮而小至縱力之時則必猛而大故墻可撞倒是在練習時能研究縮長之理至交扣時方確有把握也

上法須要先上身腳手齊到是爲眞

手足附着於身身到而手足自然均到何謂上法欲先上身也豈非明示手足有所倚乎蓋先上身者因臨敵時須以身法先搶進其部位然後運動全勢猛擊之

則手足初無形跡可尋使敵不能窺測而先有預備之籌故也

四迷包裹嚴密不漏四梢齊動五形亂發

四體迷離形如包裹使敵難竟真象嚴不可犯密不得間令人無從捉摸苟學者於此將拳術體用理法精練以至豁然貫通地步即四梢齊動五形亂發之時亦無往而非其道矣

勤學好問識見多臨機應變斯爲妙

拳術之功由實力煆煉而成其理由細心揣摩而得若知識足聞見多則由虛心好問博覽羣搜故日就月將學有緝熙於光明此周王之所以勤學也以能問於不能以多問於寡此顏子之所以好問也古人之勤學好問猶復如是緊予何人分何獨不然然學問之道貴識經權凡初學先遵規矩以至於熟練變化之候即可不泥成法以能知機應變斯爲拳家之妙用者矣

心一拳術上卷第六編

拳術譜註 凡七章 後附 體五形五變法 體七拳勢總訣

荊門李奏慧編輯

第一章

頭打落一隨腳走起而未起踮中央腳踏中門搶他位縱是神仙也難防

頭分四部前左右後四者之中惟前爲最後者次之左與右爲又其次之然元首爲全體之至尊偶爾用之不可以爲常者也隨腳進行乘將起未起之際踮據中央之地先踏進中門搶奪敵之位置伺其際以前腦猛點其胸膛上下穴及左右金錢穴無有不受重創者我已佔領其地位彼將立腳不穩復以猛力擊之斯時縱爲神仙亦難防我矣蓋頭打之法須與之殿能力身之縮長力靈緊則頭打之勢愈覺得力落一者即審定部位絲毫無錯不偏不倚之謂斯所注意者也

第二章

肩打一陰並一陽兩手只在洞裏藏順橫全憑蓋勢去縮長二字一命亡

肩之爲用厥分四名其名維何陰陽順橫充其極用各有妙境練陰肩則肩向外翻陽肩則肩向內跌兩手左右交護只在脇下洞裏藏着防敵之襲如左右肩跌山橫等法是也順肩自上落下橫肩自下起上如長手下落之法均帶有順肩之用如十字穿膀勢俱練橫肩用法此二式全憑長手上起蓋勢而落然手之起落又以身之縮長爲權衡故縮長二字可以制敵之命矣

第三章

肘打曲一點胸膛起手一似虎撲羊或在混過一旁走還在脇下左右藏

用前肘之法先以一拳上指敵之眉目間喝聲蓄力曲其肘恰點在胸膛上下及左右穴又一手伏在此肘之下以爲後援步法下沉而後蹬其勢有如虎之撲羊肘亦有四用此爲前肘法二後肘法擊背之敵也再左右側肘法亦有所謂壓肘擯肘者考其用均不若前肘凡練左右擊敵法身法左右轉側手式隨之上下掩護須混過敵人任其一旁乘間而擊之惟吾之肘宜藏在左右脇下此即所謂打人不見形者矣按曲一與落一之理同但曲落二字之義不同因其體異故用字不同耳

第四章

手打起落頭所擋蒸龍未起雷先響天地交媾雲遮日月武藝相爭蔽目光

心一拳術自上落下者多由下上起者亦多惟平出之拳少故手之起落循敵之頭部上下而其頭爭當衝要凡行拳時先大聲急吼所以示勇鼓氣也及近敵突擊時亦發聲以助其力譬之蒸龍乘雲雨飛騰之時霹靂已先震矣天氣下地氣上二氣氤氳蒸爲雲雨日月晦明亦被遮掩竟剎那間空氣瀰漫莫辨西東如拳家角藝先必蔽其目而後擊之即此理也

第五章

胯打中節並相連陰手齊到自無言外胯好似魚打縱內胯搶步便是攏

胯之進行輔以中節次第並用斯爲得矣手之上護足之下行勢所當然理無疑

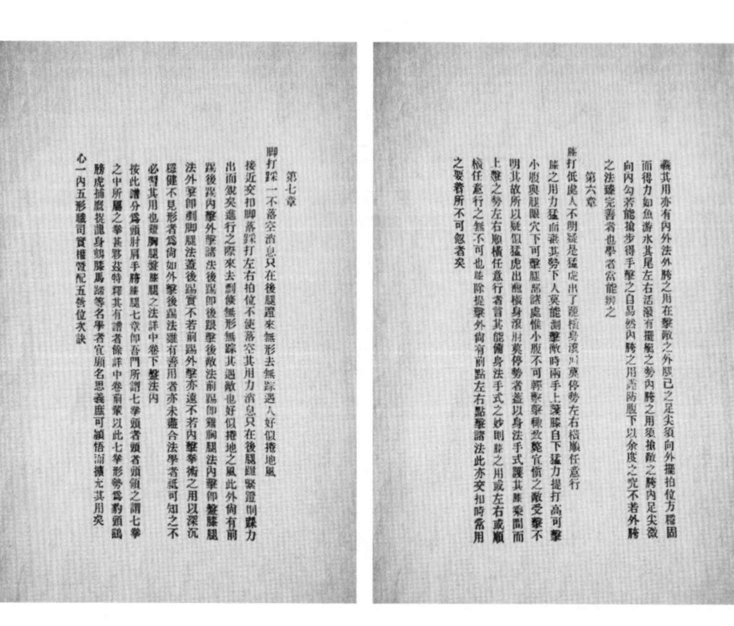

義其用亦有內外法外胯之用在擊敵之外腿已之足尖須向外擺拍位方穩固而得力如魚游水其尾左右活潑有擺鬣之勢內胯之用須搶敵之胯內足尖微向內勾若能搶步得手擊之自易然內胯之用專防腹下以余度之究不若外胯之法臻完善者也學者當能辨之

第六章

膝打低處人不明疑是猛虎出了籠橫身滾肘莫停勢左右橫順任意行

膝之用力猛而捷其勢下人莫能測擊敵時兩手上蓋膝自下猛力提打高可擊小腹與腿眼穴下可擊腿部諸處惟小腹不可輕擊擊輒斃宜慎之敵受擊不明其故所以疑似猛虎出籠橫身滾肘莫停勢者蓋以身法手式護其膝乘間而上擊之勢左右順橫任意行者言其能備身法手式之妙則膝之用或左右或順橫任意行之無不可也膝除提擊外尚有前點左右點擊諸法此亦交扣時常用之要着所不可忽者矣

第七章

脚打踩一不落空消息只在後腿蹬來無形去無踪遇人好似捲地風

接近交扣脚落踩打左右拍位不使落空其用力消息只在後腿蹬緊蹬側踩力出而彼突進行之際來去剽倏無形無踪其遇敵也好似捲地之風此外尚有前踩後踩內擊外擊諸法後踢即後跟擊後敵法前踢即雞胸腿法內擊即盤膝腿法外擊即刺脚腿法蓋後踢實不若前踢外擊亦遠不若內擊拳術之用以深沉穩健不見形者為尚如外擊後踢法雖有善用者亦未盡合法學者祗可知之不必習其用也雞胸腿盤膝腿之法詳中卷下盤法內

按此譜分為頭肘肩手胯膝腿七章即吾門所謂七拳頭者頭者頭領之謂七拳之中所屬之拳甚夥玆特釋其有譜者條詳中卷前輩以此七拳形勢為豹頭鷂膀虎插鷹捉龍身鶴膝馬蹄等名學者宜顧名思義庶可領悟涵擴充其用矣

心一內五形驗司實權暨配五營位次訣

第一形

心動如火炎

心赤屬火位南為前營其味苦其用為禮火性炎上而勢燄赫赫故心氣之動如火之炎心一行拳之氣即呼心氣也平日靜養接納使之無聲無色動時則爆如火炎直衝空氣而上令人望而畏之有不可嚮邇之勢此養心之學即學問深造意氣和平而得其原由於克己復禮之功故視聽言動不犯非禮且明達世情洞徹物我目光務使遠大度量但求弘深其應事接物則不卑不亢無爭無忤凡事惟衡之以禮持之以公則此心常泰然而坦蕩無一毫人欲之累矣學者苟於心學先養之以靜次用之以動則其用也方有本源故靜如山嶽動若龍虎者也

第二形

肝動如飛箭

肝青屬木位東為左營味酸其用為仁木性條暢而上達故肝氣之動急若箭飛如心一長手上起之拳及穿掤等力屬於肝之用也研究起落縮長之法明乎動靜剛柔之理則肝之功用入乎神妙矣若夫人生喜怒哀樂之情感足以激動肝氣此數者之發能中乎節即謂之中和者也否則喜樂過劇肝氣發揚而蕩哀怒過甚肝氣抑鬱而毀凡欲養生者宜守分安命素位而行祛嗜慾懲忿戾戒貪妄祛驕矜則心常寬而肝氣常平矣是為養肝之道吾門所宜注意者也

第三形

脾動膽夾功

脾黃屬土位中央為中營味甜其用為信土性敦厚而能容載故脾之氣動則膽夾之功顯如長手下落及跳林等力皆脅夾運樞之力凡物有本末拳有根稍末之梢葉榮花係乎本之養液料稍之運動強健頓乎根之灌注力明於此者則脾動之功用思過半矣蓋脾主消鎔水穀以養榮衛故衛生者宜起居有恆飲食有節且有定時若飯後徐徐行動所以助其消化也夜眠不宜醉飽所以休養其力

也凡生硬不易消化之品與夫厚膩辛辣之物腐臭不潔之食均宜愼之否則傷脾損胃妨碍衛生此卽所謂練外兼養內者也

第四形

肺動成雷聲

肺白屬金位西爲右竅味辛其用爲養金性堅而斂肺主納氣故肺之氣動能成霹靂之聲心一之練虎音及每拳之發聲皆爲肺氣之動苟肺氣練足則聲自洪其平時宜在空曠或森林之處多吸收新鮮空氣使肺部常納新換舊且操練運使恆勞動呼吸使肺量漲縮力日形健壯則氣自足收力大聲洪之效者必然之理也

第五形

腎動如水浪

腎黑屬水位北爲後竅味鹹其用爲智水性活潑而流動故腎之氣動如水之波濤蕩漾無凝滯之態蛇分草身滾肘大小抽把等拳皆爲腎動之功用蓋腎藏精精生氣氣生神是三者爲生人之至寶凡養生之培基者須先固腎氣腎爲先後天生活之基本故操則存舍則亡而吾拳術家亦首重固腎遏淫慾卽此理也腎足則其氣洋溢乎四體晬於面盎於背若無在而不覺其精神活潑天眞爛熳矣嘗見青年沉湎聲色者外則假强其內實乾動卽氣促手顫足痿不能行路耐勞者皆腎虧之道所謂金玉其外敗絮其中者多矣長此而往幾何不沉溺孽海與黃壤爲鄰耶學者欲精拳術須先養身是五形之說不可不三致意焉

五形結論

五形合一氣放膽卽成功

拳術雖精尤貴膽識識由學問而得膽則歷練而成嘗見詩勇炫技以爲氣雄萬夫者造事變倉猝乃手足失措竟爾瑟縮退怯此其故何歟蓋由於無膽之所致耳由是觀之膽力與拳技關係良匪淺鮮是練膽之法更不可緩也故五形之功聯合一氣惟能放膽者卽成功矣

風吹大樹百枝搖

心經有云天君泰然百體從令蓋心爲全體之主凡心之所至百骸皆奏效以承其旨而無敢違者故五形合爲一氣而手足四肢各盡其用各施其術如風吹大樹凡百枝葉無不隨其擺搖者矣

心要抖手要撒起要橫落要順

臨敵致用心則抖決無稍遲疑手則撒野無稍留情手起身自橫手落身自順此五形合一之功用亦吾家拳術之身勢爲自然之法者也

拳似礮龍遞身遇敵好是火燒身

拳之起落時突擊猛勇似礮之爆發身之轉側時活潑夭矯如龍之遞身其遇敵也以五形一氣應之但見手法敏捷身勢閃倏好是火之燒身云蓋火燒身之勢機應靈警感覺神敏者也與譬如抖手丟決等力同惟此係指肢體上而言火燒身者專注輕微有區別耳學者庶明辨之可也

心一上法剪踏次第訣

一寸　上法進行時前足微向前移數寸引動後足謂之寸

二剪　後足踰步而前極力進行前足仍立於前惟以足尖抵地重點專注於後腿上

三穿　謂剪步將落地時身法下落而前踏如箭之穿鵠者然

四就　已落地時我之距離須與敵相就

五架　我之身法手勢與敵能接架

六合　我之交扣須與敵之交扣處相合

七齊　接近時身手嚴密欲無隙可乘則我之七拳頭整齊急須注意者

八正　拳頭既整齊矣而我之身法須正不偏不倚亦無前無後

九緊　既齊且正猶恐包裹不嚴密而鬆散故欲緊則無懈弛之弊矣

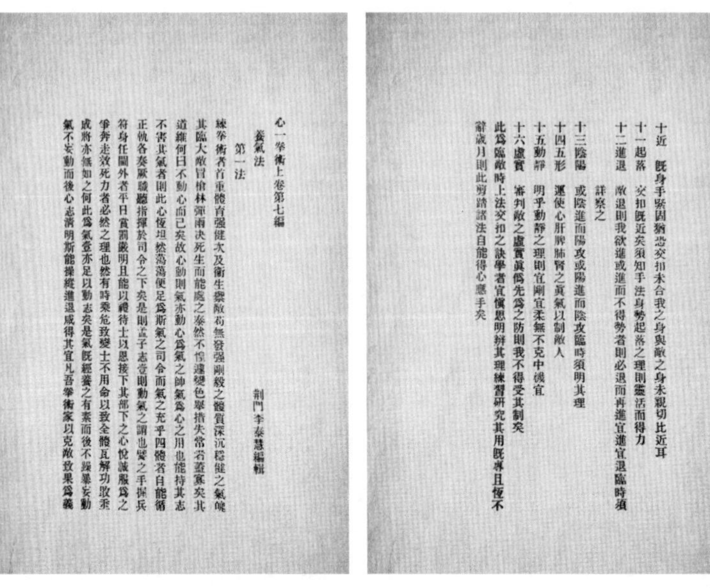

十近　既身手緊固猶恐交扣未合我之身與敵之身未親切比近耳

十一起落　交扣既近矣須知手法身勢起落之理則靈活而得力

十二進退　敵退則我欲進或進而不得勢者則必退而再進宜進宜退臨時須詳察之

十三陰陽　或陰進而陽攻或陽進而陰攻臨時須明其理

十四五形　運使心肝脾肺腎之眞氣以制敵人

十五動靜　明乎動靜之理則宜剛宜柔無不克中機宜

十六虛實　審判敵之虛實眞僞先爲之防則我不得受其制矣

此爲臨敵時上法交扣之訣學者宜愼思明辨其理練習研究其用既專且恆不辭歲月則此剪踏諸法自能得心應手矣

心一拳術上卷第七編

養氣法

荊門　李泰慧編輯

第一法

練拳術者首重體育強健次及衛生禦敵苟無發強剛毅之體質深沉穩健之氣魄其臨大敵冒槍林彈雨決死生而能處之泰然不惶遽變色舉措失常若蓋寡矣其道維何曰不動心而已矣故心動則氣亦動心爲氣之帥氣爲心之用也能持其志不害其氣者則此心恆坦然蕩蕩便足爲斯氣之司令而氣之充乎四體者自能循正軌各奏厥職聽指揮於司令之下矣是則孟子志壹則動氣之謂也譬之手握兵符身任閫外者平日賞罰嚴明且能以禮待士以恩接下其部下之心悅誠服爲之爭奔走效死力者必然之理也然有時乘危致變士不用命以致全體瓦解功敗垂成將亦無如之何此爲氣壹亦足以動志矣是氣既經養之有素而後不躁暴妄動氣不妄動而後心志清明斯能操縱進退咸得其宜凡吾拳術家以克敵致果爲義以臨機應變爲用是養氣之功可不深加研究者耶

第二章

人之生也莫不有爭厥分二端曰私曰公私乎一己者爲生活經濟學術程度者也公乎國家者爲扶持種族推尊國權者也斯二者乃吾國民當然之義務應負之責任苟有外界之侵陵前途之障礙勢必精心殫力以求之蹈湯赴火以爭之雖竭力捐生而此心終必勇往直前不遑他顧矣此曾子所謂自反而縮雖千萬人吾往矣昔孔子曰內省不疚夫何憂何懼其理一也吾拳術家誠能從事於此以明理集義爲先務凡百行事揆之以道守之以法卽可毅然進行無疑矣蓋理無往而不直義無地而不宜人之氣或有時而餒然則吾之爭也果緣理直而氣壯者不誠然乎哉若反是而爭則其氣必餒矣非徒無益而又害之可不慎歟

第三章

器局狹隘態度輕浮無容忍之量無自反之責惟以意氣任性見有拂意之行卽必然暴動形諸辭色甚至與人鬩狠如斯人也其不僨事殺身者幾希此吾拳術家所宜深戒者也故以深沉穩健爲量堅忍耐々成習能養成此氣始可精於拳術者矣如湖海之水探之不覺其深攪之不覺其濁但見澄然之波遙望無垠難測其涯際云曾征諸往事有唾面自乾不拂人之怒者有糞汚朝服猶憐婢傷手者觀古人之雅量高遠雍容流行如清風明月其氣象直與天地萬物上下同流各得其所者靄然一致矣蓋吾人之見地々未能遠超前輩亦必黽勉將事而追隨之斯可也設有無禮之干於其前者不推不斥其妄並欲心憫其愚而哀其無知苟有知覺稍具人道者何能以非禮加人也耶若動輒觸怒睚眦必報者視此可以自愧無地矣

第四章

風寒暑濕燥火此六邪者曰外感實爲吾人身外之勁敵苟能衛生得法使正氣充實亦足以抵禦之俾不能侵犯吾軀也喜怒憂思悲恐驚是七情者曰內傷亦爲吾人身內之勁敵若見道不明捍御無術則喜怒々節憂思兼併以致五內氣鬱不平

元氣斲喪終必覆亡而已矣此二者若順其理明其用發而皆中節所謂道履中和誠谷於人者也使反乎中和則爲災爲傷矣是可忽乎哉蓋吾拳術家首以强體養氣爲本則凡有害於吾氣者均宜愼之遠之不使擾及於吾身若外感內傷一爲自外擾亂吾之正氣一爲自內斲憫吾之眞元卽二者是也嘗考陰陽應象大論有曰天有四時以生長收藏以生寒暑燥溼風此五者之發皆以時則萬物俱生發皆不以時則萬物俱死故生於四時死於四時人有五臟化爲五氣以生喜怒憂思恐此五者發而皆中節則九竅俱生發皆不中節則九竅俱死故生於五臟死於五臟是論關係吾身存亡之理洵不誣也

第五章

飲食男女人之大欲存焉斯爲人生所必有而不能必無者也苟能持之以道則誠有百利於人生而實無一害者曰惟節而已矣飲以養陽也食以養陰也人生陰陽二氣賴飲食以爲養之者故終日不再食則有飢渴之害其氣亦必餒矣是飲食本以養生者若過之或不及之皆足以有害於吾身男女居室人之大倫也凡世界之種族百業之進化皆造端乎夫婦是男女誠有百利苟淫御之不以其道或不以時或過之則有沉溺蠱惑之疾或不及之則有孤陰獨陽之咎蓋利與害常相隨也有利者斯有害矣故明於養身者操之以節但享其利而遠其害焉凡飲食必以時貴清潔精鮮或濃厚之味與暴烈之物皆不可多多則傷胃損氣靈蘭秘典論曰脾胃者倉廩之官五味出焉五味淫則傷胃胃傷則氣血凝而不行是爲五味之邪從本生焉凡衛生需食以時每過飽飛腹所受夜深無醉飽過度皆以其停滯生病虧損脾胃之氣故也吾拳術家於醉飽後或房事後均宜徐徐靜養不可躁動違則損氣傷身切宜戒之

第六章

玩人喪德玩物喪志省斯言也吾人當知所以警矣有舉世以爲非者而舉世之人競趨之若鶩赴之若流水惟恐或後焉嘗推原其心究不知其何以然也鴉片之禍烈於洪水猛獸吾國遭其荼毒淪沒於黑籍者其數不知凡幾眞所謂蠶蝕苦而自甘者今幸禁之此禍已除矣惟是青年昧於養身之道類多以害身毀性者爲養身以縱情徇慾爲愛身噫何不智之甚耶是故沉湎麴糵以戕其性以毀其身陷溺淫海以喪其德以斃其生竟以爲倜儻風流英雄氣概而人莫我若也或博奕雀戰酒食征逐靡明靡晦式號式呼浪擲金錢不以爲奢廢業誤時不以爲過猶自謂豪性揮霍俠氣慷慨而人莫我若也或嬉笑譏刺熱嘲冷語以巧其言鑽利營私奴顏婢膝以成其行攘奪權利互相傾軋以濟其私猶以爲才冠一世氣雄萬夫而人莫我若也或器具什物衣服飲食咸取給於外來宮室臺榭改舊圖新以西式爲美觀猶自謂挽回利權提倡國貨而人莫我若也凡此數者皆爲喪德喪志之行所當深以爲戒者今有明知其非而故犯之者亦有不知其非而冒昧行之者社會中大都如是者多耳此由養身之學未明養氣之法不講之故也吾拳術家以品行清潔爲尙約身循禮爲本屏除嗜慾是務於喪德喪志之行實進道之障礙爲吾身之大害者可不深加惕厲而剷除淨盡者哉

按養氣之學其大要不外守敬循禮以存其心無害其氣而已其餘條目在學者斟酌損益焉可也今際此武明時代凡爲國民者僅有文事而無武備豈能任當時之義務者哉故學校教以各種科學練以拳術體操而後習文事者乃習武備矣亦若古之庠序教人文舞爲勺武舞爲象兼備文武之舞者爲大夏其道同也所謂同者磨練筋骨運動氣血增進體力之理也誠如是也則今日之拳術可謂返古者矣是在拳術家務其改良斟酌盡善不可不從事於學問故宜汲汲講求養身養氣之道及强身練氣之法庶不失古人創造拳術之宗旨者也然養身養氣之學爲聖賢工夫行之甚難言之亦不易也茲特舉其大概至若言之綦詳自有經典則也可爲指津者自愧於斯道不過管窺之一斑云耳

練氣法

第一段 總論

拳術氣功之學已分爲養氣練氣二種養氣之學其用在心所主在理是爲無形之學上章已言其梗概矣茲論練氣法練氣者爲有形之學其用在運動其法在呼吸但運使呼吸時此心須反觀內省默察其氣運送至於注意之處蒸騰勃勃像想其形若貫滿瀰漫遍於其間者積日累月持之以恆久則功成厥法由柔而剛復剛而柔充其極用則虛實動靜進退左右或剛或柔或柔或剛無不左宜右有各契機宜蓋練氣之次第先由丹田起點丹田氣既足漸及於丹田之外漸次引及於軀幹之全區域久之覺全體充暢精神氣力格外增長之時遂漸次遞送達於肢體之極端處斯練氣之功成遍乎周身上下無處不至無微不入矣此時再立志精進則氣功將由此而臻妙境他日結果之偉效誠有令人驚爲奇異者也

第一段　運使

時間　每日可分晨午晚三時若學校中午時有課可減少一時每時之運動不限刻數總以堅忍能耐爲尚每時可運動二次每次要立十餘分鐘之久後能增加獲效更速

地址　宜光明高爽清潔之地凡廚廁與堆積渣滓污穢之處均宜遠之恐黴菌及不潔之氣吸入肺部妨礙衛生若曠野高山上有林木掩映下有清泉激流空氣最清新鮮美者於運使呼吸甚相宜

禁忌　凡關乎運動呼吸必運行眞氣故平時宜攝其氣使其周流舒暢毫無虧損喪傷壅鬱之患斯無害於其氣矣若暴怒震驚悲哀之後醉飽房事遠行之際此皆正氣有虧之時苟未休息復原切不可運動呼吸譬之花木新栽本根尙未穩固忽以烈風撲之其不顚而伏委而枯者未之有也

運使法

人面南而立如尋常狀略靜立數分時將一切雜念悉屏諸身外惟一念在心方側身開左足向東立步法前虛後實重點在右足兩手垂下隨身上翻然後兩手盡力隨身吐下如此式上下翻轉數十次至右足膝痛不能忍時再換左足進身向西以右足前立亦如前式行之後轉身面南步法則換成騎馬式兩腿蹲下曲而平兩足據地須堅而實然後如左右式行之惟手上下時頭亦與之俯仰身亦開闔縮伸但堆兜二力須帶上不可使身浮起以致氣不能直貫丹田是爲切要兩手如前停後作搖鈴式數十次若覺魚抖手式畢後兩手平出向前作丟鈴式數十次丟鈴時須將全力輸送於掌心下庶爲合法此運使名地盤法取其紮足力穩固之意又名搖鈴丟鈴法取其全體上下活潑之意身法手勢須柔而剛剛而柔不可操之過急亦不可弛之太緩當斟酌損益時剛時柔或半剛半柔之中也蓋兩手運使上下之時呼吸亦隨之手上則爲吸手下卽爲呼手上時口內默念一手下時口中默數二如此練之則呼吸之力一氣到底使肺部增加縮張力得以吐舊納新而新氣力遂由此生焉一次式完後徐行數十步使氣平靜時繼續行二次式總以有恆無間爲要兩腿站立以堅忍爲尚始有效耳但初行法時兩腿必痛周身亦不舒服繼至半月後漸覺如常過此則氣力增長此拳術家所謂除舊力換新力之時代者也

第三段　呼吸

心一五形法曰肺動成雷聲蓋肺爲納氣之府由其呼吸伸縮力強則氣自大故發爲聲成雷力乃氣之出氣足而力自足此一定之理也是呼吸之術有三一爲立定不動之呼吸一爲演習拳式上之呼吸一爲靜坐默數之呼吸此三訣能歷年行之持久不倦實能增長氣血擴充體力且能袪病延齡但學者須謹遵拳術規約能清心寡慾則裨益匪淺倘或不慎反以害身不如不習之爲愈也

第一法

面南而立身直足平先呼出濁氣三口然後曲腰兩掌伸直下抵於地復兩手指作鉤形如拔物狀徐徐提上使氣貫諸丹田及手掌間迨腰伸直時兩掌轉向上撐氣即隨手而上呼聲猛力放出上托下引下抵上提各五數復左右上下各四數又兩拳向前各五數左右拳出入各四數後轉身先左後右亦如之但每動須曲膝庶使腰腎得堅強之效各式畢仍還原面南而立以左右拳輕輕敲擊鼓盪胸腹間次及

於全體四肢有拳不能到處可用小沙囊總以輕爲貴行之既久雖重亦不覺矣惟鼓時全體切不可鼓氣鼓氣則恐氣血凝滯而生他患務使氣血自然活潑流通覺得充暢圓滿久之則筋脈靈動骨肉堅實氣血健旺可隨呼吸以爲貫注凡意之所在氣即從之但呼吸時氣由鼻出須循序漸進不可過驟至成功時雖猛力擊之不覺其痛即暗受重擊亦若無事然此由平日鼓時身不鼓氣使呼吸之氣運行身內自然雄厚堅實倘有意用氣則力能穿透膚裡呼吸之功不誠大矣哉

第二法

心一練習法無論爲拳爲把凡手足出入起落身法開合縮長諸式皆以動靜二法統之動爲剛口呼爲一而發之將全身之力貫注於斯靜則柔謂手式收回時即換前力以俟新力再動而呼吸之氣亦隨動靜之力爲縮漲心一所謂一拳一換動者隨動靜之法與呼吸之氣故也平日練習時行動宜緩惟出手將落時宜急須以抖決力猛擊之學者苟緩急得宜則呼吸之功可隨諸施行無礙矣此即心一練到如何地步而內功亦練到如何地步之法也已果能內外之功一致並行始終以恆則成功之效豈不事半而功倍乎嘗見操練者其心毫不注意亦無氣功呼吸之用但徒事手足之動作而已雖日操練究於身心有何益耶

第三法

每晨黎明時或課畢休息及夜靜月明風清時可行此法調氣斂心整襟靜坐頭昂而目光下視身端面胸次豁然將萬籟寂靜收存此心於腔內用舌抵上腭默數呼吸移時則津液自舌底金泉穴內湧出滿口其味甚甘即將滿口津液三分之以眼光反視咽送到丹田內每咽送時覺如泉流括括有聲如此靜守三口共咽送九次然後徐徐起行覺咽送之津液在丹田內滾迴有活潑之態照前第二法各呼吸法運使一次後即照常應酬外事此法在侵晨日未出時至高山大野茂林旁或月明風清時在山巔石上面東靜坐照前法吸收新鮮空氣和津液咽至丹田亦照前法行之稍息數分時即運使拳術二三式苟能持久不倦庶於身心獲益當不鮮也

按運使呼吸之氣功法拳把形勢之運動法以年限之遠近功力之淺深分爲有形之氣功時代無形之氣功時代與有形之運動時代無形之運動時代此亦學者所當知之者也昔吾師嘗曰斯道精之不易苟能苦心孤詣猛勇精進者前十年之氣功與運動是爲有形時代者也後十年則有形無形二者各居其半若更精進十年則無形者實居多數耳然有形者人能知之斯無形者何謂也蓋歷練年久者氣血流通筋脈靈活能隨心應手敏捷神妙矣是時不必再苦事有形運動惟行止坐臥之間以意運氣像想其如何動作之姿勢而已身雖未動而心中默想之其氣亦能從心至於所之之處且甚有効此則無形之呼吸運動時代者也但未至其境必不能知其地之山川人物此理之當然者然則斯言也可爲知者道之不知者難與言也

心一拳術上卷終

第一編　入門須知 凡五論

第一論　心一之價值與關係

（甲）心一拳術，首重體育①，凡關乎體育者，無不悉心研究。②故其立法以養氣練氣為本，以剛柔動靜為用。今處競爭時代，人人應具國民資格，振起尚武精神，欲振尚武精神，非煅煉身體、養成強毅勇銳之體力不可。舍拳術而外，孰有愈於此者？若衛國而戰，當槍林彈雨中，忘生拼死，能短兵相接、血肉相搏戰者，亦莫不利用乎此也。前日人之戰俄，其柔術之收效，可為明證已。

（乙）拳術家，宜高尚人格，清潔品行，以深沉穩健為貴，堅忍耐勞成習，毋挾術藝而擾治安，毋勇私鬥而怯公戰，凡此不規則之行為，皆無學識下流社會之所為者。若心一之拳理與其用法，均精而深，非有學問者，曷可與言③？斯道學者，宜戒妄忍辱，反身循禮，言必忠信，行必篤敬，毋暴躁狠戾而輕於一試、輕輒傷人。昔有張姓者，受業吾師年餘，偶擔柴者，忤④其意，怒，集之中渠要部，旋斃，雖未償命，卒以傾產，故孔子「一朝之忿，忘其身以及其親」⑤之語，非吾人所深以為鑒者歟？

（丙）心一拳術，乃文事而武備者⑥。其理精深，其用廣博，誠為斯道之最上乘也。凡操演時，衣冠則整齊，威儀必嚴肅，若動則動、靜即靜，所謂靜如處女、動若脫兔者矣。嘗觀他家拳術，演時必去冠服，挺胸露體，遊行數周⑦，故作態，名曰「提勁」。設猝遇敵，詎⑧待汝提勁脫衣而後動乎？

（丁）拳術之道，貴乎奇正攻守之理，動靜剛柔之法，舍乎此者，豈得謂之拳術者哉？若渾身強硬而直，一鼓作氣，自始至終無稍鬆懈者，其名曰氣歸丹田，實則手自手，足自足，無有總司令者為之調遣耳！吾心一，則頭之俯仰，手之出入起落，身之開合屈伸，皆各臻厥妙。若發拳擊敵，則剛而決，突起如飛；收回時，即軟若棉。一拳一勁，權自中操。中者，丹田也。凡心一之拳，俱帶有丹田之關係，故譜曰：「中節不明，渾身是空。」譬以硬勁擊人，如榨桿之撞，不留餘步，敵或可避。心一之擊，若槍彈之射，決而速，敵勢難逃。或下落山崩牆倒，或上起地雷爆發，其來急、其去速，有迅雷不及掩耳之勢，令敵難窺測者也。

【注釋】

①體育：此處是培養身體的意思。

②凡關乎體育者，無不悉心研究：點出了姬氏武學的研究範疇。

③曷可與言：如何能與他說呢？曷，音ㄏㄜˊ。

④忤：音ㄨˇ，不順從。

⑤一朝之忿，忘其身以及其親：一時憤怒，忘記後果傷及自身及親人。

忿，同「憤」。

⑥心一拳術，乃文事而武備者：心一拳術，是文武雙全的藝術。該門自姬龍鳳開始，便秉承這一傳統。

⑦遊行數周：遊走數圈。

⑧詎：音ㄐㄩˋ，豈，怎。

按：該支傳系與戴氏心意傳系一樣，明文記載、強調了丹田的重要性。

（戊）心一先覺創造拳術，其法摩仿動物真形，據其自然之形勢，因其自然之理，用匠心妙運構造而成，非矯揉造作者所可倫也①。細閱《真形釋義》，便知其詳矣。

學者苟能專心致志而勇往精進，習其形勢，遂揣摩其理而研究其用，庶能洞澈古人創作之真象者矣，然徒事手足之動作者，終於身心之理，實不能明其大用，所謂拾其皮毛者也②。

（己）身分上中下三大盤③。用上盤之拳：長手高舉，上下左右閃倏④莫定，審視敵情，悍然剽⑤截，其態度活潑，若風吹大樹百枝搖之狀，雖明以示敵，敵不能逃其擊也。居高下臨，有泰山壓卵之勢。中、下二盤：嚴密包裹，深藏不漏，敵每受擊而不知其所以擊之之故。如「肩動防著拳，腰沉必是腿」⑥之語，此先示人以幾者。吾心一，則來無形、去無蹤，故譜曰：「見形不為能，見形者非妙手」也。

（庚）心一務實而不務名，修己而不為人，專內而不飾外，喜真而不圖美。是故，拳式無閑拳空手，並無花法。整套少，散把多，皆為有用之拳。嘗見徒工媚世者，乃非靡⑦弄巧，苦事繡掌花腿，或跌單雙一字，或單雙跳踮，或左右雲手，雖多而無用也，雖巧而失實也，徒自炫其浮華，使人羨為美觀。欲其強健身心、造福社會，胡可得也已？然此乃江湖賣技者流，能與有價值之拳術並論耶？

（辛）理有精粗，術有工拙，然粗拙者敗，精工者勝，此天演之公例，不待智者而知之矣！如精粗之與工拙，半係於師承之優劣，半由於操練者工夫之淺深耳。吾心一拳術，長短兼用，動靜時施，剛柔並行，攻則破，守則固。雖一體而其用甚多，故臨敵之際，奇正相生，層出疊見，手起亦打，手落亦打也。

（壬）法有動靜剛柔，頭有鷹熊俯仰之力，身有縮長開合之勢。凡操演時，手之出與落，必精神團結專注於斯，然後猛力發聲喊放，其音為一，即心一命名之一也。喊一是為用心力，當發聲時，全體鼓鑄堅實，氣力陡然奔赴於所擊之點。學者苟能歷年精煉，寒暑不輟，則體育內功獲益非淺。故拳術煉到如何地步，即內功煉到如何地步。二者相並而進行，若判為二途而分演之，其煩勞不甚鉅⑧乎⑨？

（癸）演之次序，初整後散，先虛後實，再對樁，而後人與人對搏。然此道欲粗知大略，不過一二年工夫，若求精，非十數年不可。昔聞師言，有謝三師者⑩，為心一出類拔萃之人，在荊州時，曾舉掌擊野馬，馬頭立碎。又馬仁⑪

者，在襄陽手按楊姓之頭，其項遂縮，旋甦。余先君⑫嘗聞吾師之言，亦煉掌十年，能碎厚瓦十層，此皆畢生之功力，苦煉而成。凡立志堅忍不憚煩難，以恒繼之，自能造其極巔，若三年可小成，十年者可為大成也。

【注釋】

①心一先覺創造拳術……非矯揉造作者所可倫也：此段直指核心，點出了姬氏武學創造的原理和基礎。可倫，可比。

②然徒事手足之動作者……所謂拾其皮毛者也：只習四肢活動外形，停止於身心之理，結果不會有大用，只能是獲得這門技藝的皮毛而已。

③身分上中下三大盤：這是在姬氏武學中首次文獻記錄上、中、下三大盤的說法。

④倏：音ㄕㄨ，同「儵」。極快地，忽然。

⑤剽：音ㄆㄧㄠ，輕捷。

⑥肩動防著拳，腰沉必是腿：此是武林秘傳，在此書之前，不曾寫於紙上，可見李先生造福後學的胸懷。

⑦非靡：這裏是專攻的意思。靡，音ㄇㄧˊ，分散。

⑧鉅：同「巨」，大。

⑨法有動靜剛柔……其煩勞不甚鉅乎：此段解釋了發聲與修煉的關係。

⑩昔聞師言，有謝三師者：聽師父（馬建章）說，有一位謝三師。從下文可知，謝三師乃馬建章的同門或長輩。

⑪馬仁：從下文可知，馬仁亦是馬建章的同門或長輩。

⑫余先君：作者李泰慧已經去世的父親。可見，李氏父子都是馬公傳人。

第二論　心一拳術創始源流

譜傳陝西西安，有姬鳳者，係明名孝廉，嘗見雄雞相鬥，及各動物之形，皆有生成之技能，因悟其理，始創拳術，是為心一之祖。初只有散手，並無整拳。因後學嫌散手索然無趣，故前輩方作整套以饗後人。然整套雖屬連貫，亦是磊磊落落之態，若求諸實用，則誠遠超各拳術。僅欲飾觀瞻以悅人者，請謀諸他人。蓋心一，實無絲毫花拳繡腿之法也。

【注釋】

按：此段先介紹拳譜記載陝西西安有一名為姬鳳的人，是明代有名的舉人，並敘述其創拳經過。前文已經注明，由《倚山武論》《姬氏族譜》等文獻考證出心意拳（即心一拳）鼻祖是姬龍鳳。將姬龍鳳錯記為「姬龍」「姬鳳」的文獻，源頭應在這一支傳系的文獻。因劉遇泰與姬龍鳳隔代，才容易造成這樣的誤差。但姬公是名舉人是事實，更不排除姬公及其弟子曾在西安活動。

第三論　心一步法位置之活潑

拳術家以臨機應變為用，故其步法位置宜靈動、敏捷，因敵制宜，不可為陳法所拘。凡初入門時，須循規矩，及練純熟後，其法當前者亦可後之，在右者亦可左之。惟吾意之所欲，手足即應之而至焉。若步法之位置均有定所，其前後之腳跟皆欲還原者，此為呆滯之動作。烏得謂之為變化之拳術耶①？吾心一之煉散手，自然隨意活動，即整套步法亦不限位置方向。操練時即如此，庶②可覘③其心靈手敏與否，而知人之優劣也已。

【注釋】

①烏得謂之為變化之拳術耶：不能稱為變化的拳術。

②庶：音ㄕㄨˋ，或許。

③覘：音ㄓㄢ，看。

第四論　心一襲擊有全體專注力

一人之力與千萬人較，則力之大小自然懸殊天壤；四肢之力與軀幹力較，

其孰輕孰重，人盡知之矣。心一擊敵法：凡手、足、肘、膝、肩、胯等，用皆有全部之力運行、專注達於目的之上，故其力大而銳。若手足之運動，無中部轉輸之力以為貫注，其軀幹一於強硬，不能開合屈伸，以為手足之司令，且手足之與身部勢力渙散，各自為用，不能全體輸送一致，故其力小而弱也。由是而觀其用力之法與運氣之理，則拳術之優劣精粗昭然若判矣。

【注釋】

按：此段從標題到內容，可以看作是對《岳武穆九要論》的總結，簡單明瞭。

第五論　海內同志宜保全國粹，互相砥礪，以期精益求精，化除私見，勿相嫉妬歧視

有客問曰：「觀先生記載之言，多稱己之長，揭人之短。果心一之拳為獨

一無二之法門者乎？」余應曰：「否！不然也。」今處文明開化之秋，萬國交通，互換智識，是以學術等科日益精進。若日之柔術、美之拳術，其國家皆提倡進行，不遺餘力。然國之與國，固宜同趨進化者矣，而斯道同志欲保全吾國原有之國粹，而不互相提勵切磋，愈進於高明，豈不墜鄰國人之後哉？

況吾國拳術，正當萌孽初生之秋，凡斯道同志，俱當扶助前進，取人之巧，濟我之拙，以我之長，補人之短，庶幾拳術日光、發達日速也。若嫉妬歧視，自相傾軋，欲斯道之不亡得乎？是則，慧之不憚唇舌而不敢緘默者，此之謂也。

倘海內同志，見吾之說，肯指明缺點，或有精深拳術與高明理法，能辱以見教者，慧必感謝紉佩，受為師法，沒齒不敢忘其教也。

第二編　拳術撮要 凡十章

第一章

教育家，以德育、智育、體育三者並重。然體育，又為二者之基礎。設無體育，則學問無競進之精神，難達其目的者也。秦漢而降，學者狃①於呫嗶②之舊習，懷安樂，憚勞動，且以動作為恥，遂演成文弱病夫之國。古代學校教育，學樂誦詩以養心，舞勺象、舞大夏③以養身，兼教射御之屬④。斯習文事者，必有武備矣。故孔子為萬世師表，其勇能翹國門之關⑤。門人冉子善使矛，樊遲能踰⑥溝，以此證之，武事詎可輕乎⑦？泰東西各列強，端重體育，特說柔術劍術等科，提勵全國尚武之精神。是以國勢駸駸⑧日上，雄飛全球。

吾國肩教育者，有鑑於此，故改弦更張，凡學校內皆設體育各科，以期恢復吾國武士道之精神，然體育之教夥矣，最活潑而有實用者，莫拳術若也。他種禮操，皆囿於一用，惟拳術既可練習身勢，增長體力，精練之後，養成一種發強剛毅之性質，以捍外侮。至便利而有實用者，孰有愈於此耶？

【注釋】

①狃：音ㄋㄧㄡˇ，因襲，拘泥。

②咕嗶：形容囉唆。

③舞勺象、舞大夏：中國古代有六藝內容，學生十三歲舞勺，十五歲舞象，二十歲舞大夏。勺、象、大夏都是舞的名稱。勺是文舞，徒手或持羽等輕物的舞蹈。象、大夏、大武等都有是武舞，手持盾、劍等武器，做擊刺等動作，象徵作戰情節。

④射御之屬：射箭及駕馭馬車等技術。

⑤其勇能翹國門之關：《呂氏春秋》《淮南子》《論衡》《列子》等書都記載了「孔子之勁，能招（翹）國門之關」。國門之關就是城門的大門栓。漢朝人高誘解釋，翹關的方法是「以一手捉城門關顯而舉之」，即用一隻手握住門栓的一端，把四五丈長的木栓挺舉起來。

⑥踰：同「逾」。

⑦武事詎可輕乎：武學豈可如此受到輕視？詎，音ㄐㄩˋ，豈，怎。

⑧駸：音ㄑㄧㄣ，形容馬跑得很快，迅疾。

第二章

凡鍊①時，須誠意慕道，始能專心致志；必清心寡慾，方可固精養神。如是，則拳術可精，而氣足體強矣！復以不辭辛苦，暗下工夫，日就月將，自然精進，化柔為剛，化剛為柔，拙則生巧，遲則變速矣。繼此而進，豁然貫通在於一旦間也。

【注釋】

①鍊：同「煉」，按現代用法，應為「練」。本書中多存在「練」「煉」通用的情況，均予以保留，不另做說明。

第三章

鍊法，如鍊鉛燒丹家①用「文武」二火，即心一「動靜」之謂。動則武火，非動鍊無以和氣血、強筋骨、增體力；靜如文火，非靜鍊無以操調中氣轉折、合法，絲絲入扣。然動靜中，亦有動動靜靜、動動靜靜靜動之訣。故心一鍊法，不可舍「動靜」二字。斯動靜之法，即剛柔之理，為心一最注重之主動力也。

【注釋】

①鍊鉛燒丹家：內外丹的修道者。這裏指修內丹者。

第四章

研究拳之本源，若木之有本，培其根則枝葉暢茂；若水之源，濬①其泉別，流清而遠。拳術亦然，察其本源，方明某力發於某盤，某勢根於某節，或此盤與彼盤相用相反，或彼稍②與此稍相合相生。力有稍節，勢有終始，知其運用之先後，則中節權集中宮，為全體之操縱，凡百有體，均服從於命令之下矣。

【注釋】

①濬：音ㄐㄩㄣˋ，同「浚」。

②稍：應為「梢」，指末端。以下同，不另做說明。

第五章

手足出入起落，身式開合屈伸，氣力動靜剛柔，其運用之妙，則存乎一心。若表著於外者，則有行動之規矩。自然之形勢，厥①用在軟如棉硬似鐵，黏身方縱力之妙訣，學者深加玩味而實行之，慎勿差之毫釐而失之千里也。

【注釋】

①厥：音ㄐㄩㄝˊ，乃，於是。

第六章

演須分折散開，先打空後打實。先打空者，則氣之生機暢達，不為他種力所阻撓；後打實者，則命中部位，方有經驗把握。蓋行拳時須注意，如臨前敵，耳目手足極諸靈警。

凡一人之身，若前後左右，各致其妙，故聲東而擊西，指上而格下，向前而卻後，恍①內而疑外，如常山率然②，首尾相應似此，身則活潑而手法亦撤矣。

【注釋】

①恍：忽然。

②卒然：即常山之蛇，是中國古代傳說中的一種蛇，兵家常用此作陣法演變比喻。

第七章

揣摩上法交扣①。譜云：「上法容易交扣難，交扣容易上法難。」②臨敵渾身包裹、嚴密不漏，進步踩打，如霆如雷，猛勇直前，若熊若羆，然決勝負在瞬息，稍遲疑必致誤，故欲猛勇尤貴剛斷。學者心靜以鎮之，目明以察之，手足敏捷以應之，復秉剛明果毅之氣。如是，則上法交扣自易，吾未見其難者也。

【注釋】

①交扣：這一概念的使用，是該支獨有的特色，他譜無。當是運用上法進

身後，交手控制局面的身法、手法等。文中交扣常與上法連用作「上法與交扣」，將此與雍正十三年正月河南新安掌禮溝歲進士王自誠作《六合十大要序》之七「上法與進法」比較可知，交扣即《要序》中之進法。由此觀之，心一拳術確與其他傳系是同出一脈的並列傳系。另，從下文看，有時也指交手的意思。

②上法容易交扣難，交扣容易上法難：他本一般作「借法容易上法難，還是上法最為先」。

第八章

須知攻守奇正之法。凡正與奇、奇與正，相生而相倚也。譬用兵者，有正斯有奇，有奇斯不離乎正矣，故奇正相生之法無窮也，如天地不竭也，如江河層出疊見、循環無端。蓋正有形者也，奇無形者也。是心一之法，見形不為能，空回不算奇也。

第九章

心一之拳，皆仿物物之良知良能，而原其自然之理與自然之形勢者也。學者宜味其自然之理，而究其自然之形勢。設指鹿為馬，似是而非，乃紛紜不專，以相矛盾，則失心一本來面目也已。可不慎思而明辨之耶？

第十章

宜鄭重深藏，卑以自牧①，毋為浮蕩、佻達②之行，毋為驕矜③陵④人之概。凡習此道者，非利用其技以擊人之謂，將以捍敵衛身，以備不虞也。譬國之練兵，精訓練器械、造戰艦飛機者，非欲輕挑戰釁、以與敵國決勝負也，實擴張武力自衛，以為公法之後盾，期立於不戰之地耳。

詩有戰戰兢兢、如臨如履⑤之戒，吾於學者有厚望矣，夫庶體創作之苦衷而深玩之。

【注釋】

①卑以自牧：以謙虛的態度修養自己。

②佻達：音ㄊㄧㄠ ㄊㄚˋ，輕薄放蕩。

③驕矜：傲慢，自大。

④陵：古同「凌」，侵犯，欺侮。

⑤如臨如履：如臨深淵，如履薄冰。

第三編 真形釋義 凡十種

龍有縮骨之法①

龍之為物，能大能小，忽升忽隱，雲常從之，其變幻之態莫可端倪。心一之「龍形四把」及「龍門單雙起手」等拳是也。蓋縮者，蓄勢而後發也。諺曰：「縮長二字一命亡。」凡欲長之得力，必縮之有勢。

明乎此義，則身法靈敏、姿勢活潑，若神龍之遊太空，夭矯不測，其中節運用之氣，宜達到於目的上。習之既久，自能純熟而臻化境。故能縮於下者，必長於上；屈於右者，定伸於左也。

考《少林秘訣》②所謂拳術精意者有五。其一曰：「龍拳練神法，周身無須用力，暗聽氣注丹田，遍體活潑，兩臂沉靜，五心相印，如神龍遊空夭矯不測。」③是法與心一靜靜動之訣同，專用柔力，暗運神氣於其中耳。設用力過猛，則身法強硬，難合縮骨之姿勢，且活潑夭矯數字之義亦失之遠矣。

【注釋】

①龍有縮骨之法：寶鼎《形意拳譜》作「龍有投骨之法」（其弟子林喧整理本作「龍有搜骨之法」）。

②《少林秘訣》：民國四年中華書局出版的尊我齋主人的《少林拳術秘訣》。

③龍拳練神法……如神龍遊空夭矯不測：凌漢興《心意六合拳藝傳眞》作「龍形：盤時以此為身法，意存丹田，不可用絲毫拙氣拙力，兩膀懸掛，隨勢擺動，一若垂吊於肩下者，故名龍調膀。」

虎有捕食之猛①

風從虎，山頭舒長嘯，凜凜起雄風，見食縮身，雙手前捕，罩若天塌，黏身從力，長在單雙虎抱頭、虎離窩及踩捕裹縮決等。拳譜曰，「起手一似虎撲羊」，蓋捕者，雙手前撲也。虎嘗遇物，必先縮身諦視，而後縱身前撲，迅速神急，捷如飛電，其若此者，誠縮身之得乎勢也。虎具生成之良知良能，不待學焉而能者。《少林》第二法曰：「虎拳練骨法，須鼓實全身之力，臂堅腰實腋力，光沛一氣整貫，始終不懈。起落有勢，努目強項，有怒虎出林兩爪排山之勢。」此與吾門動動靜之訣同，惟一氣整貫始終不懈差異耳。

凡吾用氣之法，曰「動靜」。動則剛，靜則柔。若出手擊敵時，將全身之力貫注於其間，即剛若鐵，此手收回時，則舒其氣，即柔如棉。所謂一拳一換勁，與少林派不同者。觀家貓捕鼠法，便知其剛柔動靜矣，非柔無以蓄其勢，非剛無以達其用。且柔可以克剛，使一於剛，則反遲鈍。故靜而後動，則動愈覺有力；柔而後剛，則剛更得乎勢。學者不可不深察之。

【注釋】

①虎有捕食之猛：寶鼎《形意拳譜》作「虎有備戰之勇」；他本有作「虎有撲食之勇」「虎有抖擻之威」。

熊有運掌之威①

熊能人立，善緣木，運掌而揉，物莫能敵。因象作十字揉把、一二仙②、熊出洞等拳。凡此，皆屬長手式，蓋運者使用之謂。運其掌而揉，可以上下前後，亦可遠近左右，惟其心之所欲，無往而不利焉。譜曰「隨高打高，隨低打低」③，正運掌之類也。掌法為各派擅長之技，北派謂為「柳葉掌」，南派則為「虎爪掌」，有為「鷹爪掌」「虎蹬掌」者，形式名稱雖異，其用力一也。一者即指向外翻、力注掌心下是也，亦有單雙之別。昔岳武穆曾創雙推手法④，後世多宗之。吾門之「雙鳳朝陽」及「雙起手掌」，皆同此法。

據鮑國寶之《手法述要》有云，北派尚長手，南派尚短手；或謂短手軟弱，長手遲鈍，其意以為短僅利於守，長僅利於攻，各有利病。殊不知攻守之利病與手之長短無關，苟能蹈瑕乘隙⑤出之以神妙，雖短手亦能擊人；苟應變無術，即手伸直亦何濟於用？誠臨機有方，縱長手亦無患；若不知自守之妙，雖手不離身，亦豈能禦敵之擊哉？故精拳術者，無南北之畛域⑥，長短兼用，剛柔並濟，攻則破，守則固，此吾之所謂「手法」者也。

【注釋】

①熊有運掌之威：寶鼎傳系無熊形，馬祥聖支也無熊形，有貓形。

②一二仙：其他傳系未見此式。

③隨高打高，隨低打低：山西河南各傳譜中同，但只有這裏給出其解釋為「運掌之類」。

④昔岳武穆曾創雙推手法：王薌齋先生在其著作中也強調這點。河南臨潁岳飛心意拳，其出拳基本都是雙手一起出，值得研究。

⑤蹈瑕乘隙：踩空乘機。

⑥畛域：音ㄓㄣˇ ㄩˋ，界限，範圍。

猴有縱身之靈①

猴身輕而狡，手足捷而利，其目光尤精銳，如剪踏諸法，搖山往前進，搖山往後退之形勢，皆縱身之靈。縱者，放也，跳也。言放步而前跳也。猴之輕捷活潑，他物殆②莫能過之。其由心靈手敏，而身之善縱者歟③。昔秦中高姓者，精於猴拳，嘗語人曰：「吾輩遇敵時，出手當如飄風迅雷，使其聞風而倒，那有手跡可尋？此所謂：打來勿許見，見時不足算者也。」是與吾門打人不現形，現形不為能者同。以此觀之，世俗所謂剪裁手法，如切、攔、斫、挑、擒、拿、逼、封等式，皆無所用其技矣！

是此八法，只可為初學步者言之，若遇名家鉅手，實所謂班門弄斧，貽笑大方也已。雖宛若遊龍，翩若驚鴻，不足喻其靈；出如脫兔，散如沉魚，不足言其疾。神乎？妙乎？有不可思議者矣！

【注釋】

①猴有縱身之靈：馬祥聖支作「猴有縱身之精」。

②殆：音ㄉㄞˋ，大概，幾乎。

③歟：音ㄩˊ，文言助詞，表示疑問、感歎、反詰等語氣。

馬有盤蹄之能①

駿馬奔放，如星馳電驟，浪湧潮翻，前蹄仰而落，後蹄蹬而起。起手如馬盤之拳，亦手仰而前落，足後而下蹬。頭如鷹目下視，而後腦上豎。譜曰：「消息只在後腿蹬。」②欲敵人傾跌速而遠，須後足之蹬力強而穩，故壓力愈大而膨脹反抗力之愈大也。者③兩足之實力，在練時，即留意十趾抓地，堅立而穩固。蓋未經練習之人，氣多上浮不能下貫丹田，故上重而下輕，足踵虛踏而乏實力，一經推挽，則應手而倒，此由不練氣所致也。

拳術入門時，先之以養氣，次之以練氣。養氣為無形之學，以明理為歸，以集義為宗，即孟子所謂「不動心之道」。心不動而後神清，神清而後操縱進退，綽有餘裕，始可與言命中制敵之方。

然養氣之學，乃希聖希賢之關鍵，又豈拳術之技所可範圍者哉？雖然拳術之功，首在強健身心，其用在襲敵禦侮，設泰嶽崩於前而色宜不變，麋鹿興於左目欲不瞬。故養氣之學，為決不可緩也。練氣為有形之學，以運行為主，以呼吸為功，以柔而剛為效果，以剛而柔為極致，擴而充之，以至於剛柔互用，虛實同進。學者朝夕從事於茲，加以堅忍勤勞，始終不渝，每一動步舉手時，即注意運使呼吸於其間。迨④功成時，則周身筋脈靈活，骨肉堅實，血氣之行動可以隨呼吸以為灌注，凡意之所向，氣即趨之，倘與敵搏，其力能深入膚理，其傷至不可救藥，氣之功用大矣哉。

【注釋】

①馬有盤蹄之能：寶鼎《形意拳譜》等作「馬有疾蹄之功」；馬祥聖支作「馬有疾蹄之神」。

②消息只在後腿蹬：他本有作「消息全憑後腿蹬」，但都沒有像李先生這樣進一步舉例或解釋。

③者：這，此。

④迨：音ㄉㄞˋ，等到，達到。

蛇有分草之巧

蜿蜒其身，分草而行。不風自偃，其巧何如？且蛇有吸力，噓①物自來。物若遇之，勢莫能逃。譜曰「橫身滾肘莫停勢，左右橫順任意行」②之法，可知其用矣。設敵人狡閃，須張其手勢，運其身法，以牽制之。敵雖滑，難越我範圍之外。嘗聞吾師循環「與敵交手，敵或左右躲閃，或思逃逸，須運動姿勢，多方以誤之，乘機以疑之，俾敵左右為難，趁其惶惑，莫知所措時，因而擊之。」是乃蛇之噓物法，亦若磁石之吸鐵然。

少林之四拳曰：「蛇拳練氣法，吞吐抑揚，以沉靜柔實為主。如蛇之氣，節節靈通，其末著物也。若甚無力也，一與物遇，則氣之收斂勝於勇夫，有經驗者自能知也。練氣柔身而出，臂活腰靈，駢兩指而推按、起落，若蛇之有兩舌，且遊蕩曲折，有行乎不得不行、止乎不得不止之意。所謂『百練之鋼成』，繞指之柔即為此寫照也。」

此法與分草之法同。惟吾門主全體而言，此用專在兩指，學者參互考訂，當自辨之。嘗見敵人左右狡猾、乍進乍退、不易制者，愚意當以聲東擊西、指上劃下、欲進而實退、欲退而實進之法掩之。敵諒難施其伎倆。此在用者，因敵制勝，隨機而動耳。

【注釋】

①噓：慢慢地吐氣。

②橫身滾肘莫停勢，左右橫順任意行：程氏八卦傳譜作「轉身活動勢不定，左右橫順任意行，退若狸貓進似虎，腳打踩意不落空」；六合拳譜作「和身輾轉不停勢，左右明拔任意行」。

鷹有抓摟之妙①

天空飛翔轉折快利、俯瞰食物審視周詳，能利用其爪之鋒銳與翼之飄倏，凡雀鳥狐兔遇之，罔不披靡。且兩翅跌擊力最銳，如進退膀肩、跌山横及攫②捉諸拳法此③。譜曰「肩打一陰並一陽，兩手只在洞裏藏」；又曰「海底撈月非等閒」，撈者，自下而上兜也，其法蓋仿乎此者。然雖抓摟，切不可用手沾實敵人之手或其器械等物，凡不實則虛，虛則易於變化，或有時為敵手所沾切，宜順其手勢，勿與逆，順則敵手曲而不得逞，逆則敵手得勢而知我之趨向矣。此初學者不可不知之術也。

考鷹兒捕兔把法：兔馳於地，鷹由空際撲下，用手兜提兔之後尾，兔之後身即豎起，倒翻數轉。練此把時，一手自上摸而下，一手自下兜提而上，手恰按住敵人丹田之下已，則運丹田之力以送之。昔襄陽有羅姓者，習小字門，被心一以鷹把擊之，遂提起，離地數尺而倒。羅乃得此手法而練習之，改名曰「抄把」。後以此把知名荊襄間，授徒最夥，常自言其少年被擊之狀。愚幼時猶及見之其槍法，亦高人，呼曰「小羅成」云。

【注釋】

①鷹有抓摟之妙：寶鼎《形意拳譜》作「鷹有捉拿之精」；馬祥聖支作「鷹有捉拿之技」。

②攫：音ㄐㄩㄝˊ，抓取。

③此：這類。

按：此段舉例解釋鷹把之實效，並記錄小字門拳家「小羅成」。字門拳分小字門與大字門。文獻顯示，字門拳傳人與姬氏武學傳人交往密切，藏有姬氏武學重要文獻。

鷂有鑽林之急①

由上集下，自下返上，剽截輕忽，誠罕厥②儔③鑽林者。因群爵④在叢，毆而搏之。此拳縮身，嚴密包裹，待時乘機，故其動也，閃倏轉瞬莫及，如跳林與斬截騰兔等拳，起落乃其身法，落然後起，鑽然後入。其練鑽林之法，有用掌起者，掌起時，有翻刺之力；亦有用拳起者，則當胸直起，曰「硬起硬落」，若斬截騰兔，純是拳肘之練法。少林第三拳曰：「豹拳練力法：豹威不及虎，而力較虎巨，蓋豹喜跳躍，腰腎強於虎。練時須短馬起落，全身鼓力，兩拳緊握，五指如鈎銅屈鐵，故豹式多握拳。」此豹拳之法，與吾門起手橫拳、硬起硬落等式用同，能通其法者，自能投間抵隙，無不操縱自如矣。

【注釋】

①鷂有鑽林之急：寶鼎《形意拳譜》作「鷂有側身之力」；馬祥聖支作「鷂有闖林之妙」。闖，音易ㄗㄨㄢ，進入，穿過。

②厥：其他的。

③儔：音ㄔㄡˊ，同輩，伴侶。

④爵：古同「雀」。

燕有取水之利①

熟看燕頡頏②蜻蜓點水，時四月，隴頭上觀農插秧針，取水之式，手法出入迅速，點若彈擊，練習形勢，研究其理，而心領神會，斯得之矣。火燒身、驚魚抖手、丟插等力，與起如箭、落如弓，追風趕月不放鬆，搶急如飛箭者，其法其意，皆同吾拳，何取乎燕？緣其緣楊春水時，臨波款款輕飛，隨點隨起，不即不離，毫無痕跡可尋，其所重者，輕而妙、捷而利之謂也。前湘省有崔文玉者，拳術亦甚著名，求教於吾師。因較手勢，崔欲先上，被師施展身勢、運動手法，幾如生龍活虎，崔視之，無絲毫破綻，竟不敢進。又欲師先上（向來吾師發虎聲最雄，大能震數里。年八十有二，在普庵寺動拳發喊，鐘磬皆鳴），師即大吼，隨聲而上，以手點其胸，崔倒退數十步外，起而請曰：「吾被擊退，究不知何以倒者，敢請再領教可也？」吾師復用風吹大樹百枝搖之手法擊之，崔復應手倒於矮凳上。崔起，再拜受教。停數日，方辭去。師始用以擊崔者，即燕取水之點法也。

嘗聞師言「與敵相角，須有重輕，若敵甚無禮，必傷其要害」者，則用動法，動則如雷霆震撼，有排山倒海之勢，使敵遭之，立成碎粉。若求教，而相試者，則用柔法，柔則身輕如風，往來若飛，猶畫家輕描淡寫、筆鋒著紙全不費力，但使敵倒退十數步外，毫無痛苦之狀耳。此在平日練習時，須深明動靜剛柔之理、開合縮長之法、進退左右之勢。由規矩而造純熟，由純熟而臻神化，然此非苦心孤詣，深造之以恒者，不能望其肩背也已。

【注釋】

①燕有取水之利：寶鼎《形意拳譜》作「燕有取水之能」；馬祥聖支作「燕有取水之奇」。

②頡頏：音ㄒㄧㄝˊ ㄏㄤˊ，鳥上下飛。

按：此段給出例證，點出該支傳系不僅具有河南傳系的那種彪悍，而且也有如孫祿堂先生所記載的李洛能傳系的放不傷人的內勁。

雞有鬥色之勇①

兩雞相持，斂身作勢，交戰之際，一起一落，起而腿翻，落而身鑽，翻如鷹熊鬥翅，鑽似喜鵲豎尾。心一腿法，獨佔七分。起無形、落無蹤，遇人好似薅草根②。心一之拳，發軔於此，姬老師因觀雞鬥，遂一隅三反，悟及各物皆有生成利用之技，爰採集十種真形，創此拳術③。或象形、或取勢、或法其理、或會其意，無不原其自然之長與自然之理，學者慎勿矯揉造作而畫蛇添足。蓋雞拳練腿，其用重在翻鑽，故法曰：「鑽翻翻鑽，不鑽不翻，不翻不鑽」之訣，心一下三盤之拳，皆為腿法。

師嘗循環「腳打七分手打三。」以愚意度之，練下三盤較易於上三盤，以上三盤之力較遜於下三盤也。況下三盤，其勢低下，用之不現形，使敵難測而不易防也。昔劉遇泰老師，練此腿法三十餘年，吾師受業時，曾見其足尖踢牆，牆磚退出數尺，不可謂不神已。使用以擊敵，敵非牆比，其何能堪此。

少林第五拳曰：「鶴拳練精法：以緩急適中為宜。蓋鶴之精在足，神在靜，學者練此時，凝精鑄神、舒臂運氣，所謂神閑志暇，心手相忘，獨立華表，壁懸千仞。學者瞑心孤往、久練精熟時，自能於言外得之，非倉猝所能領會也。昔少林達摩，造《十八羅漢手》，以為門徒磨練筋骨、調和氣血之用。後至白玉峰氏，乃搜其本源，集其大成，而一闡宗法，創此龍、虎、豹、蛇、鶴五拳。修內兼練外，而技術乃成絕學。」今玩其五拳之精意，與吾心一理法相同者甚夥，故特附錄於真形各項之下，俾後之學者，藉茲參考不無裨益云。

【注釋】

①雞有鬥色之勇：寶鼎《形意拳譜》作「雞有爭鬥之勇」；馬祥聖支作「雞有鬥勢之能」。

②遇人好似薅草根：他本有「看人如蒿草」，再證其獨到之處。薅：音ㄏㄠ，拔除。

③心一之拳……創此拳術：此段，不僅表明該支傳系的獨到說法，而且給出了姬公傳十大眞形次第。十種眞形的說法，此支已有，馬學禮傳系盧嵩高先生的說法「十大眞形」與此相合。

按前《撮要》十章及《真形釋義》十種，雖各有詳略，而心一大要，不越此範圍矣。外有用力法十法，曰「鑽、穿、堆、嵬、催、崩、蹬、抽、忍、丟」①之訣，其義詳後。凡欲習此道者，先須立至誠觀念，能篤信不二練之，方有益。職教授者，須察人品之高尚、性情之義俠與重道敬師之誠心、堅忍耐勞之苦志，能始終如一者，始可盡其所傳，否則不可輕授之也。非徒無益於個人，實有損於社會，且有害於國家。前此跳梁跋扈之輩，藉為護符，實生亂階，職斯之故，遂使吾國之國粹，竟為海內人士所唾棄而鄙夷之，嚴禁之實，緣授教者不擇人，而與人以口實者也。

今際茲武明時代，凡講公法者，必先有強權為之後盾，故有強權始有公理，無強權者即無公理也。日美各列強，重視體育各科，於數十年前，得此柔術，頒佈學校，幾無人不習，遂養成強悍剽勇、喜戰之風，而收強國之效果。

我國以積久文弱，屢受外界之擊刺，有志者起而改良教育，力圖強種強國之道，是故舍提倡體育外，別無良策。體育中，惟拳術收效最廣。今學校漸設拳術，以為隨意遊戲科，將來能發達，遍及全國，收強種強國之效，與日美列強並肩齊驅者，正未可量也。但我國人，因循苟安，群居嬉戲之風相沿成習，畏難而不習者有之，以文人自命而不屑武技者有之，有以為火器時代拳術乃無用之學者，有學之畏其勞而作輟無恒者。種種原因，不一而足。能操持堅忍、有始有終者，僅少數人耳！殊不知生存競爭之世，弱肉強食、優勝劣敗，國與國，然而人與人亦何獨不然？歷觀古之偉人，其能負荷鉅艱、開拓世界者類，皆稟絕人之異質、耐非常之苦惱：若陶侃②之運甓習勞，朝夕不輟；史可法③之督師，七日不眠；占士比兒④之築大北鐵道，奔走塗間五年；拿破崙⑩之行軍，僅睡四小時。此數人者，苟非歷練體力強壯、筋骸堅固，安得有通天洞地、移山倒海、堅忍不拔之精神，以創造世界偉大之事業也耶？吾願學者，習慣勞動，立志猛進，養成剛毅、果敢、冒險、進取、尚武之精神，為將來登大舞臺立偉業之基礎，豈非培築於此時者歟？

【注釋】

①鑽、穿、堆、嵬、催、崩、蹬、抽、忍、丟：馬祥聖支作「闖、穿、堆、嵬、催、崩、蹬、抽、忍、丟」；其他姬氏武學傳系未見此說。

②陶侃：（二五九—三三四年），字士行（一作士衡）。本為鄱陽郡梟陽

縣（今江西都昌）人，後徙居廬江尋陽（今江西九江西）。東晉時期名將。唐德宗時將陶侃等歷史上六十四位名將供奉於武成王廟內，被稱為武成王廟六十四將。

③史可法：（一六〇一——一六四五年），字憲之，又字道鄰，漢族，順天府大興人，祖籍河南開封府祥符（今開封祥符區）。明末抗清名將、民族英雄。

④占士比兒：美國人，買收汶天拿省、華盛頓省諸土地，而自築大北鐵路以貫之。

⑤拿破崙：拿破崙·波拿巴十九世紀法國軍事家、政治家，法蘭西第一帝國的締造者。

按：此段層層遞進，強調了拳術強國強種的作用。

第四編　拳術法語凡十五篇

拳術之四大特色

此四大特色，為吾輩應先注意者。其一曰：拳術之理。理者，研究身心性命之要素，發達國民體育之基礎。其二曰：拳術之精神，在養氣練氣，使之至大至綱、不屈不撓，有獨來獨往之概。其三曰：拳術之道德。能深沉穩健、堅忍耐勞，將一切嗜慾剷除淨盡。其四曰：「拳術之功用」，在自衛而衛人，衛國而衛家。凡能具此四者，即為拳術家之上乘，斯不背先進創作之宗旨者矣。

若逞血氣之勇，但講形勢而野蠻動作者，是為失拳術之本真，無價值之輕重者也。嘗見鄙俚①無術者，專以殘忍成性、嫉視同類，但如②狥③私，不知濟公，故恃其技術武斷鄉曲，擾害治安。是以正人君子視若贅疣④而不屑道也，嗟乎！此非拳術之過，乃拳術未得其人之過歟。

今之學者，苟能注重四者之道，時而討論力行，復資以學問之深，則拳術功成正軌，自然遠超若輩，不啻天壤之判也已⑤。

【注釋】

①鄙俚：音ㄅㄧˇ ㄌㄧˇ，粗俗。

②但如：疑為「但知」的誤排。

③徇：同「徇」。

④贅疣：音ㄓㄨㄟˋ ㄧㄡˊ，皮膚上長的肉瘤。

⑤不啻天壤之判也已：不只天地之別。不啻，音ㄅㄨˋ ㄔˋ，不止；不只。

按：李泰慧提出拳術的四大特色，其他著作未見。實質上在對中華武學給予自己或師傅的定義。

拳術爲身心性命之實學

德育、智育為培養身心性命之理，體育為培養身心性命之法。理則運動腦力，而擴充其思想者也，法則強健體力而實行其學問者也。此三者之道，宜並行而不能相悖者矣，茲就體育而言，體育中若拳術、柔術、體操等法，皆為運動身體、活潑氣血、提倡精神之用者也。然體操原地動作分部演習，誠不若拳術之法良義備而有實用者歟。蓋拳術之道，先之以養氣，次之以練氣，然後操習全體之動作。果能久於斯道者，實足養成雄偉之體力、活潑之精神，若堅忍耐勞、冒險進取之性質，尤吾拳術家之擅長者也。且內而臟腑，經此活動，能排泄一切不潔之滓渣；外而皮膚堅強、紋理腠密、外邪不易侵入，故能長保其康強、暢達其生機者矣。至若精神充實、卻病延齡之效果，自在意料中耳。由是觀之，拳術之功用，關係於身心性命者豈淺鮮乎哉！然今之人，竟有藐乎拳術者，何也？蓋若輩初無身心性命之知識，故不知其身心性命為何物者。苟有稍具知識而能重身心性

命之學者，必求修養之法，是則修養之法舍拳術體育而外，孰有愈於此者耶！

【注釋】

按：此段，不僅直指武學戰鬥背後之本質，而且還可能是首次將拳術、柔術、體操等法做了探討。

拳術之精神

今處火器時代，其製造之精利，能命中致遠，幾於無堅不摧，無實不破，可謂極絕頂矣！雖有英雄亦無用武之地。乃爾拳術，以眇然血肉之軀，當此快槍巨炮之敵，何異螳臂當車也耶？多見其不知量也。余曰：「否！」是言所見者小，而未見其大者矣。拳術之不敵火器，即婦人孺子類皆知之，然國家注重體育而提倡拳術者何也？端重拳術之精神者矣！夫戰，勇氣也！斯火器雖精，猶賴有勇之精神而用之，則勝券庶可操焉。縱有精利火器，而以懦夫羸卒持之，其不敗於強敵也幾希。故兵家有循環與敵決勝負，在最後數分鐘，能具強毅堅忍之實力者，乃可勝耳。吾拳術之用，實能養成此種性質，振起尚武之精神者也。況火器亦有無用之處，與不暇施放之時，則必以短兵相接，是即吾拳術家之慣技也已，孰謂拳術無用武之地哉！

【注釋】

按：此段，作者李先生實際上指出了，即便在火器時代，決定勝負的關鍵也是人，而不是武器。

任勿性①

夫治學者，專心致志，神不外馳，惟教誨之是遵，造詣必弘深遠大，拳術亦猶是也。有貪多喜新、在未能求精者；有畏勞憚煩、徒飾虛文而作輟無恒者；或為無用之學、不足輕重者；或先有他種學說印入腦海、自以為是、不肯再虛心納教者。凡此種種任性，實足為拳術前途之障礙。

苟欲剷除障礙，須先明拳術之宗旨。斯宗旨何在？就關乎一己者，可以強筋骨，和血脈，增體力，禦強暴橫逆之事；就關於一己以外者，能衛群護國，強族強種，養成一般軍國民之資格。然拳術之關係如斯，其重學者，宜先有篤信、好學之心，復勤而勞、專而恒，其精進自無疑矣！

【注釋】

①任勿性：此處作者當是表達「勿錯任性」的意思。

按：此段，作者給出了阻礙練拳之人成為大家的因素及其解決辦法，實指出了「練拳的多如牛毛，成功者僅有犄角」的主要原因所在。

入門之次第

拳術初入門時，宜徐徐漸進，不可過驟。凡未經操練者，其筋骨氣血多未流通舒展，若忽變其常度，或生阻滯決裂之虞①，是不可不加意者也。氣血壅②漲不平，渾身筋骨疼痛、甚不舒服，初練時之現象如此，人人所不能免者；過此，則如常。又漸而覺精神增長、飲食健旺，雖氣力用之甚劇，亦不自知其苦矣。此即拳術家所謂「入門時，換原有之舊力，而生新力之時代」者也。

今之青年，每觀他人之操練時，則已勃勃有勇往莫遏之勢，迨至身親其事，稍受痛苦，即心怯氣餒，而退縮之心遂由此生焉，往往因之不敢再過問者良多。故無堅忍耐勞之性而能濟事者，未之有也。抑或性成疲頑，因而落人之後，即廢而思返、不肯前進者，或務虛名、不專心致志，無一能焉已，則曰：「吾觀此，甚無意味無用處，何以勞心苦力而為之耶？」亦有曰：「此教授者之過，苟教授法良，我等何能如是之不知也？」

凡此數者，皆為今日所必有之勢，雖然和氏之璞三獻而後顯，冶工之劍數鑄而後成，道之降降，原係乎提倡者之熱心與否，但精此道者，誠能擴充其理，一意進行，是必有達到目的之一日，而與歐美拳法、日本柔術並駕齊驅者。果爾則為拳術發展之幸，亦即吾國前途之幸也已。

【注釋】

①虞：音ㄩˊ，憂慮。

②壅：音ㄩㄥ，堵塞。

按：此段，作者指出社會學員與拳學之間存在的問題。

慎交擇友

吾師馬建章嘗有循環「拳家有四可傳，有五不可傳：人格高尚、性情忠孝，一可傳也；人無嗜好、公止仗義，二可傳也；操行質樸、勤而有恆，三可傳也；言行誠實、通道敬師，四可傳也。若夫心術奸險、行事乖僻者，一不可傳；性驕氣傲、動輒暴戾者，二不可傳；酗酒狂悖、嗜色邪淫者，三不可傳；筋骨軟弱、魯鈍不堪者，四不可傳；輕佻浮躁、手足舞蹈者，五不可傳。」①

譬之槍炮利器也，公用之，則可禁暴戡亂而有益於國；若私用之，則擾害治安而有損於國。拳術亦猶是也，不可傳者傳之，則其術愈深，為害愈烈，是猶齊寇以糧②、資虎以翼，其害人噬③人，曷其有極？凡教授者，蓋可忽乎哉。

【注釋】

①「拳家有四可傳……五不可傳」：《六合拳譜》作「三教三不教：三不教者：賊盜不教、愚魯不教、無義氣者不教。三不懼者：稍長大者不懼、力勇大者不懼、藝高者不懼。三教者：孝悌忠信者教、有剛柔者教、有機謀靈通者教。三懼者：能服尊長者懼、年高有德者懼、耍笑頑童者懼。」一脈相承，且有發揮，反映出姬氏武學確是名門正派。

②齊寇以糧：給盜匪提供糧食。齊：此處同「齋」。齋，音ㄓㄞ，舍飯給僧人吃。

③噬：音ㄕˋ，咬，吞。

其二

朋友有信，少長以禮，此義也。無論古今中外，凡屬為人道者，莫不同具此心，同具此理矣！然吾國拳術之流弊，竟與此義有大相背者：師授之於徒，徒即以此制師者。吾嘗聞其語矣，後見其乃有人焉，是狂悖謬妄不已，極乎？昔逢蒙學射，盡羿之道，於是殺羿①。孟子曰：「是羿亦有罪焉。」愚讀之，未嘗不反覆討論而感慨其事也。逢蒙固屬衣冠禽獸，不足責矣。羿亦失知人之明，有不擇交之罪。由是觀之，知人擇交，古今其難。故諺有之曰「知人知面難知心」，誠斯言也！豈不為拳術前途生阻力者耶？究之，彼一時，此一時也。前承平日久，重文輕武之風，相沿成習，遂使上流過問者少，大都草茅下品、市井無賴者濫觴其間耳，其顛倒若是，不亦宜乎？今國家注重體育，提倡拳術，斯道之尊已非前比，況學校內不乏明禮識體之士，則今日之言也，為昔日之人言之則可，若為今日言之，則人將鄙汝為杞人憂天者矣。

【注釋】

①昔逢蒙學射，盡羿之道，於是殺羿：出於《孟子・離婁下》：「逢蒙學射於羿，盡羿之道，思天下惟羿為愈己，於是殺羿。」

按：此段，作者總結了武人素質的現狀、原因、選擇弟子的重要性及對未來的希望。

勿分派歧視

拳術盛行於北方者，曰「北派」；盛行於南方者，曰「南派」。少林曰「外家」，張三峰曰「內家」。其實各家各有所長，苟操練精深，無論何家，俱可以勝人；苟功夫不到，無論何家，均無用處。嘗見今之拳術家，輒存門戶之見，炫己之長，詰人之短，以為吾家拳術獨真獨高，餘皆不足道也。是亦器局扁淺者流，徒貽大家之笑耳。

然舍乎理法體用者，不為拳術；舍乎奇正攻守者，不為拳術；舍乎動靜剛柔者，不為拳術；舍乎起落縮長者，不為拳術。同一里法、體用、奇正、攻守、剛柔、動靜、起落、縮長，又何門戶之足分乎？況今我國拳術尚在幼稚時代，凡吾同志，俱宜扶助提攜，互相切磋、研究，取長補短，以巧濟拙，庶幾，斯道日昌，發達無疆，可望普及於全國也已。

然南北之氣候、形勢不同，因之，人民習慣、體格亦異，故各地之師傳各異，而派別遂分焉。其中有精粗巧拙之不同者，原於工夫之深淺、人性之智愚，或襲其皮毛者，或得其精髓者，各守其說，而愈傳愈遠，竟使此術演成奇零不完全之道焉！今學校注重體育，列入拳術一科，將來斯道之發展，能擴充其用者，是又端在①於今之青年者也。

【注釋】

①端在：正在。端：正。

按：此段，作者認為各門派都有其特長，功夫在人不在拳門。

勿急近功速效

拳術之學，先之以養氣，次之以練氣。養氣，則操持有素，不致妄動。練氣，則大而且剛，不患微弱。是二者，拳家一定不易之理也。然斯道既由氣功入手，則氣之為用，無忘無助，靜養中和，由循序漸進，自然充乎其中，動乎四體。譬若水之流行盈科後，進而放乎四海者，其理一也。蓋人生之力，原生於氣，氣生於血，血強而後氣強，氣強而後力壯，力壯而後筋骨充實剛健。以此言之，欲急近功速效斷難期矣。能勇往精進，三年者，乃可小成。能經久練至十年者，庶可大成，又由此臻諸神妙之化境，非畢生之力不可。

昔吾師，年八十餘，猶念念在茲，日夜練，夜不輟，坐則運氣練氣，故年雖耄耋，而精神矍鑠①如壯年，飲食起居逾常人。苟非精練之功深，曷克臻此？今之學者，每少堅忍耐勞之性質，無論何種學，同須具此等性質，方可底造厥成。況拳術之學，尤甚焉者乎不？然欲速則不達，見小利而大事不成，聖

人以為無益而且有損也。吾願學者庶其鑒而改諸。

【注釋】

①矍鑠：音ㄐㄩㄝˊ ㄕㄨㄛˋ，形容老人目光炯炯、精神健旺。

按：此處，作者闡述了養氣與功夫、時間與成就的關係。

宜重道敬師

昔韓昌黎①之言曰：「師也者，師其道也。」余以為，天下凡道之所在，無論中外，其地貧賤，其人即尊敬之所至焉。吾尊敬其道，因以尊敬其人，則吾求道之心誠，斯道遂獲以傳於我，是前此尊敬之心為道為己，而與他人無關也；苟吾不尊敬其人，遂以不尊敬其道，則無謀道之心弛，斯道即因以不傳於我，是前此暴棄之行所損在己，而與他人亦無關也。

故尊敬於吾者，為其道也。凡此尊敬者，烏足為有榮於我耶？即不尊敬於吾者，乃其無求道之心也，則此不尊敬者，焉能為有辱於我哉？以此言之，其得失榮辱之理，早已判然矣。

因觀《拳術蠡酌》有鮑國寶敬師之言曰：「授我拳術者，師也，吾尊拳術則不可不尊師矣，吾敬拳術則不可不敬師矣。人未有不尊敬拳術而能精拳術者，則人不尊敬師，則不能精拳術也，明矣。曩時②，拳師授徒，師弟之禮至嚴，故弟子俱能傳師之技。至於今日學堂，雖有是科，而學生之對於師，藐然不加敬，漠然不加愛。嗚呼，欲他人之尊視拳術可乎哉。」觀其說也，不可謂言之不當矣。要之，學者須以專心致志求學為務，而教授者以擴充斯道為己任，庶雙方進行，不至有畸輕畸重也已。

【注釋】

①韓昌黎：韓愈（七六八—八二四年），字退之，河南河陽（今河南省孟州市）人，漢族，自稱「郡望昌黎」，世稱「韓昌黎」「昌黎先生」，唐代傑

出的文學家、思想家、哲學家，政治家。

②曩時：古時，舊時，從前。曩，音ㄋㄤˇ，以往，過去的。

按：此處，作者講解了傳道的保障、重道敬師及師徒的同等重要作用。

貴精不貴多

拳術之學有次第，先後不可紊亂者。但初入門時，即普通練習法：將一門之拳術理由都能明白通曉而無疑義。之候①則專門練習法：擇此中之拳與吾心性相近、身體相合者一二手，即專心致志，寒暑不輟，永久練之。其餘惟溫習，使之不忘耳。此即由博返約、由約而不遺博之法也。若先無普通，則吾門之拳術，理由何能周知？異日欲旁參博考，則難免挂一漏萬之失；後無專門，則不易精純，難造至神妙變化之境。此吾拳術家一定之至理者也。

凡名家巨手，莫不有擅長之絕技，終身勤煉，時時注意者。故一舉手間，敵則應手，而不自知其何以倒者矣。

【注釋】

①之候：應為「之後」。

按：此處，作者道出了成為巨手的道路，特別是具體操作的不傳之秘。

戒多言巧言

凡人莫不有心，心必賴言以宣諸口，然後心中之意得，以顯揚於外。故言之辭也，惟取達而已矣，不必多而巧也。多言者，德之賊也；巧言者，顏之厚矣。故古人所深以為戒者也。若夫正言讜論①，尚其有益於人；至讒諂②面諛③，實足傾人家國。與其多言而得中，不如不言之為愈也。昔蘭亭有「吉人辭寡」之頌④，淵明有「閒靜少言」之傳⑤，而吾至聖亦有「巧言鮮仁」之戒⑥。

以此觀之，孰謂多言而巧者，為正人君子也耶⑦？且多言必失巧，言必佞⑧。吾人可不三緘其口⑨者歟？況吾拳術家，重誠靜寡言，能實力求學之人，以其務內而不務外，為己而不為人，其必多專一故也。至若淺躁浮華之徒，雖其才略有可觀，究厥成，實遜於誠靜者遠甚，其故何也？蓋此輩鑽利循私，經營若騖⑩，無心假及於是耳。縱其有初，而克終者實鮮矣⑪。

【注釋】

①讜論：音ㄉㄤˇ ㄌㄨㄣˋ，正直的言論。

②讒諂：音ㄔㄢˊ ㄔㄢˇ，說他人壞話以巴結奉承別人。

③面諛：音ㄇㄧㄢˋ ㄩˊ，當面阿諛。

④昔蘭亭有「吉人辭寡」之頌：蘭亭，是中國浙江紹興的重要文化古蹟和旅遊勝地，位於紹興城區西南十三公里的蘭渚山麓。東晉永和九年（三五三年）三月初三，王羲之與謝安、王獻之等四十多位名士在此舉辦修禊集會，王羲之「微醉之中，振筆直遂」，寫下了著名的《蘭亭集序》。吉人辭寡：《易經・繫辭下》有經文「吉人之辭寡，躁人之辭多」。頌，以頌揚為內容的文章或詩歌。

⑤淵明有「閒靜少言」之傳：《宋書》卷九十三《隱逸列傳・陶潛》「陶潛字淵明，或雲淵明字元亮，潯陽柴桑人也。潛少有高趣，嘗著五柳先生傳以自況，曰：先生不知何許人，不詳姓字，宅邊有五柳樹，因以為號焉。閒靜少言，不慕榮利」。

⑥而吾至聖亦有「巧言鮮仁」之戒：指孔子《論語・學而》中「巧言令色鮮矣仁」。意為：花言巧語，裝出和顏悅色的樣子，這種人的仁心就很少了。

⑦孰謂多言而巧者，為正人君子也耶：誰說巧言花舌的是正人君子呢？

⑧佞：音ㄋㄧㄥˋ，巧言諂媚。

⑨三緘其口：形容說話極其謹慎、不輕易開口。

⑩經營若鶩：比喻很多人爭著去籌畫經管，含貶義。

⑪縱其有初，而克終者實鮮矣：縱然有能開始，但能堅持完成者，實在太少了。克，能夠。

按：此處，實際上談到做人與作拳的關係。其他武學著作，罕有此。

戒酒色與菸

酒性暴烈，嗜之者能迷其心志，顛倒其常態，故禹有旨「酒之惡」①，周有《酒誥》②之作。以其為害甚烈，有難以言語形容者，必惡之戒之而後已。菸質有毒，亦有醉性，癖之能濁人之氣，薰人之肺，時生痰涎咳嗽之病，且令人齒焦而黃。惟其害較酒稍遜耳。

色傷腎損腦，好之者能耗人之元神，萎③人之筋骨，而促短其生機者也。且古之失節、傷品、亡身、敗家、滅國者，實數難更。僕殷以妲己而滅④，周以褒姒而衰，此豈非吾人前車之鑒乎！

酒之與色，為吾拳術家之厲禁，若弗操練則已，苟欲操練而弗嚴禁之，非徒於拳術無益，而實於乃身有大礙也。菸於操練時，或吸之能傷氣損肺，故亦在禁之之列，且消耗費用，無益於身心。況吾拳術家注重衛生，專以養氣練氣為主，是物為損氣者，故欲戒之矣。

【注釋】

①故禹有旨「酒之惡」：出自儒家「五經」之一的《尚書・大禹謨》。

②《酒誥》：出自《尚書・周書》，作者是周公旦。是中國第一篇禁酒令。

③萎：乾枯衰落。

④僕殷以妲己而滅：殷因為妲己而被滅亡。殷，中國朝代名，商代的後期。妲己，音ㄉㄚˊ ㄐㄧˇ，人名。姓己，字妲，生卒年不詳，商代有蘇氏之女。紂王之妃，得紂王寵愛，助紂為虐，周武王伐紂時被殺。

按：此處作者解釋了酒色與武學的關係。

戒妄忍辱

人之守身，貴先端本，孝弟①以立身，理法以持身。斯本既端矣，復處事以謹慎縝密，接物以謙慈惠和，誠能內外交修，妄之與辱或可鮮也。蓋戒妄為免辱之幾，無妄斯無辱矣。妄者，違禮逞欲之謂。辱者，橫逆非禮之遭也。苟吾立身之道正，而猶有強暴無禮之侵，竟可置若罔聞②，姑以妄人例之可也。即世人亦不至以我為弱而忍辱，則是非之公道，自在人心者矣。

苟吾不恒其德，或承之羞，斯辱也，乃為自作之孽，不可活者。若不忍之，即有無限之煩難苦惱存焉。故吾拳術家貴有武德，以深沉穩健為尚，於斯二者，宜時加注意：毋尚勇以驕人，毋持技以陵人，其貌若癡，其形若愚，庶可精於此道者矣。昔吾先考③嘗有訓曰：「人之於身，惟忍字工夫難做。忍其所能忍者，非為忍也；忍其所不能忍者，乃可謂之忍也。故聖賢以忍字垂教者甚多，如小不忍則亂大謀，有容德乃大。孟子『三自反』④之說，豈非勉人犯而不校者哉！」慧也謹遵先訓，拳拳服膺⑤，惟恐或失之矣。

【注釋】

①孝弟：音ㄒㄧㄠˋ ㄊㄧˋ，亦作「孝悌」，孝順父母，友愛兄弟。

②置若罔聞：雖有耳聞，卻好像沒有聽到一樣不加理會。

③先考：已死的父親。

④孟子「三自反」：出自《孟子・離婁》：「君子所以異於人者，以其存心也。君子以仁存心，以禮存心。仁者愛人，有禮者敬人。愛人者，人恒愛之；敬人者，人恒敬之。有人於此，其待我以橫逆，則君子必自反也：『我必不仁也，必無禮也，此物奚宜至哉？』其自反而仁矣，自反而有禮矣，其橫逆由是也，君子必自反也：『我必不忠。』自反而忠矣，其橫道由是也，君子曰：『此亦妄人也已矣。如此，則與禽獸奚擇哉？於禽獸又何難焉？』是故君子有終身之憂，無一朝之患也。乃若所憂則有之：舜，人也；我，亦人也。舜為法於天下，可傳於後世；我由未免為鄉人也，是則可憂也。憂之如何？如舜而已矣。若夫君子所患，則亡矣。非仁無為也，非禮無行也。如有一朝之患，則君子不患矣。」

⑤拳拳服膺：態度誠懇、真摯，心悅誠服地牢記。

按：此處，作者給出了忍與武學大成的關係。不要因為小人小事，或自己的不是，而耽誤大事業。

毋自滿

蓋拳術之學，原無止境。而人所以研究之程度，亦無止境也。設有人焉自以其術為甚高者，乃不知猶有高尚者遠出乎其前也。斯高於吾者，吾則虛心師之，可得其秘訣，而吾拳術之精，愈進於高明而不已。苟以傳之於後學，則斯道由我闡發，而更顯吾於斯道者，能獨樹一幟而別開生面者，是即吾為後學之先覺者矣。若其固步自封，以為超出流俗者，非惟斯道無精進之希望，且具此惡劣性根，再傳再厲而遂演出無窮之惡果也已。況技藝之精深，莫若拳術數千年之積聚，千萬人之研究，其法廣，其妙多，譬若江海之深，不可以盡也；天地之大，不可以窮也。凡習此道者，視其力之所及，而取其可取者耳，即精習數十年之拳師，猶不敢自滿曰「莫我敵也」①，矧初窺藩籬者乎②？

《書》曰：「滿招損。」凡物之滿者，則有外溢之患。誠能虛其中，則外物方可容。人由是觀之，自滿者現出種種驕矜之態，雖有嘉言忠告，無門而入，亦將拒於千里之外矣。夫一人之知識有限，能取人之長，補己之短，此學問當然之理也。如泰山不讓土壤，故能成其高；河海不擇細流，故能就其深。此語誠足為虛己進道之箴③。世之自滿者，可不三復而味之耶④？

【注釋】

①「莫我敵也」：都不是我的對手。

②矧初窺藩籬者乎：何況是初見武學門牆的人呢？（離入門、登堂入室差得遠的人）。矧，音ㄕㄣˇ，況且。藩籬，用柴竹編成遮罩的圍牆。

③此語誠足為虛己進道之箴：此語眞的能夠作為虛心進步的座右銘。箴，音ㄓㄣ，勸告。

④可不三復而味之耶：能不再三回味這些道理嗎？

第五編　拳術譜注①凡五章

第一章

起手橫拳勢難招，展開四平前後稍②

四把③之第一動，曰「橫拳」，亦曰「閧拳」④。橫者，橫其身也。閧者，突而進也。演時，左手以掌前引；右手握拳，自小腹旁突起，用寸剪騰身法，轟擊敵之心胸，或左右脅腰軟際。若用左拳，右手亦然。其法因前手上護，後拳自下突起，敵最難防，故勢難招。至展開之形勢，用弓箭步法：兩肩宜平，兩足履地，亦欲實立而平，十趾緊帶抓力。手足之巔，謂之稍；手足之上，謂之節。前後，謂前手而後足也。

【注釋】

①拳術譜注：表明是對古譜的注釋。

②起手橫拳勢難招，展開四平前後稍：馬祥聖支作「起手橫拳勢難招，展開四品前後稍」；河南心意、山西心意一般為「出手橫拳勢難招，展開中平前後稍，轉身挑領陰陽勢，鷹捉四平足下拋」。與衆不同，這是該傳系的一個特點。稍，同「梢」字。

③四把：河南心意買壯圖傳系寶鼎先生《形意拳譜》作「形意拳四拳八勢圖說」；河南心意買壯圖先生傳系孫少甫先生作「四把捶」；呂瑞芳先生作「心意四把捶」；山西祁縣戴氏傳人陳振家先生《戴氏心意拳原傳》作「交際四把或綜合四把四拳八式」；重慶梁平心意六合分支金家功夫游梓樵、張義尚傳系羅先雄先生作「四把捶」；河南洛陽傳系王忠海作「心意四把」。

④閧拳：姬氏武學他支傳人無閧字。閧，音ㄏㄨㄥˋ，古同「哄」，喧鬧。此處似為轟之音。

望眉斬加反背，似虎守山，剪子股十加擒拿①

望眉斬，先以一手前引，又一手握拳點向敵之眉間，用力斬其胸膛，此式落下，變為前虛後實步法，加以反背，則為左右兩外肩之預備，兩手上下交互，錯綜如剪子股。又兩手相交如十字。此式緊小、嚴密不漏。敵望之，無隙可乘，有儼然不可犯之勢。故云：「似虎守山」。擒拿者，以法制敵，使其難逸，因而命中其要部，非以手把握敵之身手者也。學者切戒之。此拳先由攻而變為守，又由守而即寓有攻之勢也。

【注釋】

①望眉斬加反背，似虎守山，剪子股十加擒拿：馬祥聖支作「望眉斬閃反背，如虎搜山，剪子股十架擒拿」；其他抄本有作「望眉斬夾反見背，如虎搜山截手炮」「望眉撩陰加反背，如虎搜山斬手炮」「望眉撩陰加反臂，如虎守山兩開交」「剪子股，下擒拿。望眉攢，加反背，如虎搜山起火炮」等。

按：後世常謂，好擒不如賴打。此之釋義，明確譜中擒拿之眞實含義，言簡意賅。

看人如走路，打人如薅草①

衣冠儼然，兩手下垂，惟鎮靜斂神於內，不作形跡於外，並無如何之姿勢，看之如尋常行路。然與敵接近交扣②時，一舉手敵則自傾，如農夫之去草，以鋤薅其根也。先除其根，而草易去。譬敵先擊，動其下而上即隨之，此所謂：「以下盤擊動敵人下盤之法。」

【注釋】

①看人如走路，打人如薅草：《六合拳譜》等作「打人如走路，看人如蒿草」。兩種說法都有道理，該支傳系別具一格。

②交扣：交手、接手進身之意。

打人不見形，現形不為能①

名家巨手，臨敵制勝，神明變化，莫可端倪。手式出入起落，身法開合縮長，或剛或柔，或動或靜，無不極臻厥妙②。故其輕也，如風之倏；其捷也，如隼③之疾；其大聲急呼，如雷霆震耳；其騰躍馳驟，如生龍活虎。與敵接近，敵即傾跌，竟不知手之為擊，亦不知足之為擊也。故見形者，不為能。然上盤之拳，有曰「長手巴掌」者，練時，一手下護，一掌高舉，震撼下墜，如泰山壓卵，將全身之力貫注於掌上，此掌臨敵，有強硬逼勒手段，惟練此掌匪易，非十數年之苦功，不能操勝算。

吾門諸前輩，如：劉遇泰、謝三師、馬仁與吾師，皆畢數十年之精力練此掌法，幾於無堅不摧，無敵不克，先擊敵時，稍用力，敵即倒退數十步；後練至晚年時，微以力擊敵，敵即受傷，間有殞命者。此掌之式，高舉下落，誠為現形矣。然能到變化神明時，又不能拘於見形之謂，吾故曰：「上盤之拳，所以明示敵也，中下二盤之拳，始可言『打人不見形』者矣。」

【注釋】

①打人不見形，現形不為能：他本有「打人不露形，露形不為能」「拳打三節不現形，現形不為能」。

②極臻厥妙：此處可理解為極其神妙的意思。臻，音ㄓㄣ，達到。厥，乃，於是。

③隼：音，ㄙㄨㄣˇ，鳥類的一科，翅膀窄而尖，上嘴呈鉤曲狀，背青黑色，尾尖白色，腹部黃色。亦稱「鶻」，音ㄏㄨˊ。

按：「吾門諸前輩……間有殞命者」是作者為姬氏武學記錄名不經見的幾位有成就者。「上盤之拳……始可言『打人不見形』者矣」說理透徹。

拳去不空回，空回不算奇①

凡臨敵時，須知其宗派及其程度淺深，次察其身手巧拙敏捷與否，然後因而擊之。如此者，非量敵而後進，慮勝而後會也，實慎審萬全、切不可冒昧而將事，始能「拳去不空回，空回不算奇」也。此即兵法所謂「知己知彼，百戰百勝」者矣。

若遇同宗派，宜相維持同歸於好，毋得仇視。但吾門通例：或演拳及動手時，左足前、右足後，距離尺許，不丁亦不八，左手下垂、右手橫，撫諸胸前微偏右，或摸衣鈕，老年則以右手摸鬢而立，一望便知其為同派矣。②縱有嫌怨，亦宜捐除。即非同派，亦不可輕傷要部而草菅人命。

此拳術，為捍禦外侮、強健體力、活潑精神之用，非私自鬥狠，以逞一己之雄也已。後之學者，可不尚慎旃③哉。

【注釋】

①拳去不空回，空回不算奇：他本有作「拳去不空回，空回總不奇」「拳去不空回，空回非奇拳」「拳打不空回，空回不為能」等；各地傳系都是「拳去不空回，空回不算奇」，唯獨馬祥聖支作「拳去不回空，回空準不中」。

②但吾門通例……一望便知其為同派矣」：這裏首次給出了姬氏武學門派的識別辦法。由此觀之，李洛能傳系確是後來的演變。

③旃：音ㄓㄢ，文言助詞，相當於「之」或「之焉」。

第二章

搶急如捨箭，起落如箭穿①

批亢搗虛②，乘間蹈瑕，此為拳術家良好之利用。倘有機可乘，即便擊之，使敵防之不及，禦之不能，故搶奪敵人，急如捨箭，然箭之離弦，其去決，其來如飛，無停留淹遲之態勢，得矣。且手式身法，起落之神速，氣力貫注之堅銳，如箭簇之力穿透正鵠而後已。

嘗聞師言：「與敵交手時，一瞬之間，見敵虛足失手，急欲擊之，若上步猶嫌遲緩，惟丟擊之法最速。」丟者，如手拋球之狀。蓋足未動，而手已擊去。此亦搶急如捨箭之謂也。

【注釋】

①搶急如捨箭，起落如箭穿：他本有作「膽上如風響，起落似箭穿」。

②批亢搗虛：扼敵人的要害乘虛而入。批，用手擊。亢，比喻要害。

兵行詭道，獨佔殺氣①

兵不厭詐，拳術亦然。故有奇正顯伏之法，有進退剛柔之理，或聲東擊西，或恍內疑外，以進為退，以退為進，復局勢變幻，以眩其目，大聲厲色以驚其心，閃倏剽截以箝其手足，則敵受吾之支配，入吾彀中矣。

凡拳術家，宜若曾子，有若無，實若虛，犯而不校之行，斯可故持已，則深沉穩健，與人則謙慈和靄，誠如處女；其動也如虢②虎如怒獅，令人望而生畏，有儼然不敢犯之勢，所謂赫赫之威，以先聲奪人者也。

【注釋】

①兵行詭道，獨佔殺氣：它本有作「兵行詭道，拳以奇勝」「兵行詭道，搶奪如放箭」。兵行詭道，出於《孫子·始計》：「兵者，詭道也。」，用兵可以運用詭異和詐偽的戰法。

②䖒：音意待考。疑為呼嘯之意。

拳拳起手，無不勝者①

心一之拳，每手皆有勢有用有法有理，學者習之，苟臻純熟化境，均可用之拳，無不可操勝券者。此由心一務實而不馳外，修己而不為人故。無閑拳空手繡腿花法，以圖娛他人之觀瞻也已。

【注釋】

①拳拳起手，無不勝者：他本無。

按：此處實際上點出了「形眞」的含義。

進不能勝，必有含食之心①

立身行事，貴果決，戒因循。凡事揆②之以天理人情，可行即欲行之，不可行則止，切勿狐疑兩端。嘗見當斷而不斷者，反遭其難。優柔養奸者，實足以僨事③。故「進不能勝，必有含食之心」。含食者，不吞不吐，無剛明果斷，致敗之道也。

【注釋】

①進不能勝，必有含食之心：他本有作「進不能勝，必有寒勢之心」「進不能勝，必有勢寒」「進不勝，必有懷疑心」「進不能勝，必有膽寒之心」等。該系所傳為「含食」，別有風味，又形象生動。而馬祥聖支作「進不能勝，必有寒濕之心」。

②揆：音ㄎㄨㄟˊ，度，揣測。度，音ㄉㄨㄛˊ。
③僨事：敗事。僨，音ㄈㄣˋ。

心似甜，藝如刀，遇狼遇虎莫畏縮①

習此道者，堅忍勤勞，不計歲月，持之以恆，迨成功時，其體力雄偉，手足鋒利，嘗出人意料之外者。故此人之心，猶是斯人之心，而其所練之藝，則犀利無比，有若刀然。

惟其如刀，苟善用之，自無不勝，如虎狼最有力而猛者。吾至是時，善用其技，即虎狼亦為吾制，雖遇之，何畏焉？

昔荊門龜山楊大年，習藝有年，後又業於吾師，師年七十矣，甚熱心教之，有未合法者，即校正之，以手作勢示之，不知楊動步悞觸師之手，因受傷焉，咯血數月，遂以不起。師言及之，嘗感悼自恨不已，此即「心似甜，藝如刀」之明驗者歟。

【注釋】

①心似甜，藝如刀，遇狼遇虎莫畏縮：此句為此本獨有，他本無相近之語，但有含義類似之文。

按：楊大年為藝獻身。此處也說明武不輕用。

第三章

腳打七分手打三①

心一下盤，係為腿法，最臻完善。其用多自胯以至足尖，內外上下，頭頭是道。其形晦不易窺測其勢，下穩固而力多，且練足較易於手，然手之用雖夥，究不若足之用更廣也。

【注釋】

①腳打七分手打三：他本同。

五形四稍要合全，跟打跟進無遮攔①

心肝脾肺腎，為內五形。各有職權，為拳術家之總樞機，不可不深加研究者（其細說詳後）。手足之末為四稍，四稍之運動，賴五形為驅策之將領故，二者湊合一致進行。譬若兵家，將則好謀有勇，兵則精練服從。以此臨敵，克奏膚功②必矣。

【注釋】

①五形四稍要合全，跟打跟進無遮攔：他本有作「足打七分手打三，五營四稍要合全，氣浮心意隨時用，硬打硬碰無遮攔」。特別是「跟打跟進無遮攔」，與眾不同。

②克奏膚功：事情已經辦成，功勞十分顯赫。

遇著要取勝，四稍俱要全。手去腳不去在枉然，腳去手不去亦枉然①

克敵之道無他，厥②惟全體一致而已。如上盤擊敵，則中、下二盤隨之進行；用下盤時，則上、中二盤為之護從。雖全體俱動，而其精神氣力之灌注，則專集於所用之一處。此欲用之一處，即為主動力，餘則為被動力也。

【注釋】

①遇著要取勝，四稍俱要全。手去腳不去在枉然，腳去手不去亦枉然：他本有作「遇敵要取勝，四梢俱要齊。手起腳不起，則枉然；腳去手不去，亦枉然」。在：當作「則」。

②厥：乃，於是。

按：作者以「克敵之道無他，厥惟全體一致而已」一句總結了姬氏武學的奧秘，岳武穆九要論的核心，也即中華武學的根本奧秘。此外，還總結了主動力與其他非主動部分的相互關係，與王宗岳《太極拳論》可互參。

知遠知近方動步，知進知退百戰勝，不知進退枉學藝，不知起落枉用力①

上法交扣之步法，有剪步、過步、殿步、寸步等用，皆以覘敵距離之遠近，而為之酌量適用者。

臨敵機宜，因其動作，而急以進退應之，則每戰必勝。若身法遲鈍，立如土偶，不知進退攻守之方，學與未學等耳。

明乎起落縮長之義，則體力愈形充暢靈警，手足之用更覺雄厚敏捷，昧乎此者②，不可與言用力之道矣。

【注釋】

①知遠知近方動步，知進知退百戰勝，不知進退枉學藝，不知起落枉用力：他本有作「知遠、知近、知老、知嫩、知寬、知窄，上下相連。不知起落枉伶俐，不知進退枉學藝」。

②昧乎此者：不明白這些的人。

寧叫不是，莫叫停勢①

行拳練藝時，或有不經心處，偶爾錯誤者，即因其錯誤而衍之，以底完全。苟此時駐手停勢，以待校正，則旁觀不雅。故以錯就錯，亦未為不可也。此與人之操行不同，苟操行有過，即欲改之，不可掩飾。

蓋拳術之學，取其變化多端，臨機應用，原不可以陳法拘之者也。大抵老前輩以此道傳世者，初皆由其創作而成。苟吾能造諸極峰登神明變化之境，亦何嘗不能於舊法之中，大闡其新法也。惟初學者，先須以規矩，循序漸進，不可躐等②耳。

【注釋】

①寧叫不是，莫叫停勢：他本有作「能叫不是，莫要停勢」「能思一思進，莫叫一思存」。

②躐等：超越順序。躐，音ㄌㄧㄝˋ，超越。

寧在一起先，不在一起後①

兵法曰：「先發者制人，後發者制於人。」先發者，有奪人之勢，有減縮人之雄心，故能制之。諺曰：「打人不若先下手，先下手者方為妙。」敵先受擊，則其氣餒，餒則備禦之不及，何暇再戰。即此理也。

【注釋】

①寧在一起先，不在一起後：他本有作「寧在一氣先，莫在一氣後」。此句，似他本強於此。

只著一心行正道，不用拘摟朋打枉費力①

有起落、進退、奇正、攻守、剛柔、動靜之理法，斯為拳術之正道。若拘摟朋打，無法門、無價值，直可謂之末學者，野蠻之舉動，兒童之廝打耳。凡學者於此正道，操持有恆，研究純熟，苟臨敵時，須果敢陡決，如利劍之斬釘截鐵，切毋沾連濡滯，是為行乎正道者矣。

【注釋】

①只著一心行正道，不用拘摟朋打枉費力：他本有作「守住一心行正道，小路雖好車難行」，都無「不用拘摟朋打枉費力」。拘摟朋打：此是《六合十大要序》和《六合拳序》等一再批評的打法。其原針對何拳法而言，出處待考。

若還明瞭六合理，四稍齊動永無失①

心與意合，意與氣合，氣與力合，是為內三合②。肩與胯合，肘與膝合，手與足合，是為外三合。舌為肉稍，牙為骨稍，毛孔為血稍，手指足趾為筋稍，此謂內四稍。手足四肢為外四稍也。內外一致，復濟以精深之拳術，故有動無失。

【注釋】

①若還明瞭六合理，四稍齊動永無失：他本有作「明瞭四梢永不懼，閉住五行永無凶」。

②心與意合，意與氣合，氣與力合，是為內三合：董秀升《岳氏五行十二形精義》、李劍秋《形意拳術》、凌善清《形意五行拳圖說》等同；與《六合十大要序》及一些濟源《神拳拳譜》說法有別。《六合十大要序》及濟源一些抄本作「心與意合，氣與力合，筋與骨合」。由於此支傳系由姬公徒弟雙鶴先生所傳，可見其來歷之久。

更有三尖當相照，三心之實亦須明①

鼻尖、手尖、腳尖，此三者，每舉動時，必常相照著。一路進行，兩臂閃開，掌心實，丹田明起，本心實，十趾抓地，腳心實，是三者為三心實。三尖照，則進行時，身如雁行，全體連絡一氣；三心實，則體力雄偉而隱固堅實，初學於此宜常注意焉。

【注釋】

①更有三尖當相照，三心之實亦須明：他本有作「斯藝者，六合要合，五行要順，四梢要齊，三節要明，三彎（手彎、腿彎、身彎）要對，三心（頂心、手腳心、背心）要實，三意（眼意、心意、手意）要連，三尖（鼻尖、肩尖、足尖）要照。原來是本一身去處」「手心實，腳心實，眉心實謂之三心實」。

第四章

腳起而翻，腳落而蹟，不蹟不翻，不翻不蹟①

足之行動，具自然之形勢，曰：「翻躦。」故起也，足尖自翻，其落也，足尖自躦。恒人如是，惟其理用未加覺察耳。若先不有躦勢，後即無翻力。不先有翻勢，後即無鑽力。二者相依而行，若影之隨，物響之隨桴也，姬先師②因其理用，擴而充之，遂創雞胸腿③之練法。

【注釋】

①腳起而翻……不翻不躦：他本有作「腳起而躦，腳落而翻；不躦不翻，一寸而先」「腳起而躦，腳落而翻；不躦不翻，武藝不管」。躦，音ㄗㄨㄢ，同「鑽」，向上或向前衝。

②姬先師：明末清初心意門鼻祖姬際可（姬龍鳳）。

③雞胸腿：他本無。

十趾抓地頭頂天，含胸順氣到丹田①

此二句，言每拳落下時，身體停立之姿勢。足落抓地，則腳心實而穩，手起則頭帶熊勢，手落則頭帶鷹勢，而後腦頂天，故縮長力愈覺靈敏，胸開則背合，背開則胸合，合則含，含則氣順，此時宜注意於氣暗送到丹田。學者於初練時，凡手足出入起落，則以敏捷為貴。惟此手停落後，將換彼手之際，則行動宜緩，緩則每手停當，且可暗運此氣。初覺勉強，久則純熟自然矣。

【注釋】

①十趾抓地頭頂天，含胸順氣到丹田：他本無此成句，但有此內容。可見強調丹田是姬氏武學的一貫所傳。

身體康健氣血和，時習學成英雄男①

拳術為體育之最上乘，其宜於衛生，優於體操者多矣：有全體之運動，天然之活潑，足以磨練筋骨，調和氣血，足以增長體力，卻病延年，推其極效，

可以強種強族，其用可以衛國禦侮。人人練成堅實　強健之體質，一般勇悍尚武之精神，又加學力才識之優勝，異日志在四方，或從政，或從戎，必能戰風雨，敵寒暑，衛瘴癘，凌波濤，攖患難勞苦②，而能勇往前進，其冒險成功之志，總必貫澈始終。如是，豈非英雄男兒者耶！即凡農工商，苟能精於此道者，獲益必非淺鮮，此則社會之所共信者也。

【注釋】

①身體康健氣血和，時習學成英雄男：他本無。

②必能戰風雨，敵寒暑，衛瘴癘，凌波濤，攖患難勞苦：此段意思是增強了各種抵抗能力。瘴癘：音ㄓㄤˋ ㄌㄧˋ，人因接觸到山林間濕熱蒸發毒氣所生的疾病。攖，音ㄧㄥ，接觸。

起先前進左腿，左腿未落右腿隨；

起先前進右腿，右腿未落左腿隨①

凡動步進行，左進右隨，右進左隨，整齊連絡，互相撐持，譬之江風海濤，洶湧滾騰，前進後繼，滔滔不已，正如此類也。

【注釋】

①起先前進左腿，左腿未落右腿隨，起先前進右腿，右腿未落左腿隨：岳李本作「起前進左腿，左腿未落右腿隨；起先前進右腿，右腿未落左腿隨」，崔李本作「前足趕後足，後足踩腿彎，後足趕前足，前足拾後足，起先前進在腿隨」，反映出這些確是一脈相承。而《六合拳譜》確是姬龍鳳所傳古譜。

起如弓落如彈，將人打倒還嫌慢①

此言先蓄勢而後發。故手起時，身如弓弦之斷，而弓乍翻，則出手力大而更得勢。手落時，身即縮緊，圓小如彈落之勢。即為起之勢而蓄，故翻弓之力決而猛，是以將人打倒猶嫌慢也。

【注釋】

①起如弓落如彈，將人打倒還嫌慢：他本作「起如風，落如箭，打倒敵手還嫌慢」，無釋文。

起如箭落如弓，追風趕月不放鬆①

與敵接近，敵或後退，己則緊隨之，趁渠②足未穩時，猛力突擊之。敵或遠隔，欲前擊之，則用剪踏法，如怒虎之出林，如鷹鸇之逐鳥，飄倏猛撲。故手勢起若箭穿，手落身如彎弓，其去也，急而決，有追風趕月不放鬆之勢。

【注釋】

①起如箭落如弓，追風趕月不放鬆：他本作「起如箭，落如風，追趕日月

不放鬆」，無釋文。

②渠：音ㄑㄩˊ，方言，他。

手如藥箭身似龍弓，去意好似捲地風①

藥箭毒而利，龍弓強且硬。以此龍弓發彼藥箭，無堅不透，無敵不斃矣！有此龍弓之身，用此藥箭之手，則其去意之速，有似捲地之風。

愚按：此語謂操練時，須具有此等理想，非謂以此輕施之於人而傷之也。學者宜斟酌慎審，苟有用此者，非萬不得已，切不可輕用。為公仗義，則可；為私濟奸，則不可。嘗見輕手傷人命者，縱能脫逃刑律，其下場時總無好結果，此不可不鑒者也。

【注釋】

①手如藥箭身似龍弓，去意好似捲地風：他本作「起無形來落無蹤，去意

好似捲地風」，無釋文。

第五章

進步踩打莫留情，鷹啄斬手足下存①

手之與足，足之與手，上下維持，互相輔助，不可須臾離也。故進步之時，下用足踩打，上則用手，左鷹捉、右斬手，上下一齊併力，且果敢而斷不稍留情，敵離②強，無不勝矣。

【注釋】

①進步踩打莫留情，鷹啄斬手足下存：他本作「鷹抓四平足下存身，進步踩打莫容情」。

②離：原書寫作「離」，疑為「雖」之誤。即該句應為「敵雖強，無不勝矣」。

遠者不發腳，發腳不打人①

距離過遠，則不能發腳。即動步則敵逸我勞，有主客之判，勢難勞勝，逸客制主，故深於拳術者，先必觀測距離，詳審而後發，不至鹵莽②以將事也。

【注釋】

①遠者不發腳，發腳不打人：他本作「遠去不發腳，發腳也不打人」，但無釋文。

②鹵莽：即「魯莽」。

見空不打，見陣不上①

臨敵時，須察其淺深強弱。果敵之術深也，見其有空可乘，則其空斯，所以陷我者，非真謂之空也。我若打其空，即被其愚矣。

或遇勁敵，列陣以誘我，我則不可率爾徑上。須以手法試之，待破其陣，然後突擊之，敵雖深而強，亦安能愚我而誘我哉。

【注釋】

①見空不打，見陣不上：他本作「見空不打，見空不上」，但無釋文。

隨高打高，隨低打低①

手法出入起落，隨身法之縮長進退。故長則高，縮則低。練習上中下之步法，均備於臨敵時，可隨敵之高低而措之以咸宜也。

【注釋】

①隨高打高，隨低打低：他本同，但無釋文。

上打鷹熊鬥翅，下打喜鵲豎尾，前打鷹兒捕食，後打猛虎翻身①

一人之身，上下前後，極其妙用，無一缺點，惟不言身之左右者，何也？蓋左右，即此身之一轉移間耳，故不言左右，而自在其中矣。

【注釋】

①上打鷹熊鬥翅……後打猛虎翻身：他本有「前打青龍出水，後打白虎搜山」。

此拳不用多閃戰，搶進中央總為強①

此二句，承上文上下前後而言。凡此拳進行時，須一路徑行為尚，不必左右閃戰，惟一意搶進敵之中央為強。能佔領其中央，則敵勢逼而難防，我則趁勢而易擊之。蓋近逼，已奪其心之故耳。

但擊敵進行之路有三，一中路，曰踩中門；二左上，曰左側方；三右上，曰右側方。無論何家，總不越此三路也。

【注釋】

①此拳不用多閃戰，搶進中央總為強：姬氏槍法作「此法不用閃法進，丹鳳朝陽總為強」；他本無。由此可見姬氏槍法與心意拳的關係。

四兩能撥千斤力，縮身縱力撞倒牆①

敵以千斤來，我以四兩能撥之。厥道維何？曰：柔能克剛而已。所謂因敵之勢而順制之。是以，不覺其費力也。

凡身勢之縮而小，至縱力之時，則必猛而大，故牆可撞倒。是在練習時，能研究縮長之理，至交扣時方確有把握也。

【注釋】

①四兩能撥千斤力，縮身縱力撞倒牆：《六合拳譜》等無；《十法摘要》作「三曰『五行』」。

按：以往，學界認為武學中的「四兩撥千斤」首出於王宗岳，對《十法摘要》此說，也視而不見。今日由姬龍鳳在陝西的弟子雙鶴傳系文獻可證，姬龍鳳時代就有此說。

上法須要先上身，腳手齊到是為真①

手足，附著於身，身到而手足自然均到。何謂上法欲先上身也？豈非明示手足有所後乎？

蓋先上身者，因臨敵時，須以身法先搶進其部位，然後運動姿勢猛擊之，則手足初無形跡可尋，使敵不能窺測而先有預備之籌，故也。

【注釋】

①上法須要先上身，腳手齊到是為眞：他本作「打法需要先上身，腳手齊到方為眞」或「打法定要先上身，手腳齊到方為眞」，無釋文。

四迷包裹嚴密不漏，四稍齊動五形亂發①

四體迷離，形如包裹，使敵難覓真象，嚴不可犯，密不得間，令人無從捉摸。苟學者於此將拳術體用理法精練，以至豁然貫通地步，即四稍齊動，五形亂發之時，亦無往而非其道矣。

【注釋】

①四迷包裹嚴密不漏，四稍齊動五形亂發：他本作「包裹嚴密……四梢俱齊，五行亂發」，無釋文。

勤學好問識見多，臨機應變斯為妙①

拳術之功，由實力煅煉而成，其理由細心揣摩而得。若知識足，聞見多，則由虛心好問，博覽群搜，故日就月將，學有緝熙於光明，此周王之所以勤學也②。以能問於不能，以多問於寡，此顏子之所以好問也③。

古人之勤學好問，猶復如是，繄予何人兮何獨不然④？然學問之道，貴識經權⑤。凡初學，先遵規矩，以至於熟練變化之候，即可不泥成法⑥，以能知機應變，斯為拳家之妙用者矣。

【注釋】

①勤學好問識見多，臨機應變斯為妙：他本有此含義，但無此句。

②故日就月將……此周王之所以勤學也：《詩・周頌・敬之》：「日就月將，學有緝熙於光明。」孔穎達疏：「日就，謂學之使每日有成就；月將，謂至於一月則有可行。言當習之以積漸也。」緝熙於光明：謂漸積廣大以至於光明。周成王警誡自己要敬天勤學，並告誡群臣，希望群臣輔助。

③以能問於不能……此顏子之所以好問也：《泰伯》有：曾子曰：「以能問於不能，以多問於寡，有若無，實若虛，犯而不校——昔者吾友嘗從事於斯矣。」曾子說：「自己有才能卻向沒有才能的人請教，自己知識多卻向知識少

的人請教，有學問卻像沒學問一樣，知識很充實卻好像很空虛，被人侵犯卻也不計較——從前我的朋友（顏淵）就這樣做過了。」

④古人之勤學好問……繄予何人兮何獨不然：大意是，古人尚且如此，難道有什麼人可以例外嗎？繄，音一，唯，只。

⑤貴識經權：大意是，關鍵在認識到其中的道理和法則。

⑥凡初學……不泥成法：學習中，按法練習，待純熟之後，實踐中不拘泥於老規矩、老方法。

第六編　拳術譜注 凡七章　後附 練五形五營法 練上法剪踏訣

第一章

頭打落一隨腳走，起而未起踮中央，腳踏中門搶他位，縱是神仙也難防①

頭分四部，前左右後，四者之中，惟前為最，後者次之，左與右焉，又其次之。然元首為全體之至尊，偶爾用之，不可以為常者也。隨腳進行，乘將起未起之際，踮據中央之地。先踏進中門，搶奪敵之位置，伺其隙以前腦猛點其胸膛上下穴及左右金錢穴，無有不受重創者。我已佔領其地位，彼將立腳不穩，復以猛力擊之。斯時，縱為神仙，亦難防我矣。

蓋頭打之法，須頭之鷹熊力、身之縮長力靈警，則頭打之勢愈覺得力。落一者，即審定部位，絲毫無錯，不偏不倚之謂，斯所注意者也。

【注釋】

①頭打落一隨腳走……縱是神仙也難防：他本作「頭打落意隨足走，起而未起站中央，腳踏中門搶地位，就是神仙亦難防」；或「頭打起落隨足走，起而未起占中央，腳踏中門搶地位，就是神仙出難防」等，無釋文。

按：此後七章所述，詳論人體擊敵各部位之具體用法，買壯圖河南心意拳寶鼎系作「七曜」，孫少甫系作「七拳之論」。

第二章

肩打一陰並一陽，兩手只在洞裏藏，

順橫全憑蓋勢去，縮長二字一命亡①

肩之為用，厥分四名。其名維何？陰陽順橫。充其極用，各有妙境。練陰肩則肩向外翻，陽肩則肩向內跌。兩手左右交護，只在脅下洞裏藏著，防敵之襲，如左右肩、跌山橫等法是也。順肩，自上落下。橫肩，自下起上，如長手下落之法，均帶有順肩之用。如十字穿膀勢，俱練橫肩用法。此二式，全憑長手上起，蓋勢而落。然手之起落，又以身之縮長為權衡，故縮長二字可以制敵之命矣。

【注釋】

①肩打一陰並一陽……縮長二字一命亡：他本作「肩打一陰返一陽，兩手只在洞中藏；左右全憑蓋勢取，束長二字一命亡」；或「肩打一陰返一陽，兩手只在洞中藏，左右全憑蓋勢到，束長二字一命亡」等，無釋文。

第三章

肘打曲一點胸膛，起手一似虎撲羊，

懷在混過一旁走，還在脅下左右藏①

用前肘之法，先以一掌上指敵之眉目，間喝聲，盡力曲其肘，恰點在胸膛上下及左右穴，又一手伏在此肘之下，以為後援。步法下沉而後蹬，其勢有如虎之撲羊。肘亦有四用，此為前肘法。二後肘法，擊背之敵也。再左右側肘法，亦有所謂壓肘撞肘者，考其用，均不若前肘。凡練左右擊敵法，身法左右轉側，手式隨之上下掩護，須混過敵人，任其一旁，乘間而擊之。惟吾之肘，但宜藏在左右脅下，此即所謂「打人不見形」者矣。按：曲一與落一之理同，但曲落二字之義不同，因其體異，故用字不同耳。

【注釋】

①肘打曲一點胸膛……還在脅下左右藏：他本作「肘打去意占胸膛，起手好似虎撲羊，或在裏撥一旁走，後手只在脅下藏」；或「肘打去意占胸膛，起手好似虎撲羊，或在裏胯一旁走，後手只在肋下藏」等，無釋文。

第四章

手打起落頭所擋，澤龍未起雷先響，
天地交媾雲遮日月，武藝相鬥蔽目光①

心一拳術，自上落下者多，由下上起者亦多，惟平出之拳少，故手之起落，循敵之頭部上下，而其頭適當衛要，凡行拳時，先大聲急吼，所以示勇鼓氣也，及近敵突擊時，亦發聲以助其力。譬之澤龍，乘雲雨飛騰之時，霹靂已先震矣。天氣下，地氣上，二氣氤氳②，蒸為雲雨，日月雖明，亦被遮掩，竟刹那間，空氣彌濛，莫辨西東。如拳家角藝，先必蔽其目，而後擊之，即此理也。

【注釋】

①手打起落頭所擋……武藝相鬥蔽目光：他本作「把打起落頭手擋，降龍

伏虎霹靂張，天地交合雲遮月，武藝相戰蔽日光」；或「把打起落頭手搪，降龍伏虎霹靂閃，天地交合雲遮月，武藝相戰蔽日光」；或「手打起落頭手擋，降龍伏虎霹靂閃，天地交合雲遮月，武藝相戰蔽眼光」，無釋文。

②氤氳：音一ㄣ ㄩㄣ，煙氣、煙雲彌漫的樣子，氣或光混合動盪的樣子。

第五章

胯打中節並相連，腳手齊到自無言，

外胯好似魚打艇，內胯搶步便是難①

胯之進行，輔以中節，次第並用，斯為得矣。手之上護，足之下行，勢所當然，理無疑義。其用亦有內外法。外胯之用，在擊敵之外腿，己之足尖，須向外擺，拍位方穩固而得力，如魚游水，其尾左右活潑，有擺艇之勢。內胯之用，須搶敵之胯內，足尖微向內勾，若能搶步得手，擊之自易。然內胯之用，謹防腹下。以余度之，究不若外胯之法臻完善者也，學者當能辨之。

【注釋】

①胯打中節並相連……內胯搶步便是難：他本作「胯打中節並相連，左右相合得（法）自然，外胯好似魚打艇，裹胯搶步變勢難」；或「胯打中節並相連，陰陽相合得自然，外胯好似魚打艇，內胯就是換步難」等，無釋文。

第六章

膝打低處人不明，疑是猛虎出了籠，

橫身滾肘莫停勢，左右橫順任意行①

膝之用，力猛而毒。其勢下，人莫能測。擊敵時，兩手上護，膝自下猛力提打，高可擊小腹與腿眼穴，下可擊腿部諸處，惟小腹不可輕擊，擊輒致斃，宜慎之！敵受擊，不明其故，所以「疑似猛虎出籠」「橫身滾肘莫停勢」者，蓋以身法手式護其膝，乘間而上擊之勢。「左右順橫任意行」者，言其能備身法手式之妙，則膝之用，或左右，或順橫，任意行之，無不可也。膝除提擊外，尚有前點、左右點擊諸法。此亦交扣時，常用之要著，所不可忽者矣。

【注釋】

①膝打低處人不明……左右橫順任意行：他本作「膝打幾處人不明，好似猛虎出木籠。合身輾轉不停勢，左右明撥任意行」「膝打幾處人不明，好似猛虎出木籠，和風輾轉不停勢，左右分撥任意行」等，無釋文。

第七章

腳打踩一不落空，消息只在後腿蹬，

來無形去無蹤，遇人好似捲地風①

接近交扣，腳落踩打，左右拍位，不使落空。其用力消息，只在後腿蹬緊，蹬則踩力出而銳矣。進行之際，來去剽倏，無形無蹤，其遇敵也，好似捲地之風。此外尚有前踢、後踢、內擊、外擊諸法。後踢，即後跟擊後敵法。前踢，即雞胸腿法。內擊，即盤膝腿法。外擊，即鐽腳腿法。蓋後踢實不若前踢，外擊亦遠不若內擊。拳術之用，以深沉穩健，不見形者為尚。如外擊後踢法，雖有善用者，亦未盡合法，學者只可知之，不必習其用也。雞胸腿、盤膝腿之法，詳《中卷》「下盤法」內。

按：此譜分為「頭」「肘」「肩」「手」「胯」「膝」「腿」七章，即吾門所謂七拳頭者。頭者，頭領之謂，七拳之中，所屬之拳甚夥。茲特釋其有譜者，餘詳《中卷》。前輩以此七拳，形勢為豹頭、鷂膀、虎捕、鷹捉、龍身、鶴膝、馬蹄等名②。學者宜顧名思義，庶可穎悟，而擴充其用矣。

【注釋】

①腳打踩一不落空……遇人好似捲地風：他本作「足打踩意不落空，省消息全憑後腿蹬，與人交勇無須備，去意好似捲地風」「拳如炮，龍折身，遇敵好似火燒身；起無形，落無蹤，去意好似刮地風」「足打踩意不落空，省消息

全憑後腿蹬，與人交勇無須備，去意好似捲地風」「足打踩意不落空，省消息全憑後腿蹬，與人交勇無須備，去意好似捲地風」等，無釋文。

②前輩以此七拳，形勢為豹頭、鷂膀、虎捕、鷹捉、龍身、鶴膝、馬蹄等名：與他本「雞腿、龍身、熊膀、虎抱頭、虎撲、鷹捉」不同。可證此傳系的特色，與其他傳系確為獨立而傳。此外，少林十三抓有「龍行、蛇彎、鳳展、猴靈、虎座、豹頭、馬蹄、鶴嘴、鷹抓、牛抵、兔輕、燕抄、雞蹬」等。

心一內五形職司實權暨配五營位次訣①

第一形　心動如火炎②

心：赤，屬火，位南③，為前營④，其味苦，其用為禮。火：性炎上，而勢焰赫赫⑤。故心氣之動，如火之炎。心一行拳之氣，即呼心氣也。平日靜養，按納使之無聲無色，動時則爆如火炎，直衝空氣而上，令人望而畏之，有不可嚮邇⑥之勢。此養心之學，即學問深造意氣和平而得，其原由於克己復禮⑦之功。故視聽言動，不犯非禮，且明達世清，洞徹物我，目光務使遠大，度量但求弘深，其應事接物，則不卑不亢⑧，無爭無忤⑨，凡事惟衡之，以禮持之以公，則此心常泰然而坦蕩，無一毫人欲之累矣。學者苟於心學先養之，以靜次用之，以動則其用也，方有本源，故靜如山嶽，動若龍虎者也。

【注釋】

①內五形職司實權暨配五營位次訣：他本無此題目，有「內五行」及其內容。職司實權暨配五營位次訣：功能及其匹配。內五形的職責權力及其作用。職司，職責。實權，實際權力。營，軍隊的編制單位。這裏比喻五臟所居的位置。

②心動如火炎：他本或同，或作「心動如飛劍」，但無釋文。

③位南：按方位占南。

④為前營：按五營說，屬於前營。

⑤勢焰赫赫：焰勢熾盛的樣子。

⑥不可嚮邇：形容不能接近。邇，近。

⑦克己復禮：克制自己的私慾，使言行舉止合乎禮節。

⑧不卑不亢：不卑下也不高傲，態度言語有分寸。

⑨忤：音ㄨˇ，逆，不順從。

第二形　肝動如飛箭①

肝：青，屬木，位東，為左營，味酸，其用為仁，木性，條暢而上達，故肝氣之動急，若箭飛。如心一長手上起之拳及穿崩等力，屬於肝之用也。研究起落縮長之法，明乎動靜剛柔之理，則肝之功用入乎神妙矣。若夫人生喜怒哀樂之情，咸足以激動肝氣，此數者之發，能中乎節，即謂之中和者也。否則，喜樂過劇，肝氣發揚而蕩，哀怒過甚，肝氣抑鬱而毀。凡欲養生者，宜守分安命②，素位而行③，謹嗜慾，懲忿戾④，戒貪妄，祛驕矜⑤，則心常寬而肝氣常平矣。是為養肝之道，吾門所宜注意者也。

【注釋】

①肝動如飛箭：他本或同，或誤作「肝動似火焰」，但無釋文。

②守分安命：順時聽天。

③素位而行：君子安於現在所處的地位去做應做的事，不生非分之想。

④懲忿戾：警戒憤怒暴惡。懲，音ㄔㄥˊ，戒止。戾，音ㄌㄧˋ，暴惡。

⑤祛驕矜：除去傲慢自大。祛，音ㄑㄩ，除去，驅逐。驕矜，傲慢，自大。

第三形　脾動脅夾功①

脾：黃，屬土，位中央，為中營，味甜，其用為信，土性，敦厚而能容載，故脾之氣動，則脅夾之功顯，如長手下落及跳林等力，皆脅夾運輸之力。

凡物有本末，拳有根稍。末之枝葉榮花，係乎本之養液料，稍之運動強健，賴乎根之灌注力，明於此者，則脾動之功用，思過半矣。

蓋脾主消鎔水穀②，以養榮衛。故衛生者，宜起居有恆，飲食有節且有定時，若飯後徐徐行動，所以助其消化也，夜眠不宜醉飽，所以休養其力也。凡生硬不易消化之品，與夫厚醲③辛辣之物，腐臭不潔之食，均宜慎之，否則傷脾損胃，妨礙衛生，此即所謂練外兼養內者也。

【注釋】

①脾動脅夾功：他本作「脾動脅加功」「脾力夾功」「脾動脅加攻」等。

②穀：糧食作物的總稱。

③醲：音ㄋㄨㄥˊ，酒味厚。

第四形　肺動成雷聲①

肺：白，屬金，位西，為右營，味辛，其用為義，金性，堅而斂，肺主納氣，故肺之氣動，能成霹靂之聲。心一之練虎音②，及每拳之發聲，皆為肺氣之動。苟肺氣練足，則音自洪。其平時，宜在空曠或森林之處，多吸收新鮮空氣，使肺部常納新換舊，且操練運使，恒勞動呼吸，使肺量漲縮力日形健旺，則氣自足，收力大聲雄之效者，必然之理也。

【注釋】

①肺動成雷聲：他本多同，無釋文。

②心一之練虎音：徐浩峰《逝去的武林》中記載的李仲軒得尚雲翔作「虎豹雷音」。

第五形　腎動如水浪①

腎：黑，屬水，位北，為後營，味鹹，其用為智，水性活潑而流動，故腎之氣，動如水之波濤蕩漾，無凝滯之態。蛇分草，身滾肘，大小抽把等拳，皆為腎動之功用。蓋腎藏精，精生氣，氣生神，是三者為生人之至寶。凡養生之培基者，須先固腎氣，腎為先，後天生活之基本，故操則存，舍則亡，而吾拳術家亦首重固腎，遠淫慾，即此理也。腎足，則其氣洋溢乎四體，睟②於面、盎③於背者；無在，而不覺其精神活潑、天真爛熳矣。

常見青年沉湎冒色④者，外則似強，其內實乾，動即氣促、手顫、足疲不能行路耐勞者，皆腎虧之道，所謂金玉其外，敗絮其中者，多矣。長此而往，幾何不沉溺孽海，與黃壤⑤為鄰耶？學者欲精拳術，須先養身，是五形之說，不可不三致意焉。

【注釋】

①胥動如水浪：他本作「胥屬水，胥動快如風」。

②晬：音ㄗㄨㄟˋ，古同「晬」，潤澤的樣子。

③盎：音ㄤˋ，盛，充盈。

④冒色：貪戀女色。冒，音ㄇㄠˋ，古同「冒」，「冒色」即：冒色。

⑤黃壤：黃土。

五形結論

五形合一氣，放膽即成功①

拳術雖精，尤貴膽識。識由學問而得，膽則歷練而成。嘗見誇勇炫技、以為氣雄萬夫者，迨事變倉猝，乃手足失措，竟爾瑟縮退怯，此其故，何歟②？蓋由於無膽之所致耳。由是觀之，膽力與拳技，關係良匪淺鮮。是練膽之法，更不可緩也。故五形之功，聯合一氣，惟能放膽者，即成功矣。

【注釋】

①五形合一氣，放膽即成功：他本作「五行合一處，放膽即成功」，無釋文。

②嘗見誇勇炫技、以為氣雄萬夫者，迨事變倉猝，乃手足失措，竟爾瑟縮退怯，此其故，何歟：平時誇耀如何勇猛高超，認為自己有萬夫不當之勇。結果臨陣便手腳慌亂，發抖退卻，這個原因何在呢？瑟，音ㄙㄜˋ，形容顫抖。

風吹大樹百枝搖①

《心箴》②有云：「天君泰然，百體從令。」蓋心為全體之主，凡心之所至，百骸皆奏效，以承其旨而無敢違者。故五形合為一氣，而手足四肢各靈其用，各施其術，如風吹大樹，凡百枝葉，無不隨其擺搖者矣。

【注釋】

①風吹大樹百枝搖：他本同，但無釋文。

②《心箴》：宋代范浚《香溪集》五《心箴》，「天君泰然，百體從令」。《宋儒范氏心箴》碑或稱《心箴》碑，位於陝西西安戶縣文廟內。今存明代嘉靖皇帝御書的《宋儒范氏心箴》碑。

心要抖，手要撒，起要橫，落要順①

臨敵致用，心則抖決，無稍遲疑；手則撒野，無稍留情。手起身自橫，手落身目順，此五形合一之功用，亦吾家拳術之身勢，為自然之法者也。

【注釋】

①心要抖……落要順」：他本一般有「內要提，外要隨，起要橫，落要順」；或「心要毒，手如弩……起要橫，落要順」，無釋文。

拳似炮，龍遮身，遇敵好是火燒身①

拳之起落時，突擊猛勇似炮之轟發；身之轉側時，活潑夭矯如龍之遮身；其遇敵也，以五形一氣應之，但見手法敏捷身勢閃倏，好是火之燒身云，蓋火燒身之勢，機應靈警，感覺神敏者也，與警魚抖手丟決等力同，惟此係指肢體上而言，火燒身者專注幹體，微有區別耳，學者庶明辨之可也。

【注釋】

①拳似炮，龍遮身，遇敵好是火燒身：他本一般作「拳似炮，龍折身，遇敵好似火燒身」，無釋文。

心一上法剪踏次第訣①

一寸：上法進行時，前足微向前移數寸，引動後足，謂之「寸」；

二剪：後足騰步而前，極力進行，前足仍立於前，惟以足尖抵地，重點專

注於後腿上；

三穿：謂剪步將落地時，身法下落而前躍，如箭之穿鵠者然。

四就：已落地時，我之距離須與敵相就；

五架：我之身法手勢與敵能接架；

六合：我之交扣，須與敵之交扣處相合；

七齊：接近時，身手嚴密欲無隙可乘，則我之七拳頭整齊，急須注意者；

八正：拳頭既整齊矣，而我之身法須正，不偏不倚，亦無前無後；

九緊：既齊且正，猶患包裹不嚴密而鬆散，故欲緊則無懈弛之弊矣；

十近：既身手緊固，猶恐交扣未合，我之身與敵之身未親切比近耳；

十一**起落**：交扣既近矣，須知手法身勢起落之理，則靈活而得力；

十二**進退**：敵退則我欲進，或進而不得勢者，則必退而再進，宜進宜退，臨時須詳察之；

十三**陰陽**：或陰進而陽攻，或陽進而陰攻，臨時須明其理；

十四五形：運使心肝脾肺腎之真氣，以制敵人；

十五動靜：明乎動靜之理，則宜剛宜柔，無不克中機宜；

十六虛實：審判敵之虛實真偽，先為之防，則我不得受其制矣。

此為臨敵時上法交扣之訣，學者宜慎思明辨其理，練習研究其用，既專且恒，不辭歲月則此剪踏諸法，自能得心應手矣。

【注釋】

①心一上法剪踏次第訣：心一拳的上法和剪踏關係要領。他本多見此十六字訣，但無此總結性標題。

按：此處作者以交手法將此十六條做了解釋和應用，與其他各支所傳的綱領性內容角度不同，且彌補了其不足。再次證明，姬氏武學各支具有共同堅守的內容，又有各自的發展演變及其實踐心得。

第七編　養氣練氣法

養氣法①

第一章

練拳術者，首重體育強健，次及衛生禦敵。苟無發②強剛毅之體質，深沉穩健之氣魄，其臨大敵，冒槍林彈雨，決死生而能處之泰然，不惶遽③變色，舉措失常者蓋寡矣。其道維何？曰不動心而已矣。故心動則氣亦動，心為氣之帥，氣為心之用也。能持其志，不害其氣者，則此心恒坦然蕩蕩，便足為斯氣之司令，而氣之充乎四體者，自能循正軌，各奏厥職，聽指揮於司令之下矣。

是則孟子「志壹則動氣」④之謂也。

譬之手握兵符⑤身任閫⑥外者，平日賞罰嚴明，且能以禮待士，以恩接下，其部下之心悅誠服，為之爭奔走效死力者，必然之理也。然有時乘危致變，士不用命，以致全體瓦解，功敗垂成，將亦無如之何，此為氣壹，亦足以動志矣。是氣既經養之有素而後不躁暴妄動，氣不妄動而後心志清明，斯能操縱進退，咸得其宜。凡吾拳術家，以克敵致果為義，以臨機應變為用，是養氣之功，可不深加研究者耶。

【注釋】

①養氣法：他本作「精養靈根氣養神」。

②發：產生，發展。

③惶遽：音ㄏㄨㄤˊ ㄐㄩˋ，驚恐慌張。

④「志壹則動氣」：孟子曰：「志壹則動氣，氣一則動志。」志是一個人

心中對人生的一種理想願望，壹是專一或集中，動是統御、控制發動，氣是指情緒、氣質、秉賦。

⑤兵符：古時調遣軍隊的憑證。

⑥閫：音ㄎㄨㄣˇ，統兵在外的將軍。

第二章

人之生也，莫不有爭，厥分二端①：曰「私」，曰「公」。私乎，一己者，為生活經濟，學術程度者也；公乎，國家者，為扶持種族推尊國權者也。斯二者，乃吾國民當然之義務，應負之責任，苟有外界之侵陵，前途之障礙，勢必精心殫力②以求之，蹈湯赴火③以爭之。雖竭力捐生而此心終必勇往直前，不遑④他顧矣。此曾子所謂：「自反而縮，雖千萬人，吾往矣。」⑤昔孔子曰：「內省不疚，夫何憂何懼？」⑥其理一也。

吾拳術家，誠能從事於此，以明理集義為先務，凡百行事，揆之以道，守之以法，即可毅然進行無疑矣。蓋理無往而不直，義無地而不宜人之氣，或有時而餒⑦然，則吾之爭也。果緣理直而氣壯者，不誠然乎哉？若反是而爭，則其氣必餒矣。非徒無益而又害之，可不慎歟？

【注釋】

①厥分二端：乃分兩種。

②殫力：音ㄉㄢ ㄌㄧˋ，竭力、盡力。

③蹈湯赴火：即赴湯蹈火，形容不畏艱難險阻，奮不顧身。

④不遑：沒有時間；來不及。

⑤「自反而縮……吾往矣」：出自《孟子・公孫丑》上篇。意思是「反省自己覺得理直，縱然面對千萬人（阻止），我也勇往直前」。

⑥「內省不疚，夫何憂何懼」：意思是「自我反省，內心無愧，還有什麼憂愁、有什麼畏懼呢？」出自《論語・顏淵》第十二：「司馬牛問君子。子

曰：『君子不憂不懼。』曰：『不憂不懼，斯謂之君子已乎。』子曰：『內省不疚，夫何憂何懼。』」

⑦餒：音ㄋㄟˇ，沒有勇氣。

第三章

器局狹隘，態度輕浮，無容忍之量，無自反之責，惟以意氣任性，見有拂意之行，即忿然暴動，形諸辭色，甚至與人鬥狠，如斯人也，其不債事戮身者幾希①？此吾拳術家所宜深戒者也。故以深沉穩健為量，堅忍耐勞成習，能養成此氣，始可精於拳術者矣。如湖海之水，探之不覺其深，攪之不覺其濁，但見澄然之波，遠望無垠②，難測其涯際云。曾征諸往事，有唾面自乾，不拂人之怒者③；有羹污朝服，猶憐婢傷手者④。

觀古人之雅量，高遠雍容，流行如清風明月，其氣象直與天地萬物上下同流，各得其所者，靄然一致⑤矣。蓋吾人之見地，雖未能遠超前輩，亦必黽勉⑥

將事而追隨之，斯可也。設有無禮之干，於其前者，不惟不斥其妄，並欲心憫其愚而哀其無知，苟有知覺稍具人道者，何能以非禮加人也耶？若動輒觸怒睚眥必報者⑦，視此可以自愧無地矣。

【注釋】

①其不僨事戮身者幾希：他們不敗事而遭禍害的有幾個？僨事，敗事。戮，音ㄌㄨˋ，殺。

②無垠：無邊。

③曾征諸往事，有唾面自乾，不拂人之怒者：語出劉餗的《隋唐嘉話》：婁師德弟拜代州刺史，將行，教之耐事。師德曰：「吾以不才，位居宰相，汝今又得州牧，叨據過分，人所嗤嫉也，將何以全先人髮膚？」弟長跪曰：「自今雖有唾某面者，某亦不敢言，但拭唾而已。以此自勉，庶免兄憂。」師德曰：「此適所謂為我憂也！夫前人唾者，發於怒也；汝今拭之，是惡其唾而拭

之，是逆前人怒也。唾不拭將自乾，何唾笑而受之？」

④有羹汙朝服，猶憐婢傷手者：語出《後漢書・列傳・卓魯魏劉列傳》。

⑤靄然一致：雲氣一致。靄，音ㄞˇ，雲氣。

⑥黽勉：音ㄇㄧㄣˇ ㄇㄧㄢˇ，勉力，努力。

⑦若動輒觸怒睚眥必報者：如果動不動就發怒，被人瞪了一眼那樣小的仇恨也必定要報復的。睚眥，音ㄧㄚˊ ㄗˋ，發怒時瞪眼睛，指極小的仇恨。

第四章

風、寒、暑、濕、燥、火，此六邪者，曰「外感」，實為吾人身外之勁敵。苟能衛生得法，使正氣充實，亦足以抵禦之，俾不能侵犯吾軀也。喜、怒、憂、思、悲、恐、驚，是七情者，曰「內傷」，亦為吾人身內之勁敵。若見道不明，控御無術，則喜怒不節，憂思兼併，以致五內氣鬱不平，元氣斫喪①，終必覆亡而已矣。

此二者，若順其理，明其用，發而皆中節，所謂「道履中和②」，誠益於人者也。使反乎中和，則為災為傷矣。是可忽乎哉？蓋吾拳術家，首以強體養氣為本，則凡有害於吾氣者，均宜慎之遠之，不使擾及於吾身，若外感內傷，一為自外攪亂吾之正氣，一為自內剝削吾之真元，即二者是也。

嘗考《陰陽應象大論》③有曰：「天有四時，以生長收藏，以生寒、暑、燥、濕、風，此五者之發，皆以時，則萬物俱生發；皆不以時，則萬物俱死。故生於四時，死於四時。人有五臟，化為五氣，以生喜、怒、憂、怨、恐，此五者發而皆中節，則九竅俱生發；皆不中節，則九竅俱死。故生於五臟。」死於五臟，是論關係吾身存亡之理，洵不誣也④。

【注釋】

①斫喪：喻摧殘、傷害，特指因沉溺酒色而傷害身體。斫，音ㄓㄨㄛˊ，大鋤，引申為用刀、斧等砍。

②道履中和：躬行中庸之道。

③《陰陽應象大論》：《黃帝內經·素問·陰陽應象大論》。

④洵不誣也：確實不錯也。洵，音吃ㄒㄩㄣˊ，誠實，實在。誣，音ㄨ，人沒有做壞事，硬說他做了壞事；把沒有的事說成有。

第五章

飲食男女，人之大欲存焉，斯為人生所必有，而不能必無者也。苟能持之以道，則誠有百利於人生而實無一害者，曰「惟節而已」矣。飲以養陽也，食以養陰也，人生陰陽二氣，賴飲食以為養之者。故終日不再食，則有饑渴之害，其氣亦必餒矣。是飲食本以養生者，若過之，或不及之，皆足以有害於吾身。男女居室，人之大倫也。凡世界之種族百業之進化，皆造端乎夫婦。是男女誠有百利者，然御之不以其道，或不以時。或過之，則有沉溺蠱惑①之疾；或不及之，則有孤陰獨陽之咎。蓋利與害，常相隨也，有利者斯有害矣，故明於養身者，操之以節，但享其利而遠其害焉。

凡飲食，必以時，貴清潔、精鮮；或濃厚之味與暴烈之物，皆不可多，多則傷胃，損氣。《靈蘭秘典論》②曰「脾胃者，倉廩之官，五味出焉」，五味淫，則傷胃。胃傷，則氣血凝而不行。是為五味之邪，從本生焉。凡衛生者，食以時，無過飽量腹所受，夜深無醉；飽過度，皆以其停滯生病，虧損脾胃之氣故也。吾拳術家於醉飽後，或房事後，均宜徐徐靜養，不可躁動，違則損氣傷身，切宜戒之。

【注釋】

①蠱惑：音ㄍㄨˇ ㄏㄨㄛˋ，使人心意迷惑。

②《靈蘭秘典論》：《黃帝內經．素問．靈蘭秘典論》。靈蘭，即靈台蘭室之簡稱，相傳是古代帝王藏書之所。室之所以名蘭，清代高士宗《素問直解》循環「謂神靈相接，其氣如蘭。」秘典，珍重之辭，即秘藏之典籍。以強

調所論內容的重要性，故篇名「靈蘭秘典」。正如明代馬蒔《素問注證發微》循環「末有黃帝乃擇吉日良兆而藏靈蘭之室以傳寶焉，故名篇。」

第六章

玩人喪德，玩物喪志，省斯言也。吾人當知所以警矣，有舉世以為非者，而舉世之人竟驅之若鶩，赴之若流水，惟恐或後焉。曾推原其心，究不知其何以然也。前鴉片之禍，烈於洪水猛獸，吾國遭其荼毒①，淪沒於黑籍者，其數不知凡幾，真所謂「蓼蟲食苦而自甘」②。今幸禁之，此禍已除矣，惟是青年昧於養身之道類多，以害身毀性者為養身，以縱情狗慾為愛身，噫，何不智之甚耶！

是故沉湎③麵糵④，以戕⑤其性，以毀其身，陷溺淫海，以喪其德，以斃其生，竟以為倜儻風流、英雄氣概而人莫我若也；或博戲雀，戰酒食征，逐靡明靡，晦式號式，呼浪擲金錢，不以為奢，廢業誤時，不以為過，猶自謂：

「豪性揮霍，俠氣慷慨，而人莫我若也。」或嬉笑譏刺，熱嘲冷語，以巧其言，鑽利營私，奴顏婢膝，以成其行，攘奪權利，互相傾軋，以濟其私，猶以為：「才冠一世，氣雄萬夫，而人莫我若也。」或器具什物，衣服飲食，咸取給於外來，宮室台榭，改舊圖新，以西式為美觀，猶自謂：「挽回利權，提倡國貨，而人莫我若也。」凡此數者，皆為喪德喪志之行，所當深以為戒者。今有明知其非而故犯之者，亦有不知其非而冒昧行之者，社會中大都如是者多耳。此由養身之學未明，養氣之法不講之故也。

吾拳術家，以品行清潔為尚，約身循體為本，屏除嗜慾。是務於喪德喪志之行，實進道之障礙，為吾身之大害者，可不深加惕厲而剷除淨盡者哉。

按養氣之學，其大要不外守敬循禮，以存其心，無害其氣而已。其餘條目，在學者斟酌損益焉可也。今際此武明時代，凡為國民者，僅有文事而無武備，豈能任當時之義務者哉？故學校教以各種科學，練以拳術體操，而後習文事者，乃習武備矣。亦若古之庠序⑥，教人文舞為勺，武舞為象⑦，兼備文武之舞者為大廈，其道同也。所謂「同」者，磨練筋骨，運動氣血，增進體力之理也。誠如是也，則今日之拳術，可謂返古者矣。

是在拳術家，務其改良，斟酌盡善，不可不從事於學問，故宜汲汲⑧講求養身養氣之道及強身練氣之法，庶不失古人創造拳術之宗旨者也。然養身養氣之學，為聖賢工夫，行之甚難，言之亦不易也。茲特舉其大概，至若言之綦詳⑨，自有經典，則慧也可為指津者⑩，自愧於斯道，不過管窺之一班⑪云耳。

【注釋】

①荼毒：音ㄊㄨˊ ㄉㄨˊ，荼，一種苦菜；毒，螫人之蟲。吃苦菜，受傷害。比喻毒害，殘害。

②「蓼蟲食苦而自甘」：語出漢代東方朔《七諫・怨世》：「桂蠹不知所淹留兮，蓼蟲不知徙乎葵菜。」王逸注：「言蓼蟲處辛烈，食苦惡，不能知徙於葵菜，食甘美，終以困苦而臒瘦也。以喻己修潔白，不能變志易行以求祿

位，亦將終身貧賤而困窮也。」

③沉湎：沉溺，耽於。

④麵蘖：這裏可能是指菸草。麵，泛指粉末。蘖，音ㄋㄧㄝˋ，樹木砍去後從殘存莖根上長出的新芽，泛指植物近根處長出的分枝。

⑤戕：音ㄑㄧㄤˊ，殺害。

⑥庠序：音ㄒㄧㄤˊ ㄒㄩˋ，泛指學校。殷代叫庠，周代叫序。《孟子．梁惠王上》：「謹庠序之教。」

⑦教人文舞為勺，武舞為象：語出《禮記．內則》。舞「勺」是文舞，一種樂舞，古未成童者習之，即學習禮儀節奏。舞「象」，是武舞，古代成童所學，也說是手持干戈兵器以鍛鍊身體。

⑧汲汲：音ㄐㄧˊ ㄐㄧˊ，形容急切的樣子，急於得到。

⑨綦詳：極詳細。綦，音ㄑㄧˊ，極，很。

⑩指津者：指路人。

⑪班：通「斑」。

練氣法

第一段 總論

拳術氣功之學，已分為養氣、練氣二種。養氣之學，其用在心，所主在理，是為無形之學，上章已言其梗概矣。茲論練氣法：練氣者，為有形之學，其用在運動，其法在呼吸，但運使呼吸時，此心須反觀內省，默察其氣運，送至於注意之處，蒸騰勃勃①；像想其形，若真蕩漾，瀠迴於其間者，積日累月，持之以恆，久則功成。厥法由柔而剛，復剛而柔，充其極用，則虛實動靜，進退左右，或剛或柔，或柔或剛，無不左宜右有，各契機宜。

蓋練氣之次第，先由丹田起點，丹田氣既足，漸及於丹田之外，漸次引及於軀幹之全區域，久之覺全體充暢，精神氣力格外增長之時，遂漸次運送達於肢體之極巔處。斯練氣之功成，遍乎周身上下，無處不至，無微不入矣。此時再立志精進，則氣功將由此而臻②妙境，他日結果之偉效，誠有令人驚為奇異者也。

【注釋】

①蒸騰勃勃：熱感旺盛。蒸騰，熱氣上升。勃勃，充滿（精力、興致等）而精神旺盛的樣子。

②臻：音ㄓㄣ，達到。

第二段　運使

時間：

每日可分晨、午、晚三時。若學校中午時有課，可減少一時。每時之運動，不限刻數，總以堅忍能耐為尚。每時可運動二次，每次略立十餘分鐘之

久，後能增加，獲效更速。

地址：

宜光明高爽、清潔之地，凡廚廁與堆積渣滓、污穢之處，均宜遠之，恐微菌及不潔之氣吸入肺部，妨礙衛生。若曠野高山上，有林木掩映下，有清泉激流，空氣最清新鮮美者，於運使呼吸甚相宜。

禁忌：

凡關乎運動呼吸，必運行真氣，故平時宜鎮①攝②其氣，使其周流舒暢，毫無虧損震傷、壅鬱③之患，斯無害於其氣矣。若暴怒震驚、悲哀之後，醉飽房事、遠行之際，此皆正氣有虧之時，苟未休息復原，切不可運動呼吸，譬之花木新栽，本根尚未穩固，忽以烈風撲之，其不顛而伏萎而枯者，未之有也。

【注釋】

①鎮：時常。

②攝：拿，吸取。

③壅鬱：堵塞凝滯。壅，音ㄩㄥ，堵塞。鬱，音ㄩˋ，凝滯。

運使法：

人面南而立，如尋常狀，略靜立數分時，將一切雜念悉屏諸身外，惟一念在心，方側身開左足，向東立。

步法：前虛後實，重點在右足，兩手垂下，隨身上翻，然後兩手盡力隨身吐下，如此式上下翻轉數十次，至右足壓痛不能忍時，再換左足，遮身向西，以右足前立，亦如前式行。之後，轉身面南，步法則換成騎馬式，兩腿蹬下，曲而平，兩足據地，須堅而實，然後如左右式行之。惟手上下時，頭亦與之俯仰，身亦開合縮伸。但堆嵬二力須帶上，不可使身浮起，以致氣不能直貫丹田，是為切要。兩手如前。

停後，作搖鈴式，數十次，若驚魚抖手式。畢後，兩手平出向前，作丟鈴

式數十次。丟鈴時，須將全力輸送於掌心下，庶為合法。

此運使名「地盤法」，取其練足力穩固之意，又名「搖鈴丟鈴法」，取其全體上下活潑之意。身法手勢須柔而剛，剛而柔，不可操之過急，亦不可弛之太緩，當斟酌損益，時剛時柔，或半剛半柔之中也。蓋兩手運使上下之時，呼吸亦隨之，手上則為吸，手下即為呼。手上時，口內默念一；手下時，口中默數二。如此練之，則呼吸之力，一氣到底，使肺部增加縮漲力，得以吐舊納新，而新氣力遂由此生焉。一次式完後，徐行數十步，使氣平靜時，繼續行二次式，總以有恆無間為要，兩腿站立，以堅忍為尚，始有效耳。

但初行法時，兩腿必痛，周身亦不舒服，繼至半月後，漸覺如常，過此則氣力增長，此拳術家所謂「除舊力換新力」之時代者也。

【注釋】

按：此功法，簡單實效。

第三段　呼吸

心一五形法曰：「肺動成雷聲。」蓋肺為納氣之府，由其呼吸伸縮力強，則氣自大，故發為聲成雷。力乃氣之出，氣足而力自足，此一定之理也。是呼吸之術有三：一為立定不動之呼吸；一為演習拳式上之呼吸；一為靜坐默數之呼吸。此三訣能歷年行之，持久不倦，實能增長氣血，擴充體力，且能祛病延齡。但學者須謹遵拳衛規約，能清心寡欲，則裨益匪淺，倘或不慎，反以害身，不如不習之為愈也。

第一法

面南而立，身直足平，先呼出濁氣三口，然後曲腰，兩掌伸直，下抵於地，復兩手指作鈎①形，如拔物狀，徐徐提上，使氣貫諸丹田及手掌間，迨腰伸直時，兩掌轉向上撐，氣即隨手而上呼聲，猛力放出，上托下引，下抵上提，各五數，復左右上下各四數；又兩掌向前各五數，左右掌出入各四數；後，轉身，先左後右，亦如之，但每動須曲腰，庶使腰腎得堅強之效。各式畢，仍還原面南而立，以左右拳輕輕敲擊盪胸腹間，次及於全體四肢。有拳不能到處，可用小沙囊，總以輕為貴，行之既久，雖重亦不覺矣。

惟敲時，全體切不可鼓氣，鼓氣則恐氣血凝滯而生他患，務使氣血自然活潑流通，覺得充暢圓滿，久之則筋脈靈動，骨肉堅實，氣血健旺，可隨呼吸，以為貫注。凡意之所在，氣即從之。但呼吸時，氣由鼻出，須循序漸進，不可過驟。至成功時，雖猛力擊之，不覺其痛；即暗受重擊，亦若無事。然此由平日敲時，身不鼓氣，使呼吸之氣運行身內，自然雄厚堅實，倘有意用氣，則力能穿透膚理，呼吸之功不誠大矣哉？

【注釋】

①鈎：當作「鉤」。

按：看似簡單，實際都是秘傳功法的地位。

第二法

心一練習法：無論為拳、為把，凡手足出入起落，身法開合縮長諸式，皆以「動靜」二法統之。動為剛，口呼為一而發之，將全身之力貫注於斯；靜則柔，謂手式，收回時，即換前力以俟新力再動，而呼吸之氣亦隨動靜之力為縮漲。心一所謂「一拳一換勁」者，隨動靜之法與呼吸之氣故也。平日練習時，行動宜緩，惟出手將落時宜急，須以抖決力猛擊之。

學者苟緩急得宜，則呼吸之功，可隨諸施行無礙矣。此即心一練到如何地步，而內功亦練到如何地步之法也已。果能內外之功一致，並行始終以恒，則成功之效，豈不事半而功倍乎？嘗見操練者，其心毫不注意，亦無氣功呼吸之用，但徒事手足之動作而已，雖曰操練，究於身心有何益耶？

【注釋】

按：作者以其學識品味氣度，和盤托出。

第三法

每晨黎明時，或課畢休息，及夜靜月明風清時，可行此法：調氣斂心，整襟靜坐，頭昂而目光下視，身端而胸次，豁然將萬籟寂靜收存此心於腔內。用舌抵上齶，默數呼吸，移時，則津液自舌底金泉穴內湧出滿口，其味甚甘。即將滿口津液三分之，以眼光反觀，咽送到丹田內。每咽送時，覺如泉流括括有聲，如此靜守三口，共咽送九次，然後徐徐起行，覺咽送之津液，在丹田內瀠迴，有活潑之態。照前第二法，各呼吸法運使一次後，即照常應酬外事。

此法在侵晨①日未出時，至高山大野茂林旁，或月明風清時，在山巔石上，面東靜坐，照前法，吸收新鮮空氣和津液咽至丹田，亦照前法行之。稍息數分時，即運使拳術二三式。苟能持久不倦，庶於身心獲益當不鮮也②。

按：運使呼吸之氣功法，拳把形勢之運動法，以年限之遠近，功力之淺深，分為有形之氣功③時代、無形之氣功時代與有形之運動時代、無形之運動時代，此亦學者所當知之者也。

昔吾師嘗曰：「斯道精之不易，苟能苦心孤詣，猛勇精進者，前十年之氣功與運動是為有形時代者也；後十年，則有形無形，二者各居其半；若更精進十年，則無形者實居多數耳。然有形者，人能知之，斯無形者何謂也？蓋歷練年久者，氣血流通，筋脈靈活，能隨心應手，敏捷神妙矣。是時，不必再苦事有形運動，惟行止坐臥之間，以意運氣，像想其如何動作之姿勢而已。身雖未動而心中默想之，其氣亦能從心，至於所之之處，且甚有效。此則無形之呼吸，運動時代者也。但未至其境，必不能知其地之山川人物，此理之當然者。」④然則斯言也，可為知者道之，不知者難與言也。

心一拳術上卷終。

【注釋】

①侵晨：黎明；早晨初現光亮。

②當不鮮也：當不少。鮮：音ㄒㄧㄢˇ，少。

③氣功：馬公建章是提出此二字較早者。

④「斯道精之不易……此理之當然者。」：此段馬建章先生的講述，道出其心得，與民國初期孫祿堂先生《拳意述眞》收集記載的李洛能傳系等心得境界，不謀而合。再證姬氏武學一脈相承，參閱兩書便知。

心一拳術 卷中

心一拳術

心一拳術中卷第一編

用力十法

第一法曰蹭

蹭者俯而前進也謂縮身斂勢急力前進務求接近交扣之法如一寸二剪與蹭林之委勞乃其法也起時身法略大前進將落時忽身法縮小譬若鷂之捕雀先高飛審視後即飄然突入林中以掩其不備下盤之蹭力注在足上凡人行動時足落則趾蹭足起則趾翻故心一因此自然之勢討論其理擴充其用遂使尋常之動作演成心一最活潑敏捷之大法著矣

第二法曰穿

穿者身向前穿出也如以石擊石有反激迴跳之力漸前躍不已即四把之前二把實力猛起兩足墜地時身向上穿出均有躍然莫遏之勢蓋因縮長之力猛故其落地現出此穿力也猶槍之跳彈由地躍起其力尚能洞穿敵人者矣益特舉四把而言餘均仿此或前有障蔽能以身法穿破之或伺其隙以手足之法穿入之斯二者為上下穿插法又穿力中之另一用法也

第三法曰堆

堆者積聚而成如數學之堆垜法由零星散數而集為整數者拳術家練成五形四稍之體結為五系六合之用內外渾然一氣上下迎合湊齊一致進行其身斂作一團穩沉而堅實譬若物之堆積上壓其下下承其上也此即儒家萬殊一本之說散之則由一本發為萬殊卷之則由萬殊合為一本心一堆力之法即此理也詳堆與縮二字之義似異同以質考之議有不然者縮者縮其身以待勢之發也則堆之為用無時不有如動靜縮長起落進退之中皆存此法焉蓋此法寓有深沉穩固堅實不拔之意玩而索之斯得之矣

第四法曰嵬

嵬者擊壓其身下沉其勢也謂操練時須注意中節之後部以力壓迴使其下墜則命門尾閭自然沉下而身勢腳根愈形穩固矣凡未經操練者多下輕而上重緣其身之不能下沉兩足履地不能堅實氣多上浮而不能下降丹田之故也此法亦曰嵬山力山者猶言人之身也取其如山靜鎮之義曰嵬山者緊身下沉若山勢嵬嵬盤踞屹立莫可撼也吾心一起落縮長之身勢皆具有此法按堆嵬二力有上下交相為用之關係堆力注重於體上中二部嵬力則專重於體下之後部有嵬力下沉則上之堆力更覺得勢若下無嵬力則堆力渙散失其所託矣故嵬為堆之基礎堆為嵬之屏藩二者相需而行如狼狽相依可合而不可離者也

第五法曰催

催者前手已至後復催之使之愈速而愈有力也如攖捉斬手等拳猛力下擊敵勢已離堪矣猶恐敵倒之不速復捧出中節翻起兩手之拳極力以催之有滔滔不絕之勢譬如大風掠海潮勝洶湧後浪緊催前浪簇溢震撼又若疾風驟雨排山擠地而來其勢愈壓愈緊令敵無處插足無地容身者也蓋操練時身手下壓力重故激而歸起是則謂之催法然此催憲本於身之順橫力而得凡心一手法手起則身橫手落則身順橫而順順而橫二者之醞釀遂攢成後勁收此自然之美果也已

第六法曰搦

搦者過屈而忽伸極壓而爆發之勢也或如強硬之彈簧發機或如彎弓之絃而速決者其力強其去疾令敵無從抵禦者矣心一四把之前二把皆此力也練時身手緊縮不爆其小過敵則乘機攻起四把之後二把則為天塌力高舉下壓前後共為四把而吾心一之法蓋多備此中矣詳四把之用搦平出之拳前為下擊上後為上擊下二法以尋常攻守之法論之必曰攻宜乘間守宜緊固手之出以上不過頭下至膝止為合法吾心一則不然內多長手高舉之勢在俗眼必謂空大敵可乘虛攻入者此所謂但知其常不知其變但知其正不知其奇者也所謂俗眼者即此是也蓋拳術之用須知全身頭頭是道層層預備之法如五花八門列陣四方以待敵所謂之空者吾即謂之實正欲其乘空來襲吾則以逸待勞以靜待動因而制之其

成功較易耳苟周身無拳術可恃又無奇正防禦之法縱手不離身亦何濟於用耶由是觀之擱場等力雖長手高撑却有多數之奇兵伏其下焉且重出疊見如環之無端誠有出人意料之外者厥究若是庸何傷乎然非精於斯道深明拳術之理者豈足以語此歟

第七法曰蹬

蹬者足之力也係後足之足跟用力向後蹬出之謂心一拳之步法有三種一曰弓箭步前腿屈若弓後腿蹬直如箭兩足前後距離以人之長矮爲衡約二尺五寸餘二曰前虛後實將全身重點注在後腿上惟前足擄地有二勢或以足趾蹬地者或以足跟蹬地者因身勢之變化而異兩足距離約一尺五寸三曰前實後虛以重點注在前腿後腿則屈於後方用足趾擄地而行距離亦一尺五寸許凡一切動作均不越此三種步法隨手法身勢之轉折而步法因之亦變換進退敏捷縱橫靈動無不自如人意也與敵接近交扣時步法略如前虛後實之趾惟前足擄地落實耳至發猛縱力時即突變爲弓箭步將全幅精神注於前衝又須後足猛力向後蹬出則所用之氣力能灌逐到頂前衝之力愈發強健而敵之傾跌愈速愈遠矣

第八法曰抽

抽者以手抽物或上或下或出或入也中卷後編內載有大小抽把練法其式有上中下三等以左右手翻繞而上下抽之身法亦隨之變轉閃閃拳勢則潛伏其內焉蓋抽之爲用設有一物入而不出而欲出之者則必用抽或下而不上必欲上之者則用拂或上而不下必欲下之者亦用抽觀其形則有上托下撩之勢論其法則有陣式迴護之用詳其理則有輕飄特出不沾於物之意學者苟能深加揣摩自能心領神會者矣

第九法曰忍

忍者隱而不發也凡臨敵時外示安閑鎮靜之態兩目則審視精確至如何抵禦擊刺之法早已決定於胸中耳惟兩手下沉豎足擄地並不作如何之形勢與尋常者然若得機而動則力從中發遂爲突擊俾敵難於覺察有迅雷不及掩耳之勢即兵家出其不意攻其不備也一交扣法以沉着確實爲貴進退適中爲宜最忌浮躁輕進及孤注一擲之弊倘突擊過度則易爲敵制在我已無餘地餘力之可恃矣欲求不敗得乎故忍之一力有爲拳術家最宜注意者也亦有臨敵故動形勢赫然大聲猛吼有嘯如虓虎之狀者要之在其人操持有素胸具成竹始克起落合法進退有方雖急遽苟且之際亦靈臺靜謐終不至鹵莽以僨事也已此二者一靜於外而動於中一形於外而誠其內皆各臻厥妙其用一也視乎人之操縱者何如耳

第十法曰丟

丟者以手拋物也與敵距離稍遠瞥見其有隙可乘若動步以擊之則敵必覺而備我矣反恨此良好時機屆此之際欲不動聲色能急於擊之者厥惟丟耳蓋丟者足未動而手先拋至復以半身前送之可以擊倒敵人達到目的者矣凡臨敵之時轉瞬萬變惟聰明心靈手敏者能先着祖鞭也况術有淺深有難易應之者勢不能前後一致在臨時者審機乘變因時以制勝耳此關乎經驗閱歷而得非可以他求之者也故與人以規矩不能與人以巧者即斯之謂歟

余按十法之用徧及周身上下無處不備無用不盡故十法爲心一拳術之主腦爲形勢運動之要素者也若拳術中具有此法則形勢活潑而敏捷運動穩固而強健有背乎此法者則爲無謂之行爲野蠻之舉動耳譬若雕琢之機械人無主動之能力如手足之麻木人無活潑之精神猶得謂之爲完人胡可得也已蓋心一拳術之有十法猶軀殼之有靈魂也人無靈魂則軀殼無生存之望盡人知之矣苟心一無此十法則不得謂之爲拳術其理亦猶是也學者將此十法深加體察復參以真形十種之理與各盤運動之勢時時研究力行持之專與恆庶領會貫通而得心應手有終身用之不能盡者矣

心一拳術中卷第二編

整套演法

十字閧

步法轉折周旋縱橫錯列爲十字閧者身法星馳電驟疾急乍突之謂此拳上中下三式均備學者入門演之有和柔身體活潑步法之妙其中用法甚夥惟手足出入起落多直接單簡較遜於四把等拳耳

(1)起手如鳶盤　法左足前右足後先出右手後出左手高舉下落其用如鳶盤雙蹄下踏乃上盤天塌之力(2)退步縮身　法有進必退此式如喜鵲竪尾狀凡退縮者所以蓄勢伺敵之隙也(3)腿躍連環　法左手前引右拳自後上起右足尖隨之上踢右足落地而左膝繼起所謂層出疊見如環之無端也(4)跌落小斬　法左膝落後而右腿前躍右拳翻起上舉斬下左手適居右耳旁(5)鷂子躦林　法由小斬之式縮小身勢上左足而右足續進右手上起左手下沉用在手頸及肘間(6)燕子啣水　法右足猛向後退左手上穿右拳向前急點如農插秧之狀(7)前後搖把　法回身右手下繞左手伏於脇旁前後兩手相對照右足前復進身左手下繞左足前(8)跌落小斬　法同上(9)鷂子躦林　法同上(10)裹手縮身　法兩手旋繞高舉裹而下落右手摀而後左手攏摸而前身法前俯而後仰兩足亦前後相同此上擊下之式(11)一寸二剪　法左足向前移出右足蓄力躍而前落時身下沉左足仍前立(12)起手橫拳　法左手前引右拳自下突起擊敵心腹或兩脇空虛處將全力須運輸至手頸左足前右足後步法爲長三式足跟向後蹬緊其實力直貫諸後腦之巔(13)縮身旋轉　法身式下沉兩手由頸上旋繞後變爲上下手交互抱於胸前兩足斜交成換步(14)鷂子躦林　法同上(15)右手左採　法右手向左自上採下身式縮小而左手後帶步法落爲前實後虛(16)右側一肩　法過左足而右足上前以右臂外肩擊身宜下縮而乍起(17)裹手退步(18)腿躍連環(19)趺落斬手(20)翻身跌斬　法均同上(21)翻弓斷絃　法兩足立起前後相距尺許兩手開張向左右下落而胸腹挺出使全部得力爲合法(22)雙鳳朝陽　法身式乍落兩手前推全身重點墜右足上(23)轉身一肩(24)向前摸掌(25)雙起手上　法兩足躍而雙手上起左前右後足手均同自(26)至(40)與前(8)至(22)同(41)翻身落斬(42)白鶴閃翅　法兩手向左右閃開下落乃高跐勢(43)騰身小斬(44)前右方一肩(45)前左方一肩　法此皆外肩擊敵式

四把

起手橫拳若躧施進身跳林鷂進擱摟捉形似攀枝斷望眉斬同虎守山此拳雖四把其中身法手勢則上中下三盤之用俱備變化之妙莫測端倪能全括心一諸拳故四把爲心一拳術之首領者也

(1)起手式身扁而右側兩足分立尺許不丁亦不八左足前右足後兩手委勢左手下垂右手則老年摸鬚少年卽摸衣扣或撫諸胸前或均下垂動步則用一寸二剪法同上(2)起手橫拳向上撩　法右拳由右腹旁突起恰擊敵心腹之間(3)縮身旋轉　法勢須落下渾成一團(4)鷂子躦林看起落　法由縮而長右手突起手之上及肘皆可擊敵起打落亦打也(5)擱捉形似鷹搏兎　法右手前引左手高舉左足尖前踹胸合背開兩目仰視著態雙手下摟背合胸開兩目俯視如鷹用在手肘或頸肩起時有中節翻力(6)斬手勢同虎守山　法左手前引右手握拳上舉右足尖踹起向前雙手撲落斬下委勢用法與擱捉同而稍異此左右二把落時皆雙手隨中節捧出翻起有落而未落之勢(7)裹手縮身　法此手自上落下形似撫摸狀(8)縱步前剪(9)起手橫拳(10)虎翻身斬　法左足向後滑下右足躍起隨勢翻身右拳自後向前劈空下落(11)前左側一掌　法或自上擊下或平出丢出皆可(12)右方一肩　法兩手斜抱胸前將勢沉下向敵猛擊而突起(13)前右側一掌(14)左方一肩用同上一橫拳或作閧拳

裹閧四把

此拳仍如前四把惟左右游落起落轉折其形式變換耳亦名龍形四把裏閃龍形者皆言其勢之縱橫衝突如神龍盤空蜿蜒夭矯其形狀變化莫測者也中加左手反搖身側後右拳前推後足隨收同後裹身同轉宛若旋風捲地飛之法後裹之法以右手自上向後反摟隨勢轉身雙手緊裹斜刺向前進行有追風趕月不放鬆之勢須身法敏捷以動靜剛柔適中爲宜

起居似風

起動也居靜也言一動一靜如風之迅疾飄倏者也亦名車行似風夫車行者旋轉之意言前後左右環繞而馳如旋風掃地而行耳

(1)左手下搖(2)右手握拳高舉趺斬(3)鷂子鑽林(4)鷹兒搏兎(5)守山似虎　演法均同上(6)雙手前裹(7)左手前撑(8)右手前拱(9)後退下壓　法身勢前俯而後仰狀同喜鵲竪尾(10)烏雲腿上　法承竪尾之勢以雙手上單右足用腳底飛起擊敵心胸之間落用足趾抓力此腿最高不可輕用須出入迅

速爲妙(11)後退縮身　法身勢向後縮下兩拳相併抱於懷中如抱月之狀(12)與(13)裹地風捲地礟　法雙拳緊抱胸前旋轉而疾行如旋風輕飄之態將身勢沉下落爲騎馬蹚式(14)大鵬展翅　法由騎馬式身忽上猛起兩手向左右閃開下擊(16)餘均同法復演至上(14)還原以後用拳與肩均同前法此拳動作之姿勢宜活潑圓暢斯爲合法

速爲妙(11)後退縮身　法身勢向後縮下兩拳相併抱於懷中如抱月之狀(12)與(13)裹地風捲地礟　法雙拳緊抱胸前旋轉而疾行如旋風輕飄之態將身勢沉下落爲騎馬蹚式(14)大鵬展翅　法由騎馬式身忽上猛起兩手向左右閃開下擊(15)餘均同法復演至上(14)還原以後用拳與肩均同前法此拳動作之姿勢宜活潑圓暢斯爲合法

心一拳術中卷第三編

整套練法

一馬三箭

前進一裹手而三躍擊敵後殿三退步而三進齊上猶一馬而三放其箭也亦名野馬三跳濶言其超越奔騰轉側斜刺如野馬之驍驟而三跳其濶也此拳身勢緊小演時須注意活潑敏捷極盡翻滔滾浪之態瞻之在前忽焉在後令人轉瞬變幻目不暇接者也誠若此得斯拳之旨趣矣

(1)龍門單起手　法平常姿勢而立開步則右足前而左足後成前虛後實步法右手作虎蹬拳式向上蹬出左手仰伏於左脇旁惟右拳勢宜稍起臂宜微曲作蓄勢餘地不可過於伸直若過直則有氣力洩盡之弊且不易變動(2)攖捉　法前踏左足微偏右(3)斬手　法前踏右足微偏左(4)裹手下落　法左足微落向右(5)一寸二剪　法左足微偏右側(6)閃拳　法左足移向左側方突起以上

五拳與四把同故不另註（7）黃龍後探爪　法身勢突然下沉兩手下垂作斜式進身後雙手由身後向前罩下左足身步右足立於前頭與身勢向上穿出成前虛後實步法（8）黃龍前探爪　法與後探同惟換左足於前耳右足過步左足前（9）虎翻身斬　法由右後方轉身左足向前雙手亦隨之按下復躍起右拳自上斬下右足向前成虎坐窩之勢（10）一跳裹擊左　法右拳與左手前裹左足力躍向左步法成前實後虛身法下沉右肩與右拳換向左前側方進行擊刺（11）二跳掌擊右　法左足剪向右側左掌向前擊下右拳後帶至脇旁身勢低下右足曲於後左足伸於前離地較近（12）三跳拳洗左　法左手下接右拳隨之洗下右足亦躍而前進（13）翻身下斬　法右拳隨右足轉左後方復進身向前跌斬（14）裹手右撲　法右左二手翻繞上裹向右撲下左足前抵右側方（15）父子齊上　法左足前進左拳上護右拳右腿自後向右擊出（16）縮身退步　法右腿向後猛力退伏兩手各按下（17）裹手左撲　法左右二手上裹向左撲下右足抵向左側方（18）父子齊上　法右足前進右手上抵左拳左腿向左擊出（19）縮身退步　法左腿猛力向後退伏兩手各按下（20）裹手中撲　法右手與左手上裹向中撲下左足抵中前位（21）父子齊上　法左足前進左手上罩右拳右腿自後向中擊出（22）縮身退步　法右腿向後猛力退伏兩手各按下（23）翻身大斬　法右足向前過步復進身自左側方左手繞下左足躍起右足前進右拳由上斬下還原此拳之運動稍力居其多數故演之者手足酸騰活潑頗覺娛目云

十二大時

拳之手式共爲十二故名以二十大時其狀態磊落形勢强硬如怒獅之突去突來若猛虎之忽起忽落有山頭大吼聲震遠山威風凜凜羣獸懾伏之概學者揣摩其神領會其旨可也

（1）左虎抱頭　法身忽沉下右拳補以左手齊舉至額左足前踏右足隨之猛力按下身勢向前穿出（2）右虎抱頭　法身向右沉下左拳助以右手齊舉至額右足前左足隨之實力擊下身法同上（3）中虎抱頭　法與左虎抱頭同惟左足踏中央而進耳（4）抱樑換柱　法左手按下右拳高舉由上貫下左足先動右足過步而前（5）撩衣翻身　法由左側方轉身以左手撩衣右足隨退至後復由右側方轉身右拳高舉落下左足躍起右足至前（續）裹手縮身一寸一剪起手橫拳法同四把（6）鷂子蹿林　演法同上（7）右直落直起　法由蹿林拳式右足踏向右方直落而直起（8）左直落直起　法如上式惟換左拳左足踩向左側前方（9）中直落直起　法如右式惟右拳右足踩中門起落（10）裹手下撲　法兩足躍起左右手裹而下撲手足均右後而左前身法前俯而後仰（11）右足前擊　法左足前動兩手上罩右腿自後向前踢出（12）右肩前擊　法乘右足踢出將落時復運右肩前擊之助其勢以掩其不備也（續）進身下斬　法左手由左側方繞下左足躍起右足前進而右拳高舉下斬按此拳之運動節力爲多故演之者其形似有狀月怒號老鵰橫空之態

十字封門

左右其拳上下輪轉力自腕發或抽或斬抽以抄其下斬以截其上無隙不爲無微不照防敵乘虛故加採把以落其門致爲斯敵奈若我何

（1）左手前引　法足勢左前右後而立左手由上繞下身即沉下成前虛後實步法（2）右拳下劈　法右拳高舉半斬左手後帶左足躍起右足前進（3）與（4）輪流抄擊　法左拳由左側抄起而反諸身後及將落時右拳即自右側抄發而起左足則隨左拳右足則隨右拳一致行動（5）右手前抹　法乘右拳抄起未落之時即將右拳陡變爲掌上左足換步拳之由前虛後實之步法忽換爲弓箭步法矣（6）右手前引（7）左拳下劈（8）與（9）輪流抄擊（10）左手前抹　演法與左手前引同惟換手足耳抄擊之的多在敵心腹之間或左右脇之空處練時亦有兩手緊握重物者爲操出兩臂之力故也蓋此式亦稍力多注重腕力之拳

鷹兒捕食

前四把之式其中減去擺捉斬手二把內加前裹追風趕月之勢所以演出前捕之力使身法靈便步法敏捷爲妙如鷂兒翔遊太空目光悍然下顧審食物之所在卽突飛而至擺得手時飄然倏去其一種剽戟凌霄之速度誠令人不易防云練成此力者所以備上法之用也學者於此須顧物思義因其物之名觀其物之形遂以究其理而知其利用之能則凡天下之物有良知良能者我則默心像想揣摩領練久則與吾拳術運動之理暗相契合者矣吾心一先達創眞形之拳以貽後世者卽由此而得也此無他惟專心致志者乃能有獲也已

行動之身法姿勢

頸連肩肩連肘肘連手手連膝上下手足連膝走遇人一個抖手緊轂道滅命門抽腎筋消玉莖身似雁行腳如魚貫身法淺齊內外一致斯可言上法交扣矣

思按身法之序自頸以至膝厥分四連四連旣合然後上下手足連膝而走斯時也若臨敵則用竄魚抖手力以擊之抖手者卽火燒身之勢也緊轂道滅命門抽腎筋

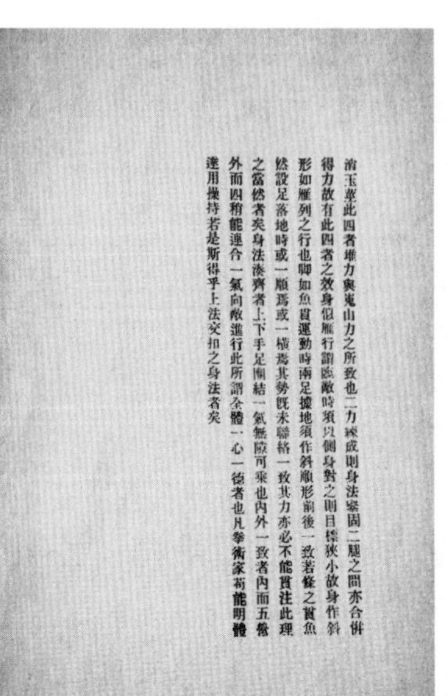

消玉莖此四者堆力與寬山力之所致也二力練成則身法堅固二腿之間亦合併得力故有此四者之效身似雁行謂臨敵時須以側身對之則目標狹小故身作斜形如雁列之行也腳如魚貫運動時兩足據地須作斜順形前後一致若條之貫魚然設足落地時或一順焉或一橫焉其勢旣未聯絡一致其力亦必不能貫注此理之當然者矣身法淺齊者上下手足團結一氣無隙可乘也內外一致者內而五臟外而四稍能連合一氣向敵進行此所謂全體一心一德者也凡拳術家苟能明體達用操持若是斯得乎上法交扣之身法者矣

心一拳術中拳第四編

散把練法

斬截裹法

斬決斷也如刀劈物也截遏阻也使敵勿前也裹包藏也嚴密不漏也手如剪子股身似風裹圍

(1)前手繞面側下曰搖如鹿之按物(2)後手握拳高舉虎口向下旋空飄落如斬而截用力部位恰在前節之中央稍前(3)兩手裹身藏機不漏上手至耳下手齊股如金交剪勞澳步縮身前肩沉下向前側方突起如地雷爆發出敵不測兩眼向之或上或下雙足蹬地宜虛宜實左右式同

金剛倒對

金剛喻言體也謂金經煅煉火候始成純質有用之剛猶人須操練勞動方爲强健活潑之體倒如山之崩墻之倒言自上而擊下之勢也對兩敵相遇也

(1)前手繞面側下曰搖亦曰罩曰引搖者身隨手轉如風搖枝狀罩者或峩亂敵之面目或遮護已之後手引者誘敵之動而覘其虛實也(2)後手握拳向前側方下擊如空中流星(3)兩手用法與前斬截裹法之三式同演此把乃穿插硬刀身若金剛倒木石無敵對或左或右加反背而裹也

十字揉把

揉者拿腕之力如揉物然亦名虎蹬把如虎之伸手撲物又名穿心拿謂其拿着於敵身力自前能透於後也蹬者用有身臂之實力前手如蹬山嶽後手如拔犀角也後手用力後帶後足用力蹬伸則前手愈覺得力練時加抖手力更靈活亦有謂之鷹爪拿虎爪拿𢬵葉拿者皆力注掌心其用則一也昔少林般禪師之拿訣歌有云氣自丹田吐全力注拿心按實始用力吐氣須開聲推宜朝上起緊逼勿馬[illegible]三字沾按吐都用小天星按此歌訣與吾揉把沾身方發力之法同亦分頭二把練法

(1)兩足距離客尺許前手一引勢若搬(2)後手演出後足隨兩目俯臨如鷂覷

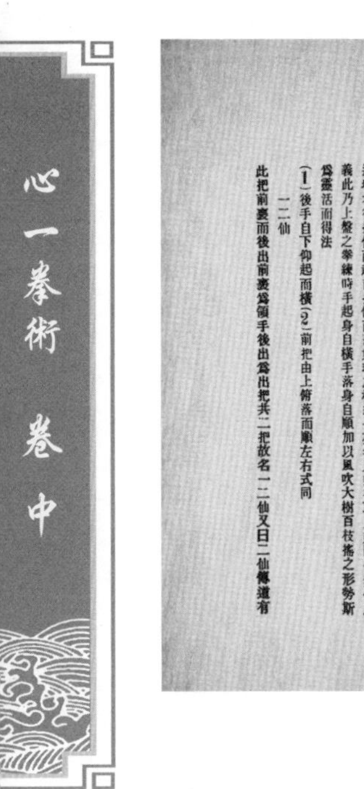

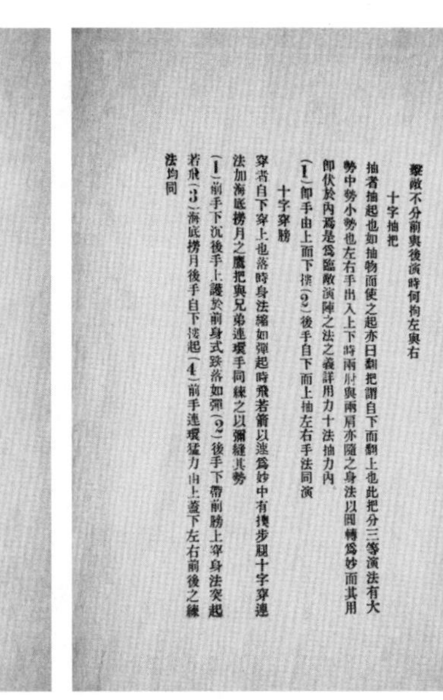

擊敵不分前與後演時何拘左與右

十字抽把

抽者抽起也如抽物而使之起亦日翻把謂自下而翻上也此把分三等演法有大勢中勢小勢也左右手出入上下時兩肘與兩肩亦隨之身法以圓轉爲妙而其用即伏於內焉是爲臨敵演陣之法之義詳用力十法抽力內

(1)仰手由上而下捺(2)後手自下而上抽左右手法同演

十字穿肪

穿者自下穿上也落時身法縮如彈起時飛若箭以速爲妙中有换步腿十字穿連法加海底撈月之鷹把與兄弟連環手同練之以彌縫其勢

(1)前手下沉後手上護於前身式跌落如彈(2)後手下帶前肪上穿身法突起若飛(3)海底撈月後手自下接起(4)前手連環猛力由上蓋下左右前後之練法均同

跌山横

跌由上墜下也山身也謂身之落而横者也操練左右兩肩之法起陽落陰狀如牛之擺頭亦名烏牛擺頭陽則身横陰則身順

(1)前肩陽而後肩陰(2)前肩陰而後肩陽左右同法練時前手下垂徒手前引肩落時後手隨肩下接

連環把

連環者後把仰而起前把俯而落如環之相連也亦名兄弟手取兄弟同仇禦侮之義此乃上盤之拳練時手起身自横手落身自順加以風吹大樹百枝搖之形勢斯爲靈活而得法

(1)後手自下仰起而横(2)前把由上俯落而順左右式同

二仙

此把前裹而後出前裹爲領手後出爲出把共二把故名二仙又日二仙傳道有

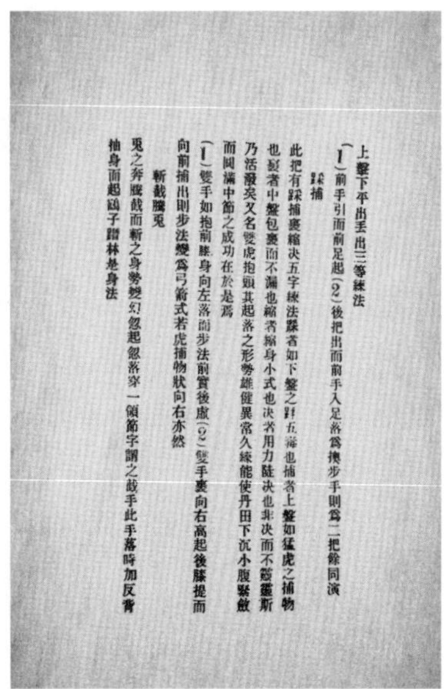

上擊下平出手出三等練法

(1)前手引而前足起(2)後把出而前手入足落爲换步手則爲二把餘同演

踩補

此把有踩補裹縮决五字練法踩者如下盤之踩五毒也補者上盤如猛虎之捕物也裹者中盤包裹而不漏也縮者縮身小式也决者用力强決也非决而不能靈斯乃活潑矣又名雙虎抱頭其起落之形勢雖健異常久練能使丹田下沉小腹緊斂而周滿中節之成功在於是焉

(1)雙手如抱前肱身向左落前步法前實後虛(2)雙手裹向右高起後膝提而向前補出則步法變爲弓箭式若虎捕物狀向右亦然

斬截臏兎

兎之奔臏截而斬之身勢變幻忽起忽落穿一個節字謂之截手此手落時加反背抽身而起鷂子鑽林是身法

(1)左手前領右手握拳高舉右足尖踢起向前捕出雙手落斬(2)身勢乍落縮作一團(3)向前過步抽身跳林而上起如鷂之捕雀出林者然

燕子嬉水

入手攖捉把向前捕出復將身勢落下向前敵蹤進後倏抽身而起須極快利輕若點水之態把在左手

(1)右手前領左手高撑左足尖踢起雙手前捕猛向下攖(2)縮身而前蹤如鷂之入林勢(3)抽身而上翻若弓之斷絃狀

進退肪肩

肪肩分左右跌落最靈活如鷹鷂飛翔空際雙翅搏擊衆鳥之勢拳之根伏其內焉亦分前後練法

(1)前手上引(2)後肩向前下跌此乃後足過步練法又或(1)前手前引(2)前肩向前下跌此爲前足寸步練法左右前後同一練法

心一拳術中卷第五編

散把練法

龍門單起手

此手乃立身高勢一手下沉一手揚起或左右或前後臨敵用之無不便利且手勢閃閃倏倐下落崩塌如雷霆震懾有居上臨下之勢爲天塌力下落後將中節向前翻出捧正此爲落後之催力法也

(1)徒手高舉(2)淩空下塌(3)丹田捧出(4)雙手前催左右法同但一手高舉時餘一手下按護於小腹前須深注意

闖鴻門

是爲豹拳式闖者突而前也鴻門者即踏中門也演法以一手前領一拳自下突起所擊之部位恰在敵之心腹間是爲妙處或左右側方適中敵之兩脇空際亦可須全力鼓鑄於拳頭以急疾突起爲合法左右同

單虎抱頭

用肘前點如虎之抱頭勢其狠毒險利亦如虎然惟法良而善用者方能若是即肘打曲一點胸膛起手疑似虎撲羊之法也亦名釘心鍼又名盤肘練時以前拳先入指向敵之咽喉間方曲一喝聲盡力點其心胸而後手即護前肘之下身法宜低點法宜急應爲得法左右同然肘之爲用厥法甚多茲獨舉單虎抱頭餘詳上卷六編三章內

熊出洞

縮身緊勢用左右拳猛力自下躍起前進後隨左起右繼源源而來熊之出洞時亦運其兩拳向左右而搡其拍位在敵之心窩爲準的次則兩脇肬間耳其他部位雖擊之亦不足以傷之也

十字單出把

此把乃布陣設伏法所以合交扣上法如行軍者正正之旗堂堂之陣既列定戰線則奇之與伏即其內因而生焉以攻其不意掩其不備也此式能領上中下三盤之法均便而利在臨敵者能知機應變因敵以制勝耳練法後手與後肩向前斜刺而進適與前足上下相對前手倚於身旁與前進之後手前後相對照成換形以爲擊援惟後手伸出時肘宜下沉勢作鉤形餘同法

搖山把

敵或左右閃動因搖左右手向前捕之此爲前裹之力練法須加釘心鍼與縮長之身法方靈活穩健而前後兩手須彼此相輔助一致進行此把庶不患單弱下若加以外胯交扣法或脚打踩一法則其力更雄厚無匹矣是在平日練習時胸中即欲具此斟酌籌費之心如與敵人對抗之狀方爲得益

虎離窩

有物在前欲前捕之必先縮而蹲焉兩目諦視若電光閃爍其周身作勢活潑而森嚴四足踞地躍躍有行乎不得不行之狀其尾則擺搖若穟旨搖作大圈形忽擲地時便縱身騰躍而前將接近時即闖然突起兩手高舉下撲一種神速猛鬪之勢有難以形容者此虎離窩之眞象亦即吾門練虎拳之形勢者也

蛇分草

昂頭草際蜒蜿而行沉靜柔實身活腰靈其氣吞吐節節貫通稍觸警覺轍行若風凡經過之草皆左右分披練此把時將身沉下練氣柔身左右手游蕩曲折或上或下與肩作屏蔽乘間抵隙分展跌擊形勢之宛轉委蛇與蛇之蹭行草間而草自偃者同一法也已

十字穿連

往來步法錯綜連橫側中形勢穿插連貫故名穿連云練法向前進行身忽下沉兩手斜抱於懷上下交叉形如剪子股至踏行接近時身則向前突起手便從胸前忽硬起而硬落左右手同凡當胸直出者謂之出手穿連內帶有換步腿法若硬起硬落之勢停後可加陰陽二把以爲上下之彌縫焉

風吹大樹百枝搖

兩掌揚起閃閃倏倏或左之或右之忽上焉忽下焉其態度活潑如烈風鼓盪大樹震撼老幹凡百叢枝莫不被其原動力而擺搖者矣前手將下落時後手即帶虎摟把之用應前後合併而更得勢此把乃上三盤之拳其運使尚有中三盤連帶之關係以爲氣力奔注之樞機方確實而穩健左右同法

搖山

搖山往前進搖山往後退身法布成局勢或左右悵轉或進退迅速勢若疾風驟雨輕如旋風掃地簑爲團圓旋轉而馳凡四面八方照顧靡遺手歛也手放也言如扶苗側身顧前後翻身顧左右惟恐防禦未能周密或有破綻處爲敵所乘耳此把亦名風裹圓言如風之旋渦宛轉而輕飄也左右皆同

龍門雙起手

後之與前兩手旋繞而裹向左前方撲落身法成爲湊勢足則前實而後虛手分前後而下按須兩兩相應沉靜以俟敵便移動左足上右足向右前方雙手自下突起身勢長若害門開㨿是黃龍雙獸爪手起則陽手落則陰此手起時有上中二盤連帶之關係手落時則純爲上三盤之防禦若中下二盤即藉爲相倚之勢運輸其力以相輔耳左右法同吾門所謂神仙巴掌者其法亦在其內下落時厥妙如閃戰但精之不易非煅煉十年之久不能運用操必勝者也練之之法無他惟專與恆朝夕從事於茲雖寒暑不輟以心默運其氣注於掌心久則自成矣然拳術之道非徒謂練成絕技可操必勝者其注意之宗旨誠欲身體堅強精神活潑以爲事業之根本者也

上中下三盤

手肘肩爲上三盤之拳頭也頭胸丹田爲中三盤之拳頭也胯膝足是爲下三盤之拳頭也頭者即頭目之謂

擊敵之手拳頭有三一頭二抖扣三心前叉手拳眼有二即左右金錢穴

拳術之用手法

凡一拳之動須能領數拳至臨敵時方免孤注之擲庶能層出疊見變化無端如領者伏之也伏者隱形而發也亦卒也如將領之率士卒也即打人不見形拳去不空回之法也已

凡交扣上法時須審視精確明察敵之動靜消息設敵以單手來則雙固之以雙手來則單固之

凡臨敵動手法有出手者必先有領手即頭曰領卒兵卒之意亦使敵但知其前手不使敵明其後手之動作者也

凡臨敵遠近之距離步法最遠則剪上法次則過步法又次則爲踐步法最近即爲寸步法其大要不越此數法臨時斟酌自可奏效矣

心一拳術中卷第六編

下三盤練法

雞胸腿

譜曰身似鷹行腳如魚貫此爲練雞腿之身勢非其步法者也然不獨雞胸腿爲然即凡心一拳之姿勢莫不如是也又曰起翻落蹭不翻不蹭不蹭不翻翻蹭蹭翻是爲練腿時兩足行動起落之法其狀如雄雞相鬬與其行路之勢觀腿之起落自其胸前出入故名雞胸腿云練時身法分左右兩手在胸前或上或下摸頸抹襟用有鬼山鷹熊等力將身夾緊剪子股恨不兩腿并一腿凡上法交扣皆用此腿勢其拍位在趾掌之間亦名蒔草腿譜曰看人如走路打人如蒔草設敵擬動其下盤則易傾跌若除草者鋤其根則草易去凡心一腿法以不現形爲妙見形者不算奇或有見形者必非心一法也

連環腿

前進而後繳旁若連環起狀似波濤湧後浪催前浪綜時須將嵬山推力帶起剪子股夾緊則兩腿起落自有力矣若身不下沉兩腿不併緊則渙散無力或出入游移漫無定向也

烏雲腿

兩手護藏袖底飛騰貴乎神速方合妙用惟此腿最高易受人制是不可輕用者練法起用足後跟之蹬落用足前趾之抓其部位恰擊敵心胸之間起時則山峰顛越落則鵲尾後豎此即烏雲腿之形勢者也

膝腿

譜曰膝打低處人不明疑似猛虎出了籠此腿之力最雄偉而狠毒其擊敵部位當在鬼頭腿眼二穴若膝腿等處則立斃矣用時須慎之又曰閃力取左右側擊之意又有內外左右點擊法亦甚得力者若用之適當能折斷敵人之腿練此膝時用進退步法雙手上下掩護膝自後猛力上提而前擊以不現膝出為貴凡前進時固欲神速即後退亦欲飄然忽退應進退出入方合神出鬼沒之妙

盤膝腿

勢如盤膝用力由內向前翻起訣妙在足之內側中部問際為適中之拍位用以擊敵放穩固而便利且出入隱晦無形跡之現練法用進退騰身勢向前擊之此腿亦分內外左右進擊法然外腿之用實不若內腿習見習外腿者橫披而下沉腿方從側方打出故作勢而後動其出入狀亦甚不自由即所出之腿多明顯無掩蔽以此致斷言之不若內腿之用遠甚也

頭二腿

譜曰腳打踩一不落空消息只在後腿蹬此腿之拍位適在臁骨中間左右側方若後腿之力蹬足則前之踩力愈出矣練法亦用進退騰身步法向前踩之落而在前者為頭腿哉落後以後腿上前而踩擊者即為二腿此頭二腿之中又分右左外內踩上法凡手之在前者為頭把自後擴出者曰二把此心一之例也餘可類推譬閱

師言用此腿擊敵敵倒於地其受擊之腿全失其自由或臨時不能行動云

外交扣

外交扣者即左右外胯也凡由左右兩側方進行擊敵者須用此法練時以進退騰步法向前用胯擊剩敵之外腿而搶其步位然後隨手擊之則己之前足尖微向外擺方與敵之交扣穩固而確實若能操練精純全體一致之時即用外交扣亦能擊倒敵人惟兩手宜上下為之掩護而已

內交扣

內交扣者即左右內胯也若腳踏中門搶他位者即用此內交扣也練法以己之內胯搶奪敵之內胯部位前進擊剩之上復以手法猛撲之自無不勝者切記己之前足尖須向內勾應與敵之交扣相合不至有滑剩之失譜曰內胯搶步便是雞蓋中門者敵之正面戰綫之地也既屬正面敵必善為防禦嚴陣以待苟欲犯之佔領其陣地之位置非神速之妙手吾知其必難矣

後臀

後臀即尾閭下端俗呼為尾脡者此為最近擊之法其法有二一由身向後退臀自下向上撅擊者是為喜鵲豎尾式一為高脡後退臀忽向下後方坐擊者是為猛虎坐窩式練此二式用前虛後實之步法上身略向前撲兩足據地宜確實堅穩則後臀之擊力自然強大矣蓋後臀之法但利於擊後不能利用於前也須逢其會時偶爾用之不可操為常用之技也已

左右臀

左右臀者係後臀左右兩側方也凡踩左右邊門以擊敵者可利用乎左右臀擊法以臀順向左擊者曰左臀以臀順向右擊者曰右臀用此二法時須交扣切近始生效力然能練之得法用之適當則其力亦甚雄偉令敵無抵禦之方練法腰身宜活潑靈警步法宜進退敏捷兩手之姿勢須上下為之掩護使敵無從窺測果以此擊之豈有不蹶者耶

腕兒捕兎把腿訣

手起按陰望眉斬進步踩打難遮攔

訣法以左手兜按敵之小腹間由下而上起以右拳望敵之眉而下斬且進步之時用腳採打其下部同時上中下三路並進一齊擊之無論何敵最難遮攔者矣是所謂解出發見令敵手足無所措其用者也

山強威壓崩摔嶺袞手劈身纏相連

山身也言以強硬之身以陵逼之威敵之勢以袞覺之拳之下落如山崩墻倒既落之後中節復向前摔出兩手亦隨之上鋤先落而順後起而橫形勢變幻以礙之敵或後退者截之以袞手擊之以劈身二者務相連絡不可離也

抽身反背換步轉海底撈月非等閒

設吾向前進行有敵自身後來者勢必抽身而回反背身法以換步轉向敵人以一手上擊之以一手探其海底而撈其月然此把足以制敵之命非等閒可比凡用者須慎之

劈身若不顧前後須防左右兩邊閃

劈身即望眉斬下落之用也吾用此拳向前擊敵則吾身後爲原有之地頓由此起點展開陣地而達至彼點也是後路絕無障礙可言矣吾可一意進行以擊之但此時敵受壓逼已甚欲退不能惟防其向左右閃開耳所注意者即在是也然上法交扣之道貴乎神速宜擊其不意使敵轉瞬莫及即欲左右閃之烏可得或設敵有先事發閃者吾亦可隨其趨嚮以身法手勢猛撲之是在用者之臨機應變非可以先事而預防也已

總論

上卷多言拳術之理與拳術之法中卷多言拳術之體與拳術之用此二卷之內皆分門編類逐條詳細解說獨未繪圖如他種拳術必繪圖象形按圖立說使閱者了然而吾心一拳術獨付缺如者豈秘其眞形不肯揭以示人耶蓋非也圖者所以寫其動作之姿勢以爲學者之表樣耳果能將動作眞形全體繪出線毫無悞以供諸同志則圖誠爲不可少矣若不能眞形畢肖活動自如惟繪其大概於紙上以博美觀而已如是之圖可有亦可無也吾心一動作之形勢凡出一手也有預備之姿勢有出手與舉手之姿勢有手落與落後之姿勢其頭則有應儀俯仰其身則有開闔縮長其步法則有大小起落是皆屬乎一手動作之曲折如欲將此完全繪出略肖無錯雖有善繪者亦知其必難矣縱欲勉爲其難則此一手必摩出數圖每圖必作點線數道或可彷其大略耳然心一有手數百餘種盡如此繪法豈非煩難過劇乎嘗見動作有直接單簡者則立圖甚易苟形狀多委宛曲折或起伏變幻無端者則圖之不易吾心一初入門須教授者口講手畫以身示之半十餘日方能效其髣髴能專心致志精進三月之久者可知其皮毛又如是而漸進可知身法用力之道焉亦則形勢之變化迥異乎彙法者難以繪圖之故其在斯乎學之匪易行之維艱者是在斯乎雖然上中二卷內若理若法若體若用誠爲體育之要道苟能研究討論以實力實行而久經歲月其所獲之功效裨益於吾身者有密切關係爲不可須臾離者也深於斯道者皆能知之矣若夫關乎一身者則有心君之操存性質之忍耐身體之強健精神之活潑血脈之流通筋骨之堅質諸效力若關於一身以外者可以衛羣護國可以強種強族諸大端之要備乎二卷之中矣至關乎運用者則有奇正攻守之法動靜剛柔之理縮長開闔之勢上法交扣之訣起落順橫之用虛能陰陽之式故其動也倏焉如此忽焉若彼但見夭矯不羣如生龍之盤空飛舞進退強悍若怒虎之出林猛撲奇怪陸離端倪莫測以此圖功何功不就以此制敵何敵不摧人人能造到如此地步豈非吾國武德之大光明吾國民處競爭界之大尊榮吾拳術家之最高尚最名譽之大快事者哉然溯厥本源遺端於初學時一知半解先難而後獲之功由堅忍積勞而成者也譬之環遊地球者徧覽五洲名勝其經驗閱歷種種色色不知凡幾初則發軔於原有之一點如黃河之水滔滔奔騰其流一瀉千里滔滔不絕者則始於星宿海之泉源耳由是人生百業孰不若是耶不先其難

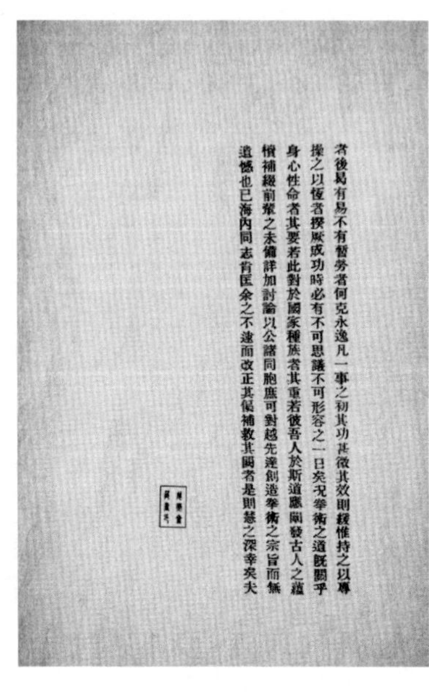

耆後曷有易不有暫勞者何克永逸凡一事之初其功甚微其效則殺惟持之以專操之以恆者撲厥成功時必有不可思議不可形容之一日矣况拳術之道既關乎身心性命者其要若此對於國家種族者其重若彼吾人於斯道應闡發古人之蘊憤補綴前輩之未備詳加討論以公諸同胞庶可對越先達創造拳術之宗旨而憮遺憾也已海內同志肯匡余之不逮而改正其偏補救其闕者是則慧之深幸矣夫

第一編　用力十法

第一法曰「鑽」（原書為「躦」字）

鑽者，俯而前進也。謂縮身斂勢，急力前進。務求接近交扣之法，如一寸二剪與鑽林之姿勢，乃其法也。起時，身法略大前進，將落時，忽身法縮小，譬若鷂之捕雀，先高飛，審視後，即飄然突入林中，以掩其不備，下盤之鑽力，注在足上。

凡人行動時，足落則趾鑽，足起則趾翻。故心一因此自然之勢，討論其理，擴充其用，遂使尋常之動作，演成心一最活潑敏捷之大法者矣。

第二法曰「穿」

穿者，身向前穿出也。如以石擊石，有反激迴跳之力，而前躍不已。即四把之前二把，實力猛起，兩足墜地時，身向上穿出，均有躍然莫遏之勢。蓋因縮長之力猛，故其落地現出此穿力也。猶槍之跳彈，由地躍起，其力尚能洞穿敵人者矣。

茲特舉四把而言，餘均仿此。或前有障蔽，能以身法穿破之，或伺其隙，以手足之法穿入之。斯二者，為上下穿插法，又穿力中之另一用法也。

第三法曰「堆」

堆者，積聚而成，如數學之堆垛法，由零星散數而集為整數者。拳術家練成五形四稍之體，結為五營六合之用，內外渾然一氣，上下連合湊齊一致進行，其身斂作一團，穩沉而堅實，譬若物之堆積，上壓其下，下承其上也。此即儒家「萬殊一本之說，散之則由一本，發為萬殊；卷之①則由萬殊合為一本」，心一堆力之法，即此理也。

詳「堆」與「縮」二字之義，似略同，以實考之，誠有不然者。縮者，縮其身以待勢之發也，則堆之為用，無時不有，如動靜、縮長、起落、進退之中，皆存此法焉。蓋此法，寓有深沉穩固堅實不拔之意，玩而索之，斯得之矣。

【注釋】

①卷之：這裏是倒過來、反過來說的意思。

第四法曰「嵬」①

嵬者，緊壓其身，下沉其勢也謂。操練時，須注意中節之後部，以力壓逼，使其下墜，則命門尾閭，自然沉下，而身勢腳根，愈形穩固矣。凡未經操練者，多下輕而上重，緣其身之不能下沉，兩足履地不能堅實，氣多上浮而不能下降丹田之故也。

此法亦曰「嵬山力」。山者，猶言人之身也，取其如山靜鎮之義。曰：嵬山者，緊身下沉若山勢嵬嵬，盤踞屹立，莫可撼也。吾心一，起落縮長之身勢，皆具有此法。

按「堆嵬」二力，有上下交相為用之關係。堆力注重幹體上中二部，嵬力則專重幹體下之後部，有嵬力下沉，則上之堆力更覺得勢；若下無嵬力，則堆力渙散失，其所託矣。故嵬為堆之基礎，堆為嵬之屏藩，二者相需而行，如狼狽相依，可合而不可離者也。

【注釋】

①嵬：音ㄨㄟˊ，高大。岳飛的岳家軍有一支特殊部隊——背嵬軍，是精銳中的精銳。姬氏武學與該部隊訓練將士的方法一脈相承。

按：這些名稱概念、用法等，其他傳系沒有，只有經過許多代的相傳，才會如此成系統。

第五法曰「催」

催者，前手已至，後復催之，使之愈速而愈有力也。如攖捉斬手等拳，猛力下擊，敵勢已難堪矣，猶恐敵倒之不速，後捧出中節，翻起兩手之拳，極力以催之，有滔滔不絕之勢，譬如大風掠海，潮騰洶湧，後浪緊催前浪，波盪震撼；又若疾風驟雨，排山捲地而來，其勢愈壓愈緊，令敵無處插足，無地容身者也。蓋操練時，身手下壓力重，故激而翻起，是則謂之「催法」。然此催憲①，本於身之順橫力而得。

凡心一手法，手起則身橫；手落則身順。橫而順，順而橫，二者之醞釀，遂構成後勁，收此自然之美果也已。

【注釋】

①憲：法令。這裏是法的意思。

第六法曰「崩」（原書為「掤」字）

崩者，過屈而忽伸，極壓而爆發之勢也。或如強硬之彈簧發機，或如彎弓之弦而速決者。其力強，其去疾，令敵無從抵禦者矣。心一四把之前二把，皆此力也。練時，身手緊縮，不嫌其小，遇敵則乘機突起。四把之後二把，則為天塌力，高舉下壓，前後共為四把。而吾心一之法雖多，盡備此中矣。

詳四把之用，無平出之拳：前為下擊上，後為上擊下。二法，以尋常攻守之法論之，必曰：「攻宜乘間，守宜緊固。」手之出，以上不過頭，下至膝止為合法；吾心一則不然，內多長手、高舉之勢。在俗眼必謂空，大敵可乘虛攻入者。此所謂：但知其常，不知其變；但知其正，不知其奇者也。所謂俗眼者，即此是也。

蓋拳術之用，須知全身頭頭是道，層層預備之法，如五花八門列陣四方以待。敵所謂之空者，吾即謂之實正，欲其乘空來襲，吾則以逸待勞，以靜待動，因而制之，其成功較易耳。苟周身無拳術可恃，又無奇正防禦之法，縱手不離身，亦何濟於用耶？

由是觀之，崩塌等力雖長手高撐，卻有多數之奇兵伏其下焉，且重出疊見，如環之無端，誠有出人意料之外者。厥空若是，庸何傷乎①？然非精於斯道，深明拳術之理者，豈足以語此歟？

【注釋】

①厥空若是，庸何傷乎：若是這樣的空，怎麼能傷到呢？庸，豈，怎麼。

第七法曰「蹬」

蹬者，足之力也。係後足之足跟，用力向後蹬出之謂。心一拳之步法，有

三種：一曰「弓箭步」，前腿屈若弓，後腿蹬直如箭，兩足前後距離，以人之長矮為衡，約二尺五寸餘。二曰「前虛後實」，將全身重點，注在後腿上，惟前足據地，有二勢。或以足趾蹬地者，或以足跟蹬地者，因身勢之變化而異，兩足距離約一尺五寸。三曰「前實後虛」，以重點注在前腿，後腿則屈於後方，用足趾據地而行，距離亦一尺五寸許。

凡一切動作，均不越此三種步法，隨手法身勢之轉折，而步法因之亦變換。進退敏捷，縱橫靈動，無不自如人意也。無敵接近交扣時，步法略如前虛後實之樁，惟前足據地落實耳。至發聲縱力時，即突變為弓箭步，將全副精神注於前衝，又須後足猛力向後蹬出，則所用之氣力，能灌送到頂，前衝之力愈覺強健，而敵之傾跌，愈速愈遠矣。

第八法曰「抽」

抽者，以手抽物，或上或下，或出或入也。中卷後編內，載有大小抽把。

練法：其式有上中下三等，以左右手翻繞而上下抽之，身法亦隨之輾轉開合，拳勢則潛伏其內焉。蓋抽之為用，設有一物入而不出，而欲出之者，則必用抽。或下而不上，必欲上之者，則用拂；或上而不下，必欲下之者，亦用抽。觀其形，則有上托下撩之勢。論其法，則有陣式回護之用，詳其理，則有輕颺①特出，不沾於物之意。學者苟能深加揣摩，自能心領神會者矣。

【注釋】

①颺：音一ㄤˊ，同「揚」。

第九法曰「忍」

忍者，隱而不發也。凡臨敵時，外示安閒鎮靜之態，兩目則審視精確，至如何抵禦擊刺之法，早已決定於胸中耳。惟兩手下沉，雙足據地，並不作如何如何之形勢，與尋常者然。若得機而動，則力從中發遄①焉。突擊俾②敵難於覺察，有迅雷不及掩耳之勢。即兵家出其不意，攻其不備也。一交扣法，以沉著確實為貴，進退適中為宜，最忌浮躁輕進，及孤注一擲之弊。倘突擊過度，則易為敵制，在我已無餘地餘力之可恃矣，欲求不敗得乎？故忍之一力，有為拳術家最宜注意者也。亦有臨敵，故動形勢，赫然大聲猛吼，有㘎③如虓虎之狀者，要之在其人操持有素，胸具成竹，始克④起落合法，進退有方，雖急劇苟且⑤之際，亦靈臺⑥靜鎮，終不至鹵⑦莽，以僨事也已。此二者一靜於外，而動於中；一形於外，而誠其內，皆各臻厥妙，其用一也。視乎人之操縱者何如耳。

【注釋】

①遄：音ㄔㄨㄢˊ，快，迅速。

②俾：音ㄅㄧˇ，使。

③㘎：音ㄏㄢˇ，虎叫聲，同「闞」字。

④克：音ㄎㄜˋ，能夠。

⑤苟且：只顧眼前。

⑥靈臺：指心。

⑦鹵：同「魯」。

第十法曰「丟」

丟者，以手拋物也。與敵距離稍遠，瞥見其有隙可乘，若動步以擊之，則敵必覺而備我矣，反悞此良好時機。屆此之際，欲不動聲色，能急於擊之者，厥惟丟耳。蓋丟者，足未動而手先拋至，復以半身前送之，可以擊倒敵人，達到目的者矣。凡臨敵之時，轉瞬萬變，惟眼明心靈手敏者，能先著祖鞭①也。況術有淺深，有難易，應之者，勢不能前後一致，在臨時者，審機乘變，因時以制勝耳。此關乎經驗閱歷而得，非可以他求之者也。故與人以規矩，不能與人以巧者，即斯之謂歟。

余按「十法」之用，遍及周身上下，無處不備，無用不靈，故十法為心一拳術之主腦，為形勢運動之要素者也。若拳術中具有此法，則形勢活潑而敏捷，運動穩固而強健。有背乎此法者，則為無謂之行為，野蠻之舉動耳。譬若雕琢之機械人，無主動之能力，如手足之痲木人，無活潑之精神，猶得謂之為完人，胡可得也已？

蓋心一拳術之有十法，猶軀殼之有靈魂也。人無靈魂，則軀殼無生存之望，盡人知之矣。苟心一無此十法，則不得謂之為拳術，其理亦猶是也。學者將此十法，深加體察，復參以真形十種之理與各盤運動之勢，時時研究力行，持之專與恒，庶領會貫通而得心應手，有終身用之不能盡者矣。

【注釋】

①祖鞭：先著，先手。

第二編 整套演法

十字閂①

步法轉折周旋，縱橫錯列為十字閂者，身法星馳電驟，疾急乍突之謂。此拳上、中、下三式，均備。學者入門演之，有和柔身體，活潑步法之妙。其中用法甚夥，惟手足出入起落，多直接單簡，較遜於四把等拳耳。

(1)起手如馬盤法：左足前，右足後，先出右手，後出左手，高舉下落，其用如馬盤雙蹄下踏，乃上盤天塌之力。

(2)退步縮身法：有進必退，此式如喜鵲豎尾狀，凡退縮者，所以蓄勢伺敵之隙也。

(3)腿躍連環法：左手前引，右拳自後上起，右足尖隨之上踢，右足落地，而左膝繼起，所謂層出疊見，如環之無端也。

(4)跌落小斬法：左膝落後，而右腿前躍，右拳翻起上舉斬下，左手適居右耳旁。

(5)鷂子躦（鑽）林法：由小斬之式，縮小身勢，上左足，而右足續進，右手上起，左手下沉，用在手頭及肘間。

(6)燕子喜水法：右足猛向後退，左手上罩，右拳向前急點，如農插秧之狀。

(7)前後搖把法：回身，右手下繞，左手伏於脅旁，前後兩手相對照，右足前復遮身，左手下繞左足前。

(8)跌落小斬法：同上。

(9)鷂子躦（鑽）林法：同上。

(10)裹手縮身法：兩手旋繞高舉裹而下落，右手摟，而後左手撫摸而前，身法前俯而後仰，兩足亦前後相同，此上擊下之式。

⑾一寸二剪法：左足向前移，出右足，盡力躍而前落時，身下沉，左足仍前立。

⑿起手橫拳法：左手前引，右拳自下突起，擊敵心腹或兩脅空處，將全力須運輸至手頭，左足前，右足後，步法為長三式，足跟向後蹬緊，其蹬力直貫諸後腦之巔。

⒀縮身旋轉法：身式下沉，兩手由頭上旋繞後，變為上下手交互抱於胸前，兩足斜交成換步。

⒁鷂子躦（鑽）林法：同上。

⒂右手左揉法：右手向左自上揉下，身式縮小，而左手後帶，步法落為前實後虛。

⒃右側一肩法：過左足而右足上前，以右臂外肩擊，身宜下縮而乍起。

⒄裹手退步。

⒅腿躍連環。

⒆跌落斬手。

⒇翻身跌斬法：均同上。

㉑翻弓斷弦法：兩足立起；前後相距尺許，兩手開張；向左右下落；而胸腹挺出，使全部得力為合法。

㉒雙鳳朝陽法：身式乍落，兩手前推，全身重點墜右足上。

㉓轉身一肩。

㉔向前摸②掌。

㉕雙起手上法：兩足躍而雙手上起，左前右後，足手均同自。

㉖至㉗，與前⑻至㉒同。

㊶翻身落斬。

㊷白鶴閃翅法：兩手向左右閃開下落，乃高樁勢。

㊸騰身小斬。

⑷前右方一肩。

⑷前左方一肩法：此皆外肩擊敵式。

【注釋】

①十字関：音ㄒㄧㄤˋ，同「巷」。

②擙：音ㄠˋ，磨。

四把①

起手橫拳若躦（鑽）施，遮身跳林難遮攔，攖捉形似攀枝斷，望眉斬同虎守山。②此拳雖四把，其中身法手勢，則上、中、下三盤之用俱備，變化之妙，莫測端倪，能全括心一諸拳，故「四把」為心一拳術之首領者也。③

⑴起手式：身扁而右側，兩足分立尺許，不丁亦不八，左足前，右足後；兩手姿勢左手下垂，右手則老年摸鬚，少年即摸衣扣，或撫諸胸前，或均下

垂；動步則用一寸二剪法同上。

⑵起手橫拳向上掀法：右拳由右腹旁突起，恰擊敵心腹之間。

⑶縮身旋轉法：勢須落下渾成一團。

⑷鷂子躢（鑽）林看起落法：由縮而長，右手突起，手之上及肘，皆可擊敵，起打落亦打也。

⑸攖捉形似鷹搏兔法：右手前引，左手高舉，左足尖前踢，胸合背開，兩目仰視，若熊雙手下攖，背合胸開，兩目俯視如鷹，用在手肘或頭肩，起時有中節翻力。

⑹斬手勢同虎守山法：左手前引，右手握拳上舉，右足尖踢起向前，雙手撲落斬下姿勢，用法與攖捉同，而稍異；此左右二把落時，皆雙手隨中節捧出翻起，有落而未落之勢。

⑺裹手縮身法：此手自上落下，形似撫摸狀。

⑻縱步前剪。

⑼起手橫拳。

⑽虎翻身斬法：左足向後滑下，右足躍起隨勢翻身，右拳自後向前劈空下落。

⑾前左側一掌法：或自上擊下，或平出丟出皆可。

⑿右方一肩法：兩手斜抱胸前，將勢沉下，向敵猛擊而突起。

⒀前右側一掌。

⒁左方一肩，用同上，一橫拳，或作「閧拳」。

【注釋】

①四把：姬氏武學的最基本拳法。各支都有流傳，各有變化。

②起手橫拳若鑽施……望眉斬同虎守山：與前不同。該支傳系四把歌訣不止一種。這是其特色之一。另買壯圖傳人有譜作「出手橫拳世間稀，翻身挑領最能習，鷹捉好似貓捕鼠，回首洗刷急上急」和「出手橫拳世難招，展開中平

前後掃，翻身挑領陰陽式，鷹捉水平腳下拋」。

③此拳雖四把……故「四把」為心一拳術之首領者也：他本無。這段作者給出了「四把」之所以重要的原因，並將此核心秘傳公開披露。

裹閧四把①

此拳仍如前四把，惟左右遊蕩，起落轉折，其形式變換耳，亦名「龍形四把」。裹閧龍形者，皆言其勢之縱橫衝突，如神龍盤空，蜿蜒夭矯，其形狀變化莫測者也。中加左手反搖，身側後，右掌前推，後足隨收回後，裹身同轉，宛若旋風捲地飛之法。後裹之法，以右手自上向後反摟，隨勢轉身，雙手緊裹，斜刺向前進行，有追風趕月不放鬆之勢，須身法敏捷，以動靜剛柔適中為宜。

【注釋】

①裹閧四把：荊州傳人作「龍形四把：青龍出水、連環腿、青龍張口、龍

形插掌、標捶、猿猴獻果、青龍翻身、火龍穿心、燕子入雲、龍形單把、二龍戲珠」；他本無。

起居似風①

起，動也；居，靜也。言一動一靜，如風之迅疾飄倏者也，亦名：「車行似風。」夫車行者，旋轉之意，言前後左右環繞而馳，如旋風掃地而行耳。

(1)左手下搖。

(2)右手握拳高舉跌斬。

(3)鷂子躦（鑽）林。

(4)鷹兒搏兔。

(5)守山似虎，演法均同上。

(6)雙手前裹。

(7)左手前撐。

⑻右手前揉。

⑼後退下壓法：身勢前俯而後仰，狀同喜鵲豎尾。

⑽烏雲腿上法：承豎尾之勢，以雙手上罩，右足用腳底飛起，擊敵心胸之間，落用足趾抓力，此腿最高，不可輕用，須出入迅速為妙。

⑾後退縮身法：身勢向後縮下，兩拳相併抱於懷中，如抱月之狀。

⑿與⒀裹地風捲地炮法：雙拳緊抱胸前，旋轉而疾，行如旋風輕颺之態，將身勢沉下，落為騎馬躔式。

⒁大鵬展翅法：由騎馬式，身忽上猛起，兩手向左右閃開下擊。

⒂餘均同法，復演至上⒁，還原以後，用掌與肩均同前法。此拳動作之姿勢，宜活潑圓暢，斯為合法。

【注釋】

①起居似風：他本無。

第三編　整套練法

一馬三條箭①

前進一裹手，而三躍擊敵；後殿三退步，而三進齊上。猶一馬而三放其箭也，亦名「野馬三跳澗」，言其超越奔騰、轉側斜刺，如野馬之馳騄，而三跳其澗也。此拳，身勢緊小，演時須注意活潑敏捷，極盡翻濤滾浪之態，瞻之在前，忽焉在後，令人轉瞬變幻，目不暇接者也，誠若此，得斯拳之旨趣矣。

(1)龍門單起手法：平常姿勢而立，開步則右足前，而左足後，成前虛後實步法，右手作虎蹬掌式，向上蹬出，左手即伏於左脅旁，惟右掌勢宜稍起，臂宜微曲，作蓄勢餘地，不可過於伸直，若過直，則有氣力洩盡之弊，且不易變動。

(2)攖捉法：前踏左足，微偏右。

(3)斬手法：前踏右足，微偏左。

(4)裹手下落法：左足微落向右。

(5)一寸二剪法：左足微偏右側。

(6)閧拳法：左足移向左側方，突起。

以上五拳與四把同，故不另注。

(7)黃龍後探爪法：身勢突然下沉，兩手下垂作斜式遮身後，雙手由身後向前罩下，左足身步，右足立於前頭，與身勢向上穿出，成前虛後實步法。

(8)黃龍前探爪法：與後探同，惟換左足於前耳，右足過步左足前。

(9)虎翻身斬法：由右後方轉身，左足向前，雙手亦隨之按下，復躍起，右拳自上斬下，右足向前，成虎坐窩之勢。

(10)一跳裏擊左法：右拳與左手前裏，左足力躍向左，步法成前實後虛，身法下沉，右肩與右拳摸向左前側方，進行擊刺。

(11)二跳掌擊右法：左足剪向右側，左掌向前擊下，右拳後帶至脅旁，身勢低下，右足曲於後，左足伸於前，離地較近。

(12)三跳拳洗左法：左手下摟，右拳隨之洗下，右足亦躍而前進。

(13)翻身下斬法：右拳隨右足轉左後方，復遮身向前跌斬。

(14)裏手右撲法：右左二手翻繞上裹，向右撲下，左足前抵右側方。

(15)父子齊上法：左足前進，左掌上護右拳，右腿自後向右擊出。

(16)縮身退步法：右腿向後猛力退伏，兩手各按下。

(17)裏手左撲法：左右二手上裹，向左撲下，右足抵向左側方。

(18)父子齊上法：右足前進，右手上抵，左拳左腿向左擊出。

(19)縮身退步法：左腿猛力向後退伏，兩手各按下。

(20)裏手中撲法：右手與左手上裹，向中撲下，左足抵中前位。

(21)父子齊上法：左足前進，左手上罩右拳，右腿自後向中擊出。

㉒縮身退步法：右腿向後猛力退伏，兩手各按下。

㉓翻身大斬法：右足向前過步，復遮身自左側方左手繞下，左足躍起，右足前進，右拳由上斬下，還原此拳之運動，稍力居其多數，故演之者，手足翻騰，活潑頗覺娛目云。

【注釋】

①一馬三條箭：山西祁縣賈壯圖傳系范氏的記載為「基本步法：1.一馬三箭勢：此圖乃拳技中之一馬三箭之勢。底功深，步法穩，可用此法，日久能之者，非常篤實，可能蹬出千斤力。此乃單獨所練之法……」，與此有別。

十二大時①

拳之手式，共為十二，故名以二十大時②。其狀態磊落，形勢強硬，如怒獅之突去突來，若猛虎之忽起忽落，有山頭大吼，聲震遠山，威風凜凜，群獸

懾伏之概。學者揣摩其神，領會其旨可也。

(1)左虎抱頭法：身忽沉下，右拳輔以左手，齊舉至額，左足前踏，右足隨之，猛力按下，身勢向前穿出。

(2)右虎抱頭法：身向右沉下，左拳助以右手，齊舉至額，右足前，左足隨之，實力擊下，身法同上。

(3)中虎抱頭法：與左虎抱頭同，惟左足踏中央而進耳。

(4)抱樑換柱法：左手按下，右拳高舉，由上貫下，左足先動，右足過步而前。

(5)撩衣翻身法：由左側方轉身，以左手撩衣，右足隨退至後，復由右側方轉身，右拳高舉落下，左足躍起，右足至前。

(6)鷂子躍（鑽）**林：**演法同上。

（續）裹手縮身、一寸一剪、起手橫拳，法：同四把。

(7)右直落直起法：由躍（鑽）林拳式，右足踏向右方，直落而直起。

(8)左直落直起法：如上式，惟換左拳，左足踩向左側前方。

(9)中直落直起法：如右式，惟右拳右足踩中門起落。

(10)裹手下撲法：兩足躍起，左右手裹而下撲，手足均右後而左前，身法前俯而後仰。

(11)右足前擊法：左足前動，兩手上罩，右腿自後向前踢出。

(12)右肩前擊法：乘右足踢出，將落時，復運右肩前擊之，順其勢以掩其不備也。

（續）**遮身下斬法**：左手由左側方繞下，左足躍起，右足前進，而右拳高舉下斬。按此拳之運動，節力為多故，演之者，其形侃侃，有欻月怒號③，老幹橫空④之態。

【注釋】

①十二大時：據前後文，此處應為「十二大式」。唐豪《行健齋隨筆》等

記載《中國武藝圖籍考》等譜作：拳之類不一，其端不知創自何人？惟六合出於山西龍峰姬先生。先生明末人也，精槍法，人呼為神。先生謂：『吾處亂世，執槍衛身則可，若處平世，兵刃消滅，倘遇不測，何以禦之？』於是變槍為拳，理會一本，形散萬殊，拳名六合，前後各有六勢。一本者何？心之靈也。萬殊者何？形之變也。六合者：心與意合，氣與力合，筋與骨合，手與足合，肘與膝合，肩與跨合，是謂六合。前後各六勢，一勢變為十二勢，十二勢仍歸一勢。余從學鄭氏，得姬氏傳，雖未臻佳境，而稍得其詳，分為十則，以誨弟子，不敢云能接姬氏傳也。」從文字內容看，李氏此著，當作「十二大式」。時是原出版物排版的錯誤。

②二十大時：從上下文可知，當是「十二大式」，屬於排版錯誤。

③欶月怒號：疑是「朔月怒號」。農曆每月初一是朔日，朔日當天的月亮稱為朔月，又稱新月。號，拖長聲音大聲呼叫，大聲哭。

④老幹橫空：巨木橫空。橫空，橫越天空。

十字封門①

左右其拳，上下輪轉，力自腋發，或抽或斬。抽以抄其下，斬以截其上，無隱不燭，無微不照，防敵乘虛，故加揉把，以藩其門狻焉，斯敵奈若我何？

(1)**左手前引法**：足勢左前右後而立，左手由上繞下，身即沉下，成前虛後實步法。

(2)**右拳下劈法**：右拳高舉平斬，左手後帶，左足躍起，右足前進。

(3)**與**(4)**輪流抄擊法**：左拳由左側抄起，而反諸身後，及將落時，右拳即自右側抄襲而起，左足則隨左拳，右足則隨右拳，一致行動。

(5)**右手前揉法**：乘右拳抄起未落之時，即將右拳陡變為掌，上左足換步擊之，由前虛後實之步法，忽換為弓箭步法矣。

(6)**右手前引**。

(7)**左拳下劈**。

(8)與(9)輪流抄擊。

⑽左手前揉：演法與左手前引同，惟換手足耳。抄擊之的，多在敵心腹之間，或左右脅之空處，練時亦有兩手緊握重物者，為操出兩臂之力故也，蓋此式，亦稍力多注重腋力之拳。

【注釋】

①十字封門：他本不見。

鷹兒捕食①

前四把之式，其中減去攖捉、斬手二把②，內加前裹追風趕月之勢，所以演出前捕之力，使身法靈便、步法敏捷為妙，如鷹兒翔遊太空，目光悍然下顧，審食物之所在，即突飛而至，攖得手時，飄然倏去，其一種剽截凌霄之速度，誠令人不易防云。練成此力者，所以備上法之用也。

學者於此須顧物思義，因其物之名，視其物之形，遂以究其理，而知其利用之能，則凡天下之物，有良知良能者，我則默心像想，揣摩簡練久，則與吾拳術運動之理，暗相契合者矣。吾心一先達創真形之拳，以貽後世者，即由此而得也，此無他惟專心致志者，乃能有獲也已。

【注釋】

①鷹兒捕食：他本無此說法。

②摟捉、斬手二把：河南傳系有此兩把，但練法有別。

行動之身法姿勢①

頭連肩，肩連肘，肘聯手，手連膝。上下手足連膝走，遇人一個抖手。緊穀道滅命門，抽臀筋消玉莖。身似雁行，腳如魚貫。身法湊齊，內外一致，斯可言上法交扣矣。

愚按身法之序，自頭以至膝，厥分四連，四連既合，然後上下手足連膝而走斯時也。若臨敵，則用鷩魚抖手力以擊之。抖手者，即火燒身之勢也。緊穀道、滅命門、抽腎筋、消玉莖，此四者，堆力與嵬山力之所致也。二力練成，則身法緊固，二腿之間亦合併得力，故有此四者之效。身似雁行，謂臨敵時，須以側身對之，則目標狹小，故身作斜形如雁列之行也。腳如魚貫，運動時，兩足據地，須作斜順形，前後一致，若條之貫魚，然設足落地時，或一順焉，或一橫焉，其勢既未聯絡一致，其力亦必不能貫注，此理之當然者矣。

身法湊齊者，上下手足團結一氣，無隙可乘也。內外一致者，內而五營，外而四稍，能連合一氣，向敵進行，此所謂全體一心一德者也。凡拳術家，苟能明體達用，操持若是，斯得乎上法交扣之身法者矣。

【注釋】

①行動之身法姿勢：他本或有類似說法，但無此詳細內容。

第四編 散把練法

斬截裹法①

斬：決斷也，如刀劈物也。截：遏阻也，使敵勿前也。裹：包藏也，嚴密不漏也，手如剪子股，身似風裹圓。

(1)前手繞面側下，曰「搖」，如鷹之按物；

(2)後手握拳高舉，虎口向下，旋空飄落如斬而截，用力部位恰在前節之中央稍前；

(3)兩手裹，身藏機不漏，上手至耳，下手齊股，如金交剪勢②，擦步縮身，前肩沉下向前側方突起，如地雷爆發，出敵不測，兩眼向之，或上或下，雙足蹬地，宜虛宜實，左右式同。

【注釋】

①斬截裹法：六合拳譜等有「斬、截、裹、胯、挑、頂、雲、領」，但一般沒有解釋。這支傳系披露彌補了其他各支的不足，彌足珍貴。

②金交剪勢：少林柔拳中也有「金交剪勢」之名。金交剪：一般指剪刀。

金剛倒對①

金剛，喻言體也，謂金經鍛鍊火候，始成純質有用之剛，猶人須操練勞動，方為強健活潑之體。倒，如山之崩、牆之倒，言自上而擊下之勢也。對，兩敵相遇也。

⑴前手繞面側下，曰「搖」，亦曰「罩」曰「引」。搖者，身隨手轉，如風搖枝狀。罩者，或幌亂敵之面目，或遮護己之後手。引者，詐敵之動而覘②

其虛實也。

(2)後手握拳向前側方下擊，如空中流星。

(3)兩手用法，與前斬、截、裹法之三式同，演此把，乃穿插硬刀，身若金剛倒木石，無敵對。或左或右，加反背而裹也。

【注釋】

①金剛倒對：他本無。此使人想起太極拳中的金剛倒縋、金剛倒碓、金剛倒錐、金剛搗碓。河南心意傳拳中有拳勢與太極基本相同。個中緣由值得研究。

②覘：音ㄓㄢ，看，偷偷察看。

十字揉把①

揉者，掌腕之力，如揉物然，亦名「虎蹬把」，如虎之伸手撲物，又名「穿心掌」，謂其掌著於敵身，力自前能透於後也。蹬者，用有身臂之實力，前手如蹬山嶽，後手如拔犀角也。後手用力後帶，後足用力蹬伸，則前手愈覺得力。練時，加抖手力更靈活，亦有謂之「鷹爪掌」「虎爪掌」「柳葉掌」者，皆力注掌心，其用則一也。昔少林般禪師之掌訣歌有循環「氣自丹田吐，全力注掌心，按實始用力，吐氣須開聲，推宜朝上起，緊逼短馬蹬，三字沾按吐，都用小天星。」②按此歌訣，與吾揉把沾身方縱力之法同，亦分頭二把。

練法：

(1)兩足距離，略尺許，前手一引勢若熊；

(2)後手演出，後足隨兩目俯臨如鷹視，擊敵不分前與後，演時何拘左與右。

【注釋】

①十字揉把：他本無此名。

②昔少林般禪師之掌訣……都用小天星：作者引自《少林拳術秘訣》，般慧禪師心得總結。小天星，掌尺脈上之銳骨。

十字抽把①

抽者，抽起也，如抽物而使之起。亦曰「翻把」，謂自下而翻上也。此把分三等演法，有大勢、中勢、小勢也。左右手出入上下時，兩肘與兩肩亦隨之。身法以圓轉為妙，而其用即伏於內焉。是為臨敵演陣之法之義，詳用力十法抽力內。

(1)即手由上而下摟。

(2)後手自下而上抽，左右手法同演。

【注釋】

①十字抽把：山西戴氏傳人有「抽摟丟三把經，連環一氣向前攻」。

十字穿膀①

穿者，自下穿上也。落時，身法縮如彈，起時飛若箭，以速為妙。中有擤步腿，十字穿連法，加海底撈月之鷹把，與兄弟連環手同練之，以彌縫其勢。

(1)前手下沉，後手上護於前，身式跌落如彈。

(2)後手下帶，前膀上穿，身法突起若飛。

(3)海底撈月，後手自下摟起。

(4)前手連環，猛力由上蓋下，左右前後之練法均同。

【注釋】

①十字穿膀：他本無此名。

跌山橫①

跌由上墜下也，山身也，謂身之落而橫者也。操練左右兩肩之法，起陽落陰，狀如牛之擺頭，亦名為：「烏牛擺頭。」陽則身橫，陰則身順。

(1)前肩陽而後肩陰。

(2)前肩陰而後肩陽，左右同法。練時，前手下垂，徒手前引，肩落時，後手隨肩下摟。

【注釋】

①跌山橫：他本無此名，但河南派有烏牛擺頭一式。

連環把①

連環者，後把仰而起，前把俯而落，如環之相連也。亦名「兄弟手」，取兄弟同仇禦侮之義。

此乃上盤之拳。練時，手起身自橫，手落身自順，加以「風吹大樹百枝搖」之形勢，斯為靈活而得法。

(1)後手自下仰起而橫。

(2)前把由上俯落而順。左右式同。

【注釋】

①連環把：上海、洛陽傳系均有此；今戴氏傳人有「一套小紅拳，一趟連環把，謂之『心意拳中之少林門』。雖由戴家傳出，但非戴家拳法之本體」，但具體有別。

一二仙

此把前裹而後出，前裹為領手，後出為出把，共二把，故名「一二仙」，又曰「二仙傳道」，有上擊、下平出、丟出三等練法。

(1)前手引而前足起。

(2)後把出而前手入，足落為擲步，手則為二把，餘同演。

踩捕①

此把有「踩、捕、裹、縮、決」②五字。

練法：踩者，如下盤之踩五毒也；捕者，上盤如猛虎之捕物也；裹者，中盤包裹而不漏也；縮者，縮身小式也；決者，用力陡決也，非決而不靈，靈斯乃活潑矣。

又名「雙虎抱頭」，其起落之形勢雄健異常，久練能使丹田下沉，小腹緊斂而圓滿，中節之成功在於是焉。

(1)雙手如抱前膝，身向左落而步法前實後虛。

(2)雙手裹，向右高起，後膝提而向前捕出，則步法變為弓箭式，若虎捕物狀。向右亦然。

【注釋】

①踩捕：他本無此名。

②「踩、捕、裹、縮、決」：他本一般作「踩、撲、裹、束、決」「踩、撲、裹、縮、決五勁」。

斬截騰兔①

兔之奔騰，截而斬之，身勢變幻忽起忽落，穿一領節字，謂之「截手」。

此手落時，加反背抽身而起，鷂子躥（鑽）林是②身法。

(1)左手前領，右手握拳高舉，右足尖蹋起向前捕出，雙手落斬。

(2)身勢乍落，縮作一團。

(3)向前過步，抽身跳林而上，起如鷂之捕雀出林者然。

【注釋】

①斬截騰兔：他本無。

②是：這個。

燕子嬉水①

入手攖捉②把，向前捕出，復將身勢落下向前，敵鑽進後，倏抽身而起，須極快利，輕若點水之態，把在左手。

(1)右手前領，左手高撐，左足尖踢起，雙手前捕，猛向下攖。

(2)縮身而前，鑽如鵨之入林勢。

(3)抽身而上翻，若弓之斷弦狀。

【注釋】

①燕子嬉水：宋國賓傳系作「燕子戲水」。嬉，遊戲，玩耍。

②攖捉：當是鷹捉。攖：音一ㄥ，接觸，觸犯。

進退膀肩①

膀肩分左右，跌落最靈活，如鷹鸇②飛翔空際，雙翅搏擊群鳥之勢，掌之根伏其內焉，亦分前後練法：

(1)前手上引。

(2)後肩向前下跌，此乃後足過步練法。

又或：

(1)前手前引。

(2)前肩向前下跌，此馬前足寸步練法，左右前後同一練法。

【注釋】

①進退膀肩：他本無此名。

②鸇：音ㄓㄢ，古時一種猛禽。

第五編　散把練法①

龍門單起手②

此手乃立身高勢。一手下沉，一手揚起，或左右，或前後，臨敵用之，無不便利，且手勢閃閃倏倏，下落崩塌，如雷霆震撼，有居上臨下之勢，為天塌力。下落後，將中節向前翻出捧正，此為落後之催力法也。

(1)雙手高舉。

(2)凌空下塌。

(3)丹田捧出。

(4)雙手前催。

左右法同，但一手高舉時，餘一手下按護於小腹前，須深注意。

【注釋】

①散把練法：他本無。他支傳人實踐中有單把練習。

②龍門單起手：他本無。有傳人有單起手或單把，與此類似。

闖鴻門①

是為豹拳式。闖者，突而前也；鴻門者，即踏中門也。演法：以一手前領，一拳自下突起，所擊之部位，恰在敵之心腹間，是為妙處；或左右側方，適中敵之兩脅空際亦可。須全力鼓鑄於拳頭，以急疾突起為合法。左右同。

【注釋】

①闖鴻門：他本無。戚繼光《紀效新書·長兵短用說篇·二十四槍勢》有

「闖鴻門勢」，為槍法之一。陳家溝文修堂《拳械彙編》槍法圖勢中，在「闖鴻門勢」一頁有附記，原文循環「此槍係汜水縣禹家槍，係張飛傳至禹家。」槍拳關係一直是姬氏武學的特點之一。

單虎抱頭①

用肘前點，如虎之抱頭勢，其狠毒險利亦如虎然，惟法良而善用者，方能若是。即：「肘打曲一點胸膛，起手疑似虎撲羊」之法也，亦名「釘心針」，又名「盤肘」。練時，以前掌先入，指向敵之咽喉間，方曲一喝聲，盡力點其心胸，而後手即護前肘之下，身法宜低，點法宜急，庶為得法。左右同然。肘之為用，厥法甚多，茲獨舉單虎抱頭，餘詳《上卷》六編三章內。

【注釋】

①單虎抱頭：河南心意六合拳傳系上海盧嵩高也擅長「單虎抱頭」拳勢，

安徽宋國賓傳人北京李行功先生演示與此基本一樣。由此可以看出，姬氏所傳，在各支中既有共同保留，也有各支自己的發揮發展。虎抱頭：絕大多數傳人都有此說，如《六合拳譜》作「雞腿，龍腰，熊膀，鷹捉，虎抱頭，雷聲」。學界爭論點之一，一說「虎豹頭」，又說身法與技法之爭，都是演變造成的。

熊出洞①

縮身緊勢，用左右掌猛力自下蹬起前進，後隨左起右繼，源源而來。熊之出洞時，亦運其兩掌，向左右而揉，其拍位在敵之心窩為準的，次則兩膀胱間耳。其他部位，雖擊之亦不足以傷之也。

【注釋】

①熊出洞：他本同，但多無具體解釋，屬於門內秘傳內容。襄縣心意拳

作：「熊出洞可以說是襄縣心意拳最根本的母式，大部分的拳式都是從熊出洞變化出來的。襄縣心意拳的熊出洞不像其他地區所傳那樣只是一個起手勢，而是一個複雜的動作。和形意拳相比較熊出洞就等於是拗步劈拳，也可以看作鷹熊合演，一變而成龍形。跳步熊出洞變出猴形。熊出洞有柔練緩練，有剛練快練。柔練緩練時就是一種優秀的丹田功；剛練快練時稱落把，就是打法。」

十字單出把①

此把乃佈陣設伏法，所以合交扣上法，如行軍者正正之旂②，堂堂之陣。既列定戰線，則奇之與伏，即其內因而生焉，以攻其不意，掩其不備也。此式能領上、中、下三盤之法，均便而利，在臨敵者，能知機應變，因敵以制勝耳。

練法：後手與後肩，向前斜刺而進，適與前足上下相對，前手倚於身旁，與前進之後手，前後相對照成換形，以為聲援。惟後手伸出時，肘宜下沉，勢作鈎形，餘同法。

【注釋】

①十字單出把：他本無。

②旂：音ㄑㄧˊ，同「旗」。

搖山把①

敵或左右閃動，因搖左右，手向前捕之，此為前裹之力。

練法：須加釘心針與縮長之身法，方靈活穩健，而前後兩手，須彼此相輔助，一致進行，此把庶不患單弱，下若加以外胯交扣法，或腳打踩一法，則其力更雄厚無匹矣。是在平日練習時，胸中即欲具此斟酌籌畫之心，如與敵人對抗之狀，方為得益。

【注釋】

①搖山把：有傳人作「搖閃把」「搖三把」「搖扇把」「搖涮把」等，具體練法有別。至今在心意一些傳系依舊是秘傳的許多內容，作者早在民國初期就揭示出了。

虎離窩①

有物在前，欲前捕之，必先縮而蹲焉，兩目諦視，若電光閃爍，其周身作勢，活潑而森嚴，四足踞地，躍躍有行乎不得不行之狀，其尾則擺搖若鞭，迨②搖作大圈，形忽擲地時，便縱身踴躍而前，將接近時，即闖然突起兩手，高舉下撲，一種神速猛鬭之勢，有難以形容者，此「虎離窩」之真象，亦即吾門練虎拳之形勢者也。

【注釋】

①虎離窩：他本同，但無此具體描述。

②迨：音ㄉㄞˋ，等到。

蛇分草①

昂頭草際，蜒蜿而行，沉靜柔實，身活腰靈，其氣吞吐，節節靈通，稍觸聲響輒行若風，凡經過之草，皆左右分披。

練此把時，將身沉下，練氣柔身，左右手遊蕩曲折，或上或下，與肩作遮罩，乘間抵隙，分展跌擊，形勢之宛轉委蛇②，與蛇之躧行草間，而草自偃者，同一法也已。

【注釋】

①蛇分草：他支有，又名「蛇撥草」等。安徽宋國賓傳系有「『蛇分草』

是軟巧中帶有剛猛之力，步法以心意六合拳特有的雞步為主，步步為跟；習練中要收腹挺胸，講究手到腳到、腳到手到；腰勁要明，既能避敵鋒芒，又可含身蓄勢；做到手與腳合、肘與膝合、肩與胯合，充分體現拳譜中的『蛇有撥草之能』」。

②委蛇：音ㄨㄟ 一ˊ，蛇行，俯伏爬行的樣子。

十字穿連①

往來步法錯縱連橫，個中形勢穿插連貫，故名「穿連」云。

練法：向前進行，身忽下沉，兩手斜抱於懷，上下交叉，形如剪子股，至蹭行接近時，身則向前突起，手便從胸前忽硬起而硬落，左右手同。凡當胸直出者，謂之「出手」。穿連內帶有擙步，腿法若硬起硬落之勢，停後，可加陰陽二把，以為上下之彌縫②焉。

【注釋】

①十字穿連：他本無。

②彌縫：音ㄇㄧˊ ㄈㄥˊ，彌補縫合缺陷。

風吹大樹百枝搖①

兩掌揚起閃閃倏倏，或左之，或右之，忽上焉，忽下焉，其態度活潑如烈風鼓盪大樹，震撼老幹，凡百群枝，莫不被其原動力而擺搖者矣。

前手將下落時，後手即帶虎摟把之用，庶前後合併而更得勢，此把乃上三盤之拳，其運使間有中三盤連帶之關係，以為氣力奔注之樞機，方確實而穩健。左右同法。

【注釋】

①風吹大樹百枝搖：他本有，但無具體解釋。

搖山①

搖山往前進，搖山往後退，身法布成局勢，或左右輾轉，或進退迅速，勢若疾風驟雨，輕如旋風掃地，裹為團圓旋轉而馳。凡四面八方照顧靡遺②。手斂也，手放也。言如扶苗，側身顧前後，翻身顧左右，惟恐防禦未能周密或有破綻處，為敵所乘耳。此把亦名「風裹圓」，言如風之旋渦，宛轉而輕颶也。左右皆同。

【注釋】

①搖山：他本無。

②靡遺：音ㄇㄧˊ ㄧˊ，沒有遺漏，毫不遺漏。

龍門雙起手①

後之與前，兩手旋繞而裹，向左前方撲落，身法成為摸勢，足則前實而後虛，手分前後而下按，須兩兩相應沉靜，以俟敵便移動，左足上，右足向右前方，雙手自下突起身，勢長若雲門開②，疑是黃龍雙獻爪。手起則陽，手落則陰。此手起時，有上、中二盤，連帶之關係；手落時，則純為上三盤之防禦。若中、下二盤，即藉為相倚之勢，運輸其力，以相輔耳，左右法同，吾門所謂「神仙巴掌」者，其法亦在其內。下落時，厥妙如閃戰，但精之不易，非煆煉十年之久，不能運用操必勝者也。

練之之法無他，惟專與恒，朝夕從事於茲，雖寒暑不輟，以心默運其氣注於掌心，久則自成矣。然拳術之道，非徒謂練成絕技可操必勝者，其注意之宗旨，誠欲身體堅強精神活潑，以為事業之根本者也。

【注釋】

①龍門雙起手：他本無。

②雲門開：闡門大開。雲門，即闡門。

上、中、下三盤①

手、肘、肩，為上三盤之拳頭也。頭、胸、丹田，為中三盤之拳頭也。胯、膝、足，是為下三盤之拳頭也。頭者，即頭目之謂。擊敵之手掌頭有三：一頭、二抖扣、三心前。又手掌眼有二，即左右金錢穴②。

【注釋】

①上、中、下三盤：他本作「梢節、中節、根節三節」。

②金錢穴：太陽穴。

拳術之用手法

凡一拳之動，須能領數拳，至臨敵時，方免孤注之擲。庶能層出疊見，變化無端，如領者伏之也。伏者，隱形而發也，亦率也，如將領之率士卒也，即打人不見形，拳去不空回之法也已。

凡交扣上法時，須審視精確，明察敵之動靜消息。設敵以單手來，則雙固之；以雙手來，則單固之。

凡臨敵動手法，有出手者，必先有領手，即頭日領率兵卒之意，亦使敵但知其前手，不使敵明其後手之動作者也。

凡臨敵遠近之距離，步法最遠，則剪上法；次，則過步法；又次，則為殿步法；最近，即為寸步法。其大要，不越此數法，臨時斟酌，自可奏效矣。

第六編　下三盤練法①

雞胸腿②

譜曰「身似雁行，腳如魚貫」③，此為練雞腿之身勢並其步法者也。然不獨雞胸腿為然，即凡心一拳之姿勢，莫不如是也。又曰：「起翻落蹭，不翻不蹭，不蹭不翻，翻蹭蹭翻。」是為練腿時兩足行動起落之法，其狀如雄雞相鬥。與其行路之勢，觀腿之起落，自其胸前出入，故名「雞胸腿」云。

練時，身法分左右，兩手在胸前，或上或下，摸頸抹襟，用有嵬山鷹熊等力，將身夾緊，剪子股恨不兩腿併一腿，凡上法交扣，皆用此腿勢。其拍位在趾掌之間，亦名「薅草腿」。譜曰：「看人如走路，打人如薅草。」設敵擊動其下盤，則易傾跌；若除草者鋤其根，則草易去。凡心一腿法，以不現形為妙，見形者不算奇，或有見形者，必非心一法也。

【注釋】

①下三盤練法：他本無此說法。

②雞胸腿：他本有「雞腿」，但無此詳細解釋文字。

③身似雁行，腳如魚貫：姬氏武學他本無。

連環腿①

前進而後繼勢，若連環起狀，似波濤湧，後浪催前浪。練時，須將嵬②山堆力帶起，剪子股夾緊，則兩腿起落自有力矣。若身不下沉，兩腿不併緊，則渙散無力，或出入游移漫無定向也。

【注釋】

①連環腿：他本無。

②嵬：音ㄨㄟˊ，高大。

烏雲腿①

兩手護藏袖底，飛騰貴乎神速，方合妙用。惟此腿最高，易受人制，是不可輕用者。

練法：起用足後跟之蹬，落用足前趾之抓，其部位恰擊敵心胸之間。起時則山峰顛越，落則鵲尾後豎，此即「烏雲腿」之形勢者也。

【注釋】

①烏雲腿：他本無。

膝腿①

譜曰：「膝打低處人不明，疑似猛虎出了籠。」②此腿之力最雄偉而狠毒，其擊敵部位，當在鬼腿、腿眼二穴③。若腰腹等處，則立斃矣，用時須慎之。又曰「閃力取左右側擊之意」，又有「內外左右點擊法」，亦甚得力者。若用之適當，能折斷敵人之腿。練此膝時，用進退步法，雙手上下掩護，膝自後猛力上提而前擊，以不現膝出為貴，凡前進時，固欲神速，即後退亦欲飄然忽退。庶進退出入方合神出鬼沒之妙。

【注釋】

①膝腿：他本無。

②「膝打低處人不明，疑似猛虎出了籠」：他本有作「膝打幾處人不明，好似猛虎出木籠」。

③鬼腿、腿眼二穴：膝關節處的兩個穴位。

盤膝腿①

勢如盤膝，用力由內向前翻起，厥妙在足之內側中部凹際，為適中之拍位，用以擊敵，最穩固而便利，且出入隱晦無形跡之現。

練法：用進退騰身勢，向前擊之。此腿亦分內外、左右進擊法。然外腿之用，實不若內腿嘗見。習外腿者，橫腰而下沉腿，方從側方打出，故作勢而後動，其出入狀亦甚不自由，即所出之腿多明顯，無掩蔽，以此敢斷言之，不若內腿之用遠甚也。

【注釋】

①盤膝腿：他本無此名。河南買壯圖傳系孫少甫心意拳作「勒馬聽風」，狀若盤膝腿之描述。

頭二腿①

譜曰：「腳打踩一不落空，消息只在後腿蹬。」②此腿之拍位，適在臁骨中間，左右側方，若後腿之力蹬足，則前之踩力愈出矣。

練法：亦用進退騰身，步法向前踩之，落而在前者為「頭腿」，或落後，以後腿上前而踩，上前而踩擊者，即為「二腿」。此頭、二腿之中，又分右左、外內踩上法。凡手之在前者，為「頭把」；自後摜出者，曰「二把」。此心一之例也。餘可類推。嘗聞師言：用此腿擊敵，敵倒於地，其受擊之腿全失其自由，或臨時不能行動云。

【注釋】

①頭二腿：他本無此說法。

②腳打踩一不落空，消息只在後腿蹬：他本有作「腳打踩意不落空，消息

全憑後腿蹬」。

外交扣①

外交扣者，即左右外胯也。凡由左右兩側方進行擊敵者，須用此法。練時以進退騰步法向前，用胯擊刺敵之外腿，而搶其步位，然後隨手擊之，則己之前足尖微向外擺，方與敵之交扣穩固而確實，若能操練精純，全體一致之時，即用外交扣亦能擊倒敵人，惟兩手宜上下為之掩護而已。

【注釋】

①外交扣：他本無。

內交扣①

內交扣者，即左右內胯也。若「腳踏中門搶他位」者，即用此內交扣也。

練法：以己之內胯，搶奪敵之內胯部位，前進擊刺之上，復以手法猛撲之，自無不勝者。切記己之前足尖須向內勾，庶與敵之交扣相合，不至有滑刺之失。譜曰「內胯搶步便是難」，蓋中門者，敵之正面，戰線之地也。既屬正面，敵必善為防禦，嚴陣以待，苟欲犯之，佔領其陣地之位置，非神速之妙手，吾知其必難矣。

【注釋】

①內交扣：他本無。

後臀①

後臀，即尾閭下端，俗呼為尾樁者，此為最近擊之法。其法有二：一由身向後退，臀自下向上掀擊者，是為喜鵲豎尾式；一為高樁後退，臀忽向下後方坐擊者，是為猛虎坐窩式。

練此二式，用前虛後實之步法，上身略向前撲，兩足據地宜確實堅穩，則後臂之擊力自然強大矣。蓋後臂之法，但利於擊後，不能利用於前也。適逢其會時，偶爾用之，不可操為常用之技也已。

【注釋】

①後臂：他本有「臂為一拳」之說。盧嵩高之徒宣鵬程傳其子宣恒奇，有臂上擊之跌法。

左右臂①

左右臂者，係後臂左右兩側方也。凡踩左右邊門，以擊敵者，可利用乎左右臂擊法，以臂順向左擊者，曰「左臂」；以臂順向右擊者，曰「右臂」。用此二法時，須交扣切近，始生效力。然能練之得法、用之適當，則其力亦甚雄偉，令敵無抵禦之方。

練法：腰身宜活潑靈警，步法宜進退敏捷，兩手之姿勢，須上下為之掩護，使敵無從窺測，果以此擊之，豈有不蹶②者耶？

【注釋】

①左右臀：寶鼎《形意拳譜》中，講臀分左右。他本少見此內容。

②蹶：音ㄐㄩㄝˊ，跌倒。引申為挫折，失敗。

鷹兒捕兔把歌訣

手起撩陰望眉斬，進步踩打難遮攔①

練法：以左手兜撩敵之小腹間，由下而上起，以右拳望敵之眉而下斬且進步之時，用腳採打其下部，同時上中下三路並進，一齊擊之。無論何敵，量難遮攔者矣。是所謂「層出疊見」，令敵手足無所措②其用者也。

【注釋】

①手起撩陰望眉斬，進步踩打難遮攔：他本有作「起手如丹鳳朝陽是也，進步如搶步踩打是」。

②措：安放，安排。

山強威震崩捧鎮，裹手劈身謹相連①

山，身也。言以強硬之身，以陵逼之威嚴之勢，以震驚之拳之下落，如山崩牆倒，既落之後，中節復向前捧出，兩手亦隨之上翻，先落而順後，起而橫，形勢變幻以鎮之；敵或後退者，截之以裹手，擊之以劈身，二者謹相連絡不可離也。

【注釋】

①山強威震崩捧鎮，裹手劈身謹相連：他本無。

抽身反背擙步轉，海底撈月非等閒①

設吾向前進行，有敵自身後來者，勢必抽身而回反背身法，以擙步②轉向敵人，以一手上擊之，以一手探其海底而撈其月。然此把足以制敵之命，非等閒可比，凡用者須慎之。

【注釋】

①抽身反背擙步轉，海底撈月非等閒：他本多有類似表述，如「兩頭回轉寸當先」。

②擙步：此處當是拗步的意思。擙，音幺ˋ，磨。

劈身若不顧前後，第防左右兩邊閃①

劈身，即望眉斬下落之用也。吾用此拳向前擊敵，則吾身後為原有之地頃，由此起點展開陣地而達至彼點也，是後路絕無障礙可言矣。吾可一意進行，以擊之。但此時敵受壓逼已甚，欲退不能，惟防其向左右閃開耳。所注意者，即在是也。然上法交扣之道，貴乎神速，宜擊其不意，使敵轉瞬莫及，即欲左右閃之，烏可得成；設敵有先事狡閃者，吾亦可隨其趨向，以身法手勢猛撲之，是在用者之臨機應變，非可以先事而預防也已。

【注釋】

①劈身若不顧前後，第防左右兩邊閃：其他本有「閃戰兩邊，惕防左右」。第防：當作提防。

總論

上卷多言拳術之理與拳術之法，中卷多言拳術之體與拳術之用。此二卷之內，皆分門編類，逐條詳細解說，獨未繪圖。如他種拳術，必繪圖象形，按圖立說，使閱者了然，而吾心一拳術獨付缺如者，豈秘其真形，不肯揭以示人耶？蓋非也，圖者，所以寫其動作之姿勢，以為學者之表樣耳。果能將動作真形全體繪出，絲毫無誤，以供諸同志，則圖誠為不可少矣。若不能真形畢肖，活動自如，惟繪其大概於紙上，以博美觀而已，如是之圖，可有亦可無也。

吾心一動作之形勢，凡出一手也，有預備之姿勢，有出手與舉手之姿勢，有手落與落後之姿勢，其頭則有鷹熊俯仰，其身則有開合縮長，其步法則有大小，起落是皆屬乎一手動作之曲折，如欲將此完全繪出，酷肖無錯，雖有善繪者，亦知其必難矣。縱欲勉為其難，則此一手必摹出數圖，每圖必作點線數道，或可仿其大略耳。然心一有手數百餘種，盡如此繪法，豈非煩難過劇乎？

嘗見動作有直接單簡者，則立圖甚易，苟形狀多委宛曲折，或起伏變幻無端者，則圖之不易。吾心一初入門，須教授者口講，手畫以身示之，至十餘日方能效其彷彿，能專心致志，精進三月之久者，可知其皮毛，又如是而漸進，可知身法用力之道焉，亦則形勢之變化迥異乎眾法者，難以繪圖之故，其在斯乎，學之匪易行之維艱者，是在斯乎。

雖然上、中二卷內，若理、若法、若體、若用，誠為體育之要道，苟能研究討論，以實力實行，而久經歲月，其所獲之功效，裨益於吾身者，有密切關係，為不可須臾離者也。深於斯道者，皆能知之矣。若夫關乎一身者，則有心君之操存、性質之忍耐、身體之強健、精神之活潑、血脈之流通、筋骨之堅實諸效力；若關於一身以外者，可以衛群護國、可以強種強族，諸大端之要，備乎二卷之中矣。至關乎運用者，則有奇正攻守之法、動靜剛柔之理、縮長開闔之勢、上法交扣之訣、起落順橫之用、鷹能陰陽之式，故其動也倏焉。如此忽焉，若彼但見，夭矯不群，如生龍之盤空飛舞，進退強悍，若怒虎之出林猛撲，奇怪陸離，端倪莫測，以此圖功，何功不就？以此制敵，何敵不摧？人人能造到如此地步，豈非吾國武德之大光明？吾國民處競爭界之大尊榮？吾拳術家之最高尚、最名譽之大快事者哉？

然溯厥本源，造端於初學時一知半解，先難而後，獲之功由堅忍積勞而成者也。譬之環遊地球者，遍覽五洲名勝，其經驗閱歷，種種色色不知凡幾，初則發軔於原有之一點，如黃河之水浩瀚①奔騰，其流一瀉千里，滔滔不絕者，則始於星宿海之泉源耳。由是人生百業，孰不若是耶？不先其難者，後曷有易？不有暫勞者，何克永逸？凡一事之初，其功甚微，其效則緩，惟持之以專，操之以恒者，揆厥成功時，必有不可思議、不可形容之一日矣！況拳術之道，既關乎身心性命者。其要，若此對於國家種族者，其重，若彼吾人於斯道，應闡發古人之蘊櫝②，補綴前輩之未備，詳加討論，以公諸同胞，庶可對越③先達創造拳術之宗旨而無遺憾也已。海內同志，肯匡余之不逮④，而改正其偏，補救其闕⑤者，是則慧之深幸矣夫⑥。

【注釋】

①灝：音ㄏㄠˋ，水勢大，廣大。

②應闡發古人之蘊櫝：應闡發古人的積累寶藏。蘊，音ㄩㄣˋ，積聚，蓄藏，包含。櫝，音ㄉㄨˊ，櫃子，匣子。

③越：超越。

④肯匡餘之不逮：肯糾正我的落後。匡，音ㄎㄨㄤ，糾正。不逮，不及，落後。

⑤闕：音ㄑㄩㄝˋ，古代用作「缺」字。

⑥是則慧之深幸矣夫：這樣的話，我李泰慧深感榮幸啊。

按：作者雖以繪圖與否的緣由說起，其實借此由再次交代了中華武學之高妙、強國強種的眞切作用與大期望所在！

心一拳術

卷下

心一拳術

心一技擊下卷第一編

技擊總論

蓋古戈矛刀劍之設所以戡亂禦侮供戰爭之用者也今爲火器時代遠則巨砲近則快槍若古之武器之屬皆爲不用之品無所施其技矣雖然考各國槍製必有刺刀冠其上焉由是觀之刀劍戈矛之器縱不實現於陣前而其用法仍存於戰爭之間也凡兩敵距離最近槍砲不暇發放時必上刀頭衝鋒而前進以短兵相接戰際茲時也惟有精於技擊善使刺槍之法者乃可操勝劵耳況技擊之學尤爲吾國擅長之技古人以此除奸懲惡平暴亂立功疆場威異域者殊難枚舉然昭乎史册者班班可考也吾人特欲保存原有國粹故將槍法棍法刀法鐧法等用淺顯詳載俾學者有所參考以爲研究進行之助云庶精乎此道者臨敵決勝時我可制人而人莫我制也已

第一章

岳家槍法十二訣曰吞攔挑換圈點扎刺（此八法爲槍之訣）閃搖輕鉄（此四法爲身之訣）訣云最妙此十二訣爲槍法中運使擊刺之要道皆蘊於斯矣學者所宜注意深加研究者也茲將十二訣解釋如下

一曰吞

吞者象喉吞食之意其法足未動而身先扭轉手向後縮以槍身撥開敵之槍頭者也謂交手時我先出槍擊敵敵即刺吾槍而忽壓入我此時欲進不能退已不及惟有扭身兩手猛力縮回以己之槍身撥開敵之槍頭我即活動可以左右進退不致爲敵所拋矣曾聞師言前清咸豐間官文督鄂時吾師爲其防營教練偶一日在校場執槍教練忽有出其不意自遠擲槍射擊者瞥見之時槍頭已將及身師卽下其勢放開右手以左手高撑槍之後身猛撥之其槍方旁墜於地此與吞之法似是而實非也蓋吞法用槍之前身此則用槍之後身由是觀之法雖限定惟善用者臨機應變爲何如耳

二曰攔

攔者隔開敵人不使及於吾身也其法敵以槍下刺自吾腹膝以下皆可用攔此攔法有左右二用凡敵槍由吾槍左入者吾卽用左攔自吾槍右入者吾卽用右攔諺云穿攔護膝者是爲右攔法謂吾槍由左向右而攔也

三曰挑

設敵以槍上擊吾槍之左自胸以上者皆可用挑夫挑者有挑撥引起之意其法右手伸直緊握槍本左手上曲向左翻撥俾槍頭斜過吾身卽進步反槍擊之詳左手上挑之時掌向左翻爲陽卽乘勢反掌向右爲陰此時槍則直點敵人之喉然陽手上挑時亦有乘勢伸直反臂向前扎出者是較反手爲陰之用尤覺便利多矣

四曰換

換者有上遞下之勢凡敵以槍上擊吾槍之右自頭以至腹者均可用換其法左手用力下壓以己之槍身礙開敵之槍頭吾卽隨勢而進躍起槍頭點其咽喉或其心胸要害處耳蓋換者雖用力下壓要亦不可過於挨實須兩手起落靈動而敏捷卽用攔挑諸法亦但使敵槍不及於吾身而已不可實力攔挑太遠遠則弊生且兩手用手太過則多笨遲其弊一也己之槍頭偏遠不易回復其弊二也我之槍頭不能照准敵人俾吾身有隙可乘其弊三也故善用槍者兩手具有彈力者敵槍經吾之彈力彼槍自然激開而吾之槍頭仍對准敵身則自衞甚固擊人亦易庶乎此者方稱妙手矣

五曰圈

圈者如環搖圓之意其法兩手抱槍搖作圈形己則飛身向前由圈之中心射擊之蓋圈所以護身不可過大但與己身之目標相當耳明唐順之余大猷皆論槍之圈法有云圈之大小係乎功力之淺深深則圈小小則緊固我能擊敵敵莫能近我也淺則圈大大則鬆散易爲人制矣然圈小之功非十年不可凡人欲求一藝之精者不亦難乎以上五訣皆爲自衞抵禦之法先固其身而後擊人者也

六曰點

點如書家用筆法以中鋒着紙運行點綴之謂也然隨點隨起既欲力透紙背又欲轉折快利精神貫注圓暢自如方免偏陂濡滯之弊矣兩手執鎗宜輕宜重變足進退不仰不俯宛若蜻蜓點水勢毫無形迹可尋且不多費力也蓋點法亦用以禦敵之槍惟用者兩手宜活潑而敏捷耳

七曰扎

扎者出槍擊敵也此法分三式有上扎中扎下扎之用練此槍法純為兩手伸縮出入之力凡擊敵者皆利用乎此法也為技擊家所宜注意者矣登壇必究中所論槍法有云你槍發我槍拿你槍不動我槍扎此古人用槍之法也惟先用拿法使其槍不能運動然後扎之耳

八曰刺

刺者如以刀向前刺物之狀然槍之鋒鋩在前何以云刺因其法有防禦之用以己之鎗身刺開敵鎗隨用鎗頭以擊其身之故也此即鎗法所謂用即是防防即是用

按以上八法為鎗中之訣有七法為防用並行者獨扎之一法純乎為用而無防也已

九曰閃

閃者身法需要活動之謂凡執鎗操練時其身勢之轉折變化或大小起落其步法之進退左右或馳騁活潑往者如風來者若電斯可盡乎身法之妙用者矣明戚繼光氏論技擊有云凡鎗棍刀劍之屬須求實用不可務花法步法以進退敏捷為尚有若疾風驟雨之勢此說與岳家之閃法同由是觀之古今之英雄所見略同耳故戚氏當薊州時敵呼為戚家軍終其身莫敢犯之者其與岳家軍之名實相埒也

十曰搖

曰積鎗法古有稱為兵器中之王者以其鋒穎犀利力能透甲故其用時指頭扎面如箭之穿鴻星之流空是以古名將精此者甚夥也然其用僅在鋒鋩苟身法搖動能避其鋒者雖犀利亦無所施其用矣是以岳家槍法具有閃搖輕倏四訣皆為活動身勢步法者也凡持槍臨敵務以側身為主人之側身則目標狹小以尺寸較之寬不逾六寸敵之槍鋒對我必向此六寸中扎來吾不移步法微以身法向左右搖動則其槍鋒偏過我即乘此以擊之斯時敵方扎出尚未收回焉能禦我之擊耶

十一曰輕

輕者手足輕便而快利身法飄忽而活潑非率爾輕佻不持重之謂也其法能輕則行動瀟灑自合人意來無形去無蹤斯免笨重之弊矣凡臨敵交戰切不可浮躁須慎審以將事毋畏敵而生葸懼之念毋輕敵而懷疏忽之心苟能除此二弊處之以靜鎮臨之以神速則此心清明手足耳目各盡其用矣而不能勝敵者未之有也

十二曰倏

倏者其身法起落手足進退突如其來翛焉而往或乍出而乍入令人眩目驚心者也考其狀態譬若烈風之驟發之不能迅雷之掩耳不及者閃與倏誠為 法中之妙訣矣然先不有輕之一訣何能顯出閃倏之實用於其後也故閃搖輕倏為身法之要訣四者應一致並行苟舍其一乖乎為用矣

書按楊家子午槍法共七十二槍分為四路有前左右後之區其法曰吞吐裹對扎挑撥搗斬等訣其用以子午槍殺手連環為主體與岳家槍法相較微有不同耳岳家持槍法先左手楊家持槍法先右手不同之點一也岳家之用純為槍鋒楊家之用有對斬二法詳此二法係為槍身之用不同之點二也岳家之槍長短適用楊家之槍利於短不利於長不同之點三也岳家持槍之法前手為陽楊家持槍之法前手為陰不同之點四也茲將二家之法參互考訂變通其制去此不同之點便為岳楊合法矣是以名曰岳楊四路槍然不同之處各家自有妙用吾何得擅改之因既曰槍法其用在鋒當無疑義若對斬之用槍身祇可謂之棍焉得謂之槍耶故棍但便於短不利於長槍則長短皆宜也凡人右手之力較大於左手楊家持槍先右手者以對斬之法須右手力下壓之故歟今更此二法則完全為直力矣既為直力則

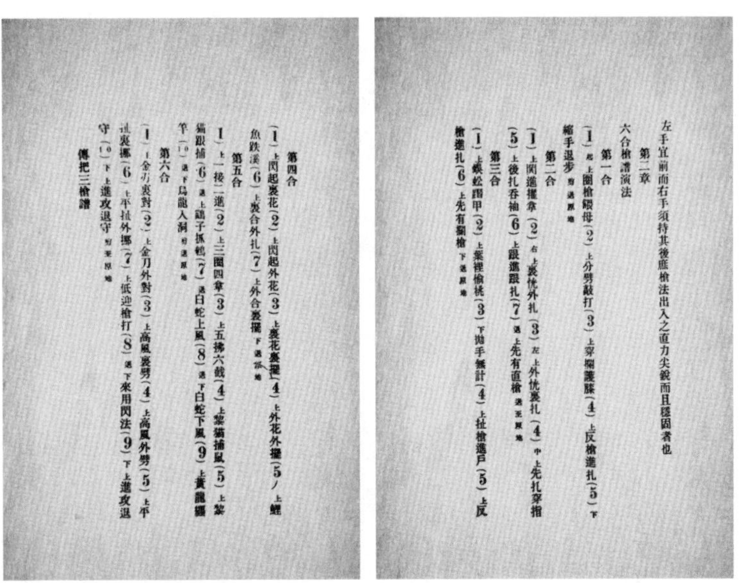

左手宜前而右手須持其後庶槍法出入之直力尖銳而且穩固者也

第二章

六合槍譜演法

第一合

（1）起上圈槍鍛母（2）上分劈敲打（3）上穿攔護膝（4）上反槍進扎（5）下縮手退步 剪退原地

第二合

（1）上閃進擺拿（2）右上裹恍外扎（3）左上外恍裹扎（4）中上先扎穿指（5）上後扎吞袖（6）上跟進跟扎（7）退上先有直槍 退至原地

第三合

（1）上蜈蚣蹈甲（2）上葉裡偷桃（3）下抛手無計（4）上扯槍進戶（5）上反槍進扎（6）上先有獨槍 下退原地

第四合

（1）上閃起裏花（2）上閃起外花（3）上裹花裹擺（4）上外花外擺（5）上鯉魚跌溪（6）上裹合外扎（7）上外合裏擺 下退原地

第五合

（1）上一接二進（2）上三圈四拿（3）上五拂六截（4）上黎貓捕鼠（5）上黎貓跟捕（6）退上鷂子抓鵪（7）退白蛇上風（8）退下白蛇下風（9）上黃龍擺竿（10）退下烏龍入洞 射退原地

第六合

（1）上金刀裏對（2）上金刀外對（3）上高風裏劈（4）上高風外劈（5）上平扯裏挪（6）上平扯外挪（7）上低迎槍打（8）退下來用閃法（9）下上進攻退守（10）下上進攻退守 射至原地

傳把三槍譜

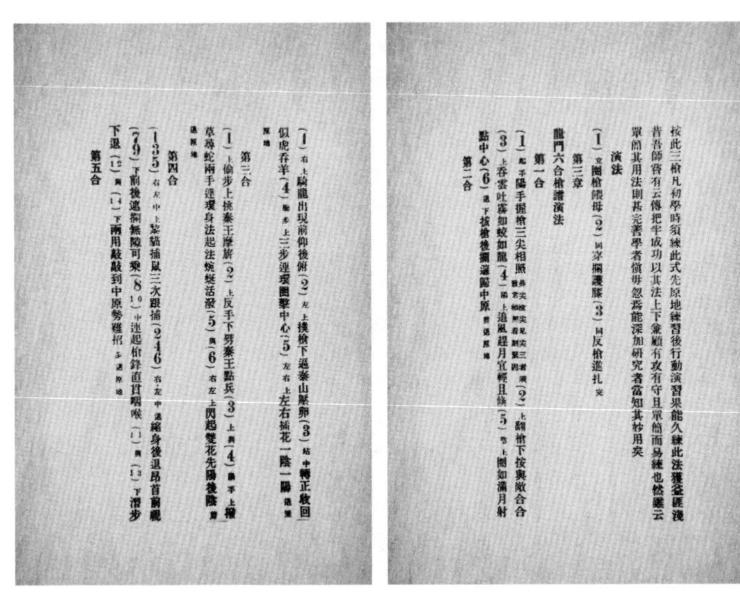

按此三槍凡初學時須練此式先原地練習後行動演習果能久練此法獲益匪淺昔吾師嘗有云傳把半成功以其法上下兼顧有攻有守且單簡而易練也然雖云單簡其用法則甚完善學者慎毋忽焉能深加研究者當知其妙用矣

演法

（1）立圈槍鍛母（2）回穿攔護膝（3）回反槍進扎 突

第三章

龍門六合槍譜演法

第一合

（1）起手陽手握槍三尖相照 鼻尖槍尖足尖三者須數家相照看對緊固（2）上翻槍下按與敵合合（3）上吞雲吐霧如蛟如龍（4）陽上追風趕月宜輕且倏（5）弩上圈如滿月射點中心（6）退下拔槍後攔迴歸中原 剪退原地

第二合

（1）右上騎龍出現前仰後俯（2）左上摟槍下過泰山壓卵（3）站中轉正收回似虎吞羊（4）騎步上三步連環圈擊中心（5）左右上左右插花一陰一陽 退至原地

第三合

（1）上偷步上挑秦王摩旂（2）上反手下劈秦王點兵（3）上翼（4）鼻手上撥草尋蛇兩手連環身法起法蜿蜒活潑（5）翼（6）右左上閃起雙花先陽後陰 剪退原地

第四合

（135）右左中上黎貓捕鼠三次跟捕（246）右左中退縮身後退昂首前觀（79）下前後遮攔無隙可乘（810）中連起槍鋒直貫咽喉（11）翼（13）下滑步下退（12）（14）翼下兩用敲敲到中原勢雖招 步退原地

第五合

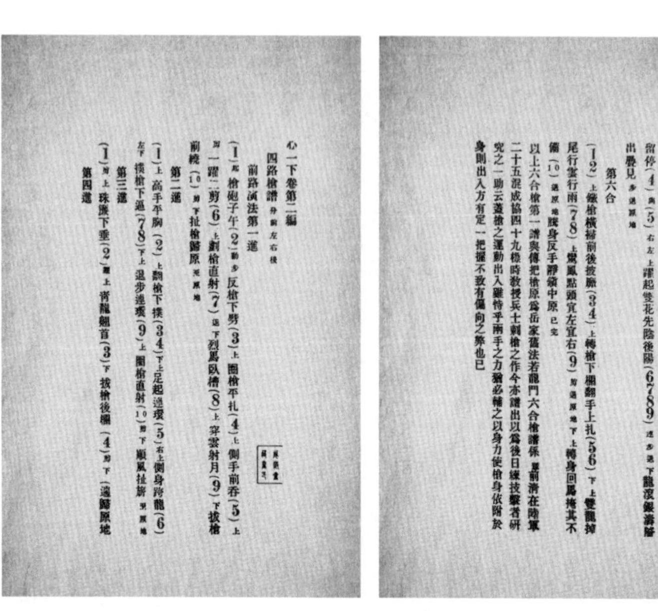

(1)上縱步撒手勢如拋擲(2)上倒槍劃下防敵乘虛(3)陰上連搖槍身勢不
留停(4)與(5)右左上躍起雙花先陰後陽(6789)連步退下龍滾與濤際
出疊見步退原地

第六合

(12)上纖槍橫掃前後披臉(34)上轉槍下攔翻手上扎(56)下上雙龍掉
尾行雲行雨(78)上鸞鳳點頭宜左宜右(9)對退原地下上轉身回馬掩其不
備(10)退原地騰身反手靜鎮中原已完

以上六合槍第一譜與傳把槍原爲岳家舊法若龍門六合槍譜係前清在陸軍
二十五混成協四十九標時教授兵士刺槍之作今亦譜出以爲後日練技擊者研
究之一助云蓋槍之運動出入雖恃乎兩手之力猶必輔之以身力使槍身依附於
身則出入方有定一把握不致有偏向之弊也已

心一下卷第二編

四路槍譜分前左右後

前路演法第一趟

(1)起槍砲子午(2)動步反槍下劈(3)上圈槍平扎(4)上側手前吞(5)上
對一躍二剪(6)上劃槍直射(7)退下烈馬臥槽(8)上穿雲射月(9)下拔槍
前繞(10)對下扯槍歸原至原地

第二趟

(1)上高手平胸(2)上翻槍下撲(34)下上足起連環(5)右上側身跨龍(6)
左下摸槍下遁(78)下上退步連環(9)上圈槍直射(10)對下順風扯旗至原地

第三趟

(1)對上珠簾下垂(2)圈上青龍翻首(3)下拔槍後攔(4)對下還歸原地

第四趟

(1)與(3)上搖槍上挑(2)與(4)上反槍直射(5)與(7)退下抽槍下撲
(6)與(8)退下原地翻槍上挑至原地

第五趟

(1)對上圈槍平扎(2)對退原地(3)上金龍閃爍(4)下抽槍下遁(5)下子
午歸原已完

左路演法譜

第一趟

(1)上高搭天橋(2)上下撲猛虎(34)右左上雙演龍門(579)退下金龍
後退(6810)上金龍前進(11)上反手朝陽(12)上圈槍直扎對退原地

第二趟

(1)退步織女拋梭(2)上金雞啄粟(3)上翻槍前刺(4)側身雙搖(5)上金
龍乍觀(6)下拔槍下撲(7)對下原地

第三趟

(1)對上青蛇繞殿(2)上烏風掃地(3)上白虹貫日(4)與(6)退下倒槍下
攔(5)與(7)退下鎖腰平扎(8)下扯槍歸原

第四趟

(1234)連上閃起長虹左右掛斜(5)上向中一點(6)右上金龍裹邊(7)
左上金龍外邊(8)對下拔槍後退(9)子午歸原左路完

右路演法譜

第一趟

(12)下上一鉤金鰲(34)下上二鉤金鰲(5)上黑虎下山(6)上一蔚捕羊
(7)上二次下山(8)上再起捕羊(9)上虎入羊羣(10)上跟進跟捕(111213
14)連退劍下擊上(15)下抽槍歸原步退原地

第二趟

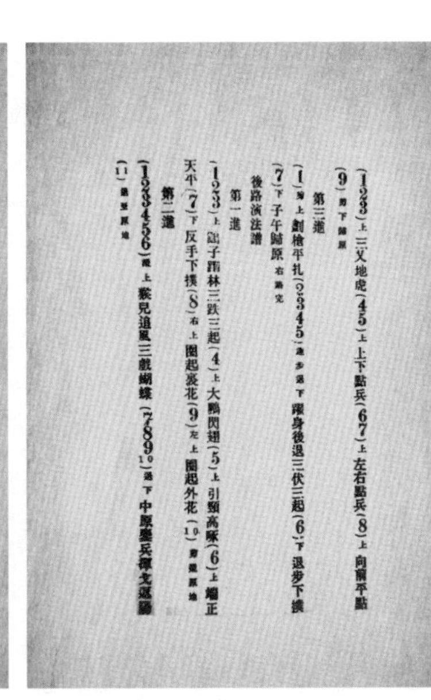

（123）上 三叉地虎（45）上 上下點兵（67）上 左右點兵（8）上 向前平點
（9）劈下歸原

第三進

（1）身上 劃槍平扎（2345）進步退下 躍身後退三伏三起（6）下 退步下撲
（7）下 子午歸原 右路完

後路演法譜

第一進

（123）上 鷂子蹿林三跌三起（4）上 大鵬閃翅（5）上 引頸高啄（6）上 端正
天平（7）下 反手下撲（8）右上 圈起裹花（9）左上 圈起外花（10）劈提原地

第二進

（123456）跳上 猴兒追風三戲蝴蝶（78910）退下 中原塞兵禪戈返歸
（11）提歸原地

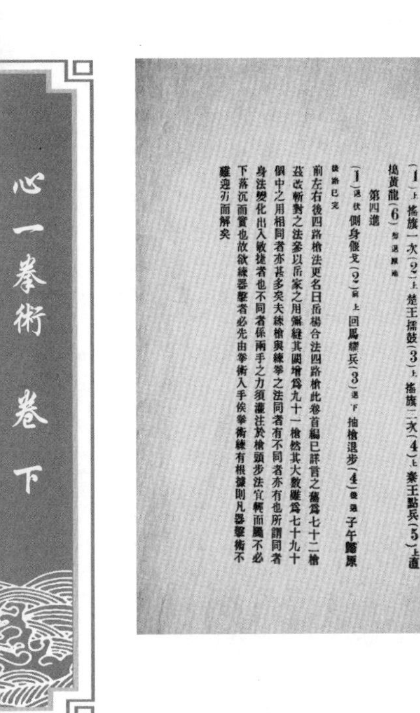

第三進

（1）上 搖旗一次（2）上 楚王揺鼓（3）上 搖旗二次（4）上 秦王點兵（5）上 直
搗黃龍（6）劈退原地

第四進

（1）退伏 側身倚戈（2）進上 回馬禦兵（3）退下 抽槍退步（4）後退 子午歸原

後路已完

前左右後四路槍法更名曰岳楊合法四路槍此卷首編已詳言之舊為七十二槍
茲改斬對之法參以岳家之用彌縫其闕增為九十一槍然其大數雖為七十九十
個中之用相同者亦甚多矣夫練槍與練拳之法同者有不同者亦有也所謂同者
身法變化出入敏捷者也不同者係兩手之力須灌注於槍頭步法宜輕而鬆不必
下落沉而實也故欲練器擊者必先由拳術入手俟拳術練有根據則凡器擊術不
難迎刃而解矣

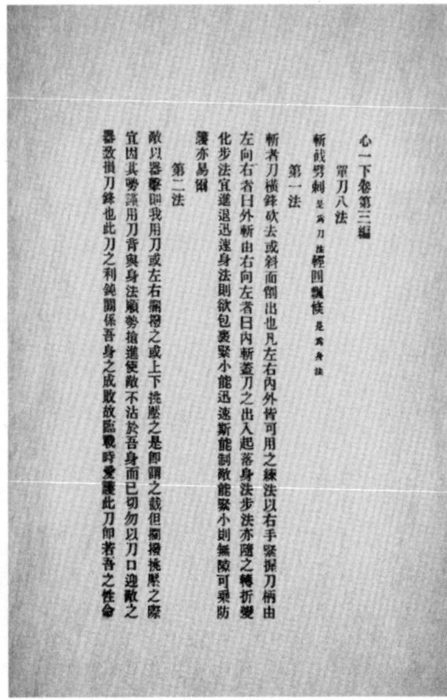

心一下卷第三編

單刀八法

斬截劈刺是為刀法輕圓飄倏是為身法

第一法

斬者刀橫鋒砍去或斜面側出也凡左右內外皆可用之練法以右手緊握刀柄由
左向右者曰外斬由右向左者曰內斬蓋刀之出入起落身法步法亦隨之轉折變
化步法宜進退迅速身法則欲包裹緊小能迅速斯能制敵能緊小則無隙可乘防
護亦易爾

第二法

敵以器擊即我用刀或左右攔撥之或上下挑壓之是即謂之截但攔撥挑壓之際
宜因其勢誘用刀背與身法順勢搶進使敵不沾於吾身而已切勿以刀口迎敵之
器致損刀鋒也此刀之利鈍關係吾身之成敗故臨戰時愛護此刀即者吾之性命

者然

第三法

刀迎敵面臨頭而下者劈也如用斧劈物之意夫劈之法刀由後繞轉過前面劃空
中作圈形然用時之起落須神速不可遲緩緩則前面無備或為敵所乘耳且刀法
宜隨身轉不可離身遠遠則敵入無以禦之

第四法

刀鋒向前點或向下扎者謂之刺蓋刺之為用係刀法中之最要訣以其防護嚴密
前進敏捷使敵難於招架而我之出入上下輕且便矣以上四法為用刀之秘訣也
苟能將此四法操練純熟而研究其理則其用法變化多端寧有底耶

第五法

刀之操持權在右手其刀之出入上下左右惟務防範抵禦使敵不能侵犯於吾身
此身進退俯仰蓋隨刀法以為轉折者故欲輕輕則靈敏活潑無笨滯之弊矣若練

刀與練槍之法較練刀之身更輕於練槍之身然其故何歟因槍身長而累重刀短小而且輕也若以練拳法衡之則迥不相同矣

第六法

身法無須用力斂氣柔身輕忱若棉故能圓轉自如捷若旋風則刀繞乎周身上下便極綿密無一毫滲漏處矣且用刀之法貴鋒利神速不專恃乎力之大也苟能鋒利神速即稍用力則其到處自能洞穿敵人使用力過猛致無含蓄餘地身則强直手亦生硬不能自由活潑矣詎非反爲力大所累者哉

第七法

足之行地不聞聲響其輕若葉其飄若風則進退之迅速左右之敏捷恍然太空之瓊花飛舞而亂墜者矣蓋此飄然之態又若一葉扁舟順流揚帆御風而行其去之速如飛箭如流星毫無留難停滯之勢云

第八法

倏者乍動而暴發也設以三尺劍而與敵之長槍大戟相接戰不以身法進退之神速左右之便利其不爲敵所制者幾希矣故其立法曰倏凡練刀之身法倏然而左倏然而右瞻之在前忽焉在後其來也疾其去也速令敵目眩心驚無從抵禦者也以上輕圓飄倏四字爲練刀身法之要訣參以斬截劈刺四字之刀法操練力行而討論其理領會其意則得心應手之妙自有不可形容者矣

鄭家單刀譜

頭路 凡五進共六十四刀

第一進

(1)起 左手抱刀(2)躍上 一躍而起(3)退 曲肘內拐(4)立 仙人舞拳(5)立 懷中遞劍(6)立 右手握柄(7)躍起 壓身下劈(8)轉後迎 回頭穿雲(9)轉前迎 乘龍掉尾(10)旋轉 旋馬橫刀(11 12 13)偸步左右中三路上 左右迎截上下連三(14)轉後下迎 坐虎欠身(15)翻手上 金鷄閃翅(16)上 向左插劍(17)旋轉回退 羊角風旋(18)退 勒馬停刀 退至原地

第二進

(1 2 3)進步迎上 闖進海門三接三劈(4)回身退下 白猿藏果(5)進步退退至原地(6)轉身上迎 回頭撤手

第三進

(1)右迎 縮身右護(2)上 長蛇出洞(3)轉後下迎 轉身前迎(4)轉前 反手下劈(5)轉翻前上 翻身跌斬(6)前上 懷中抱月(7 8)立身轉平 後前平斬(9 10 11)旋轉 散花飄颻快撊其身(12)轉 轉身長龍(13)左前迎 縮身起迎(14)轉右邊 身下押(15)轉後 反手探月(16 17)平下探前前上 刀向上迎金魁獨立(18)上 騰身落斬(19)上 回刀左按(20 21 22 23 24 25)左右前後旋轉 雪花漫漫玉龍擺身(26)上 翻刀下遏(27)上 起落斬截(28)轉身上

第四進

(1)上 一劈華山(2)上 二劈華山(3)上 三劈華山(4)躍上 反手下劈(5)退下 提刀後繞(6)進步退退至原地(7)轉身躍上 翻身跌斬

第五進

(1 2 3)左右左上 遊魚逐浪倏左倏右(4)前上 鯉魚驚濤(5)退下 抽刀後繞(6)進步退退至原地(7)轉向前 翻身下斬(8)左上 晾刀高揚(9)右退 壓

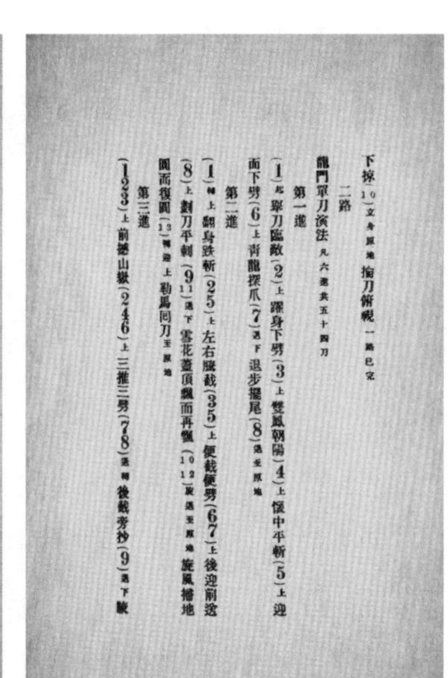

下撩(10)文身原地 揄刀俯覜 一路已完

二路

龍門單刀演法 凡六進共五十四刀

第一進

(1)起舉刀臨敵(2)上躍身下劈(3)上雙鳳朝陽(4)上恆中平斬(5)上迎面下劈(6)上青龍探爪(7)退下退步擺尾(8)退至原地

第二進

(1)轉上翻身跌斬(25)上左右賺截(35)上便截便劈(67)上後迎前送(8)上剷刀平剃(911)退下雪花蓋頂飄而再颾(1012)旋退至原地旋風掃地圓而復圓(13)轉迎上勒馬回刀至原地

第三進

(123)上前撼山嶽(246)上三推三劈(78)退轉後截旁抄(9)退下賺

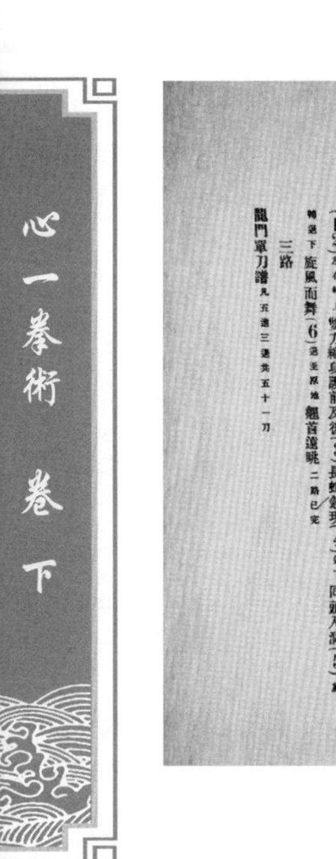

下藏刀(10)進步退退至原地(11)翻轉上回身殺手

第四進

(1234)進步上左右散花一二三四(5)上迎面下劈(68)起落雙蛇在洞(79)起落倏入倏出(10)退至原地

第五進

(123)左右前上左右與前三面迎刃(46)退進遊龍擺尾(57)退進再起再落(8)退步退退至原地(9)轉迎上旋身斬截

第六進

(12)左右轉上雙方縮身護前及後(3)長蛇忽現(4)退下回頭入洞(5)旋轉退下旋風而舞(6)退至原地翹首遠眺 二路已完

三路

龍門單刀譜 凡五進三退共五十一刀

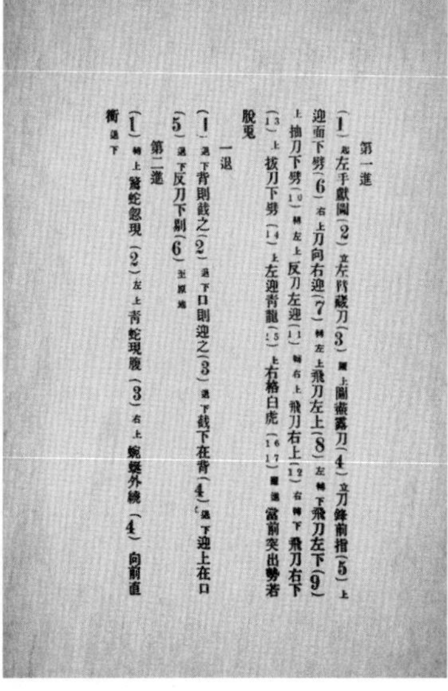

第一進

(1)起左手獻圖(2)立左臂藏刀(3)圖上圖窮露刀(4)立刀鋒前指(5)上迎面下劈(6)右上刀向右迎(7)轉左上飛刀左上(8)左轉下飛刀左下(9)上抽刀下劈(10)轉左上反刀左迎(11)轉右上飛刀右上(12)右轉下飛刀右下(13)上拔刀下劈(14)上左迎青龍(15)上右格白虎(1617)圖進當前突出勢若脫兎

一退

(1)退下背則截之(2)退下口則迎之(3)退下截下在背(4)退下迎上在口(5)退下反刀下剃(6)至原地

第二進

(1)轉上驚蛇忽現(2)左上青蛇現腹(3)右上蜿蜒外繞(4)向前直衝退下

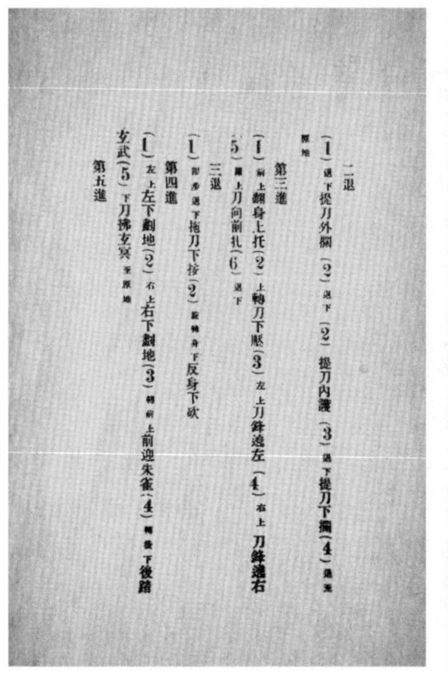

二退

(1)退下提刀外攔(2)退下(2)提刀內護(3)退下提刀下攔(4)退至原地

第三進

(1)前上翻身上托(2)上轉刀下壓(3)左上刀鋒遮左(4)右上刀鋒遮右(5)圖上刀向前扎(6)退下

三退

(1)卸步退下拖刀下挫(2)旋轉身下反身下砍

第四進

(1)左上左下剷地(2)右上右下剷地(3)轉前上前迎朱雀(4)轉後下後踏玄武(5)下刀拂玄冥至原地

第五進

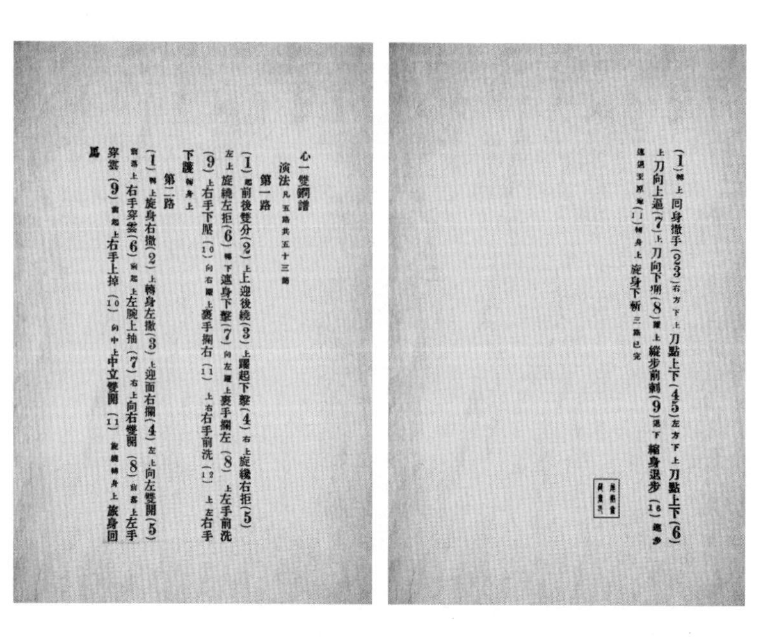
(1)轉上回身撒手(2 3)右方下上刀點上下(4 5)左方下上刀點上下(6)上刀向上遏(7)上刀向下砸(8)轉上縱步前刺(9)退下縮身退步(10)進步退還至原處(11)轉身上旋身下斬 三路已完

心一雙鋼譜

演法 凡五路共五十三勢

第一路

(1)起前後雙分(2)上上迎後繞(3)上躍起下擊(4)右上旋纏右拒(5)左上旋繞左拒(6)轉下遮身下擊(7)向左翻上變手攔左(8)上左手前洗(9)上右手下壓(10)向右翻上變手攔右(11)上右右手前洗(12)上左右手下護 翻身上

第二路

(1)轉上旋身右撤(2)上轉身左撤(3)上迎面右攔(4)左上向左雙開(5)前落上右手穿雲(6)前起上左腕上抽(7)右上向右雙開(8)前落上左手穿雲(9)前起上右手上掉(10)向中上中立雙開(11)旋繞轉身上旋身回馬

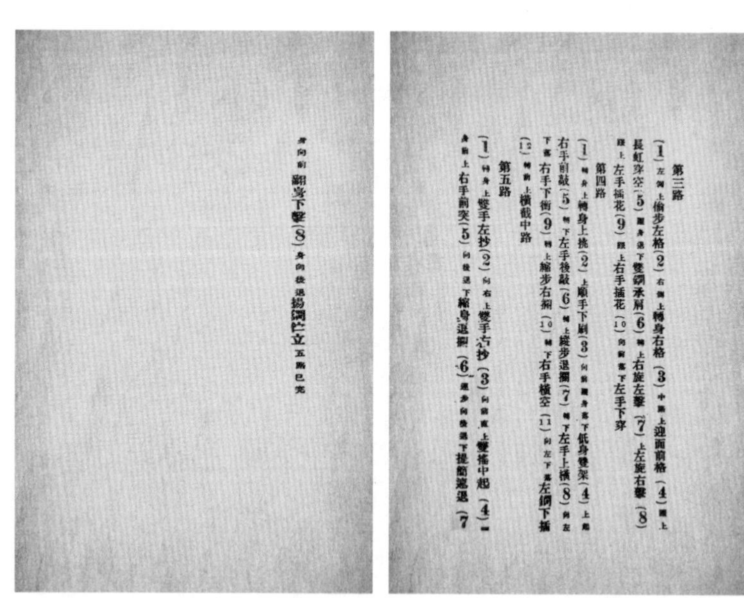
第三路

(1)左側上偷步左格(2)右側上轉身右格(3)中路上迎面前格(4)圍上長虹穿空(5)翻身退下雙鋼承肩(6)轉上右旋左擊(7)上左旋右擊(8)跟上左手插花(9)跟上右手插花(10)向前落下左手下穿

第四路

(1)轉身上轉身上挑(2)上順手下刷(3)向前翻身落下低身雙架(4)上起右手前敲(5)轉下左手後敲(6)轉上縱步退攔(7)轉下左手上橫(8)向左下落右手下衝(9)轉上縮步右攔(10)轉下右手橫空(11)向左下落左鋼下插(12)轉前上橫截中路

第五路

(1)轉身上雙手左抄(2)向右上雙手右抄(3)向前直上雙搖中起(4)一身前上右手前突(5)向後退下縮身退攔(6)進步向後落下提簡遮退(7)身向前翻身下擊(8)身向後退揚鋼佇立 五路已完

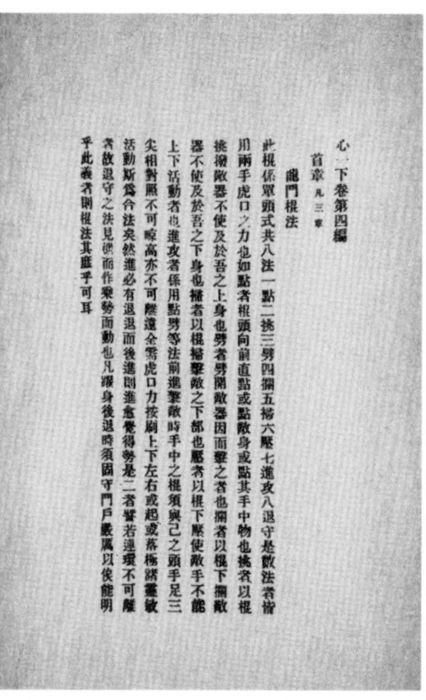

心一下卷第四編

首章 凡三章

龍門棍法

此棍係單頭式共八法一點二挑三劈四攔五掃六壓七進攻八退守是數法者皆用兩手虎口之力也如點者棍頭向前直點或點敵身或點其手中物也挑者以棍挑撥敵器不使及於吾之上身也劈者劈開敵器因而擊之者也攔者以棍下攔敵器不使及於吾之下身也掃者以棍掃擊敵之下部也壓者以棍下壓使敵手不能上下活動者也進攻者係用點劈等法前進擊敵時手中之棍須與己之頭手足三尖相對照不可略高亦不可略低遵全靠虎口力按制上下左右或起或落極譜靈敏活動斯為合法矣然進必有退退而後進則進愈覺得勢是二者譬若連環不可離者故退守之法見便而作乘勢而動也凡遇身後退時須固守門戶嚴厲以俟能明乎此義者則棍法其庶乎可耳

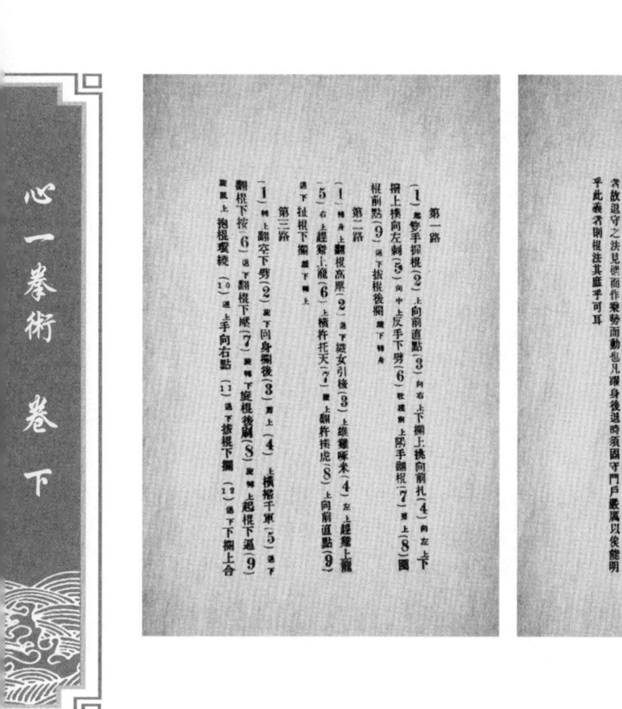

第一路

(1)起勢手握棍(2)上向前直點(3)向右上下攔上挑向前扎(4)向左上下攔上挑向左刺(5)向中上反手下劈(6)收腿前上陰手翻棍(7)進上(8)圈棍前點(9)退下拔棍後攔 護下轉身

第二路

(1)轉身上翻棍高壓(2)退下玉女引梭(3)上雄雞啄米(4)左上趕雞上籠(5)右上趕雞上籠(6)上橫杵托天(7)進上翻杵擒虎(8)上向前直點(9)退下扯棍下攔 護下轉上

第三路

(1)轉上翻空下劈(2)退下回身攔後(3)轉上(4)上橫掃千軍(5)退下翻棍下按(6)退下翻棍下壓(7)旋轉下旋棍後刷(8)旋轉上起棍下逼(9)旋風上抱棍環繞(10)進上手向右點(11)退下拔棍下攔(12)退下下攔上合

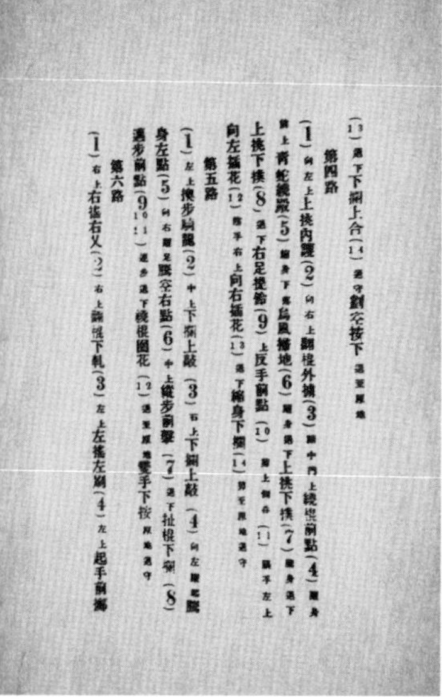

(13)退下下攔上合(14)退守劃空按下 退至原地

第四路

(1)向左上上挑內踐(2)向右上翻棍外擠(3)踏中門上繞棍前點(4)翻身翻上青蛇纏繞(5)翻身下鳥鳳掃地(6)翻身退下上挑下拱(7)翻身退下上挑下拱(8)退下右足提鉤(9)上反手前點(10)翻上轉合(11)翻手左上向左搖花(12)翻手右上向右搖花(13)退下縮身下攔(14)回至原地退守

第五路

(1)左上換步鍋腿(2)中上下壓上敲(3)右上下攔上敲(4)向左翻起腿身左點(5)向右翻足騰空右點(6)中上縱步前擊(7)退下扯棍下栽(8)退步前點(9 10 11)退步退下棍棍圈花(12)退至原地雙手下按 原地退守

第六路

(1)右上右搖右叉(2)右上翻棍下軋(3)左上左搖左刷(4)左上起手前搧

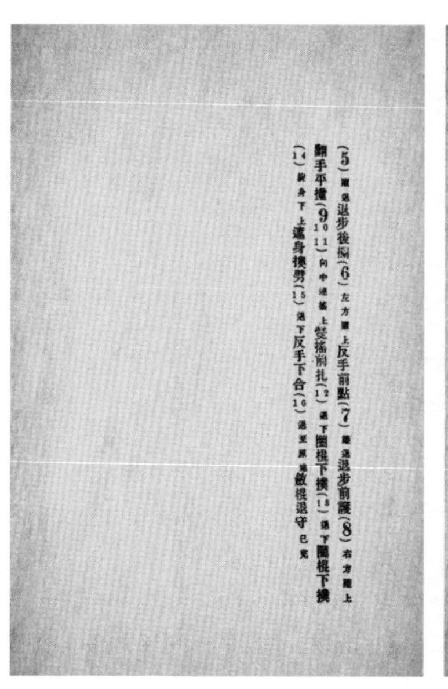

(5)翻退退步後掃(6)左方翻上反手前點(7)翻退退步前踐(8)右方翻上翻手平搗(9 10 11)向中退搖上雙搖前扎(12)退下圈棍下按(13)退下圈棍下按(14)旋身下上進身換劈(15)退下反手下合(16)退至原地斂棍退守 已完

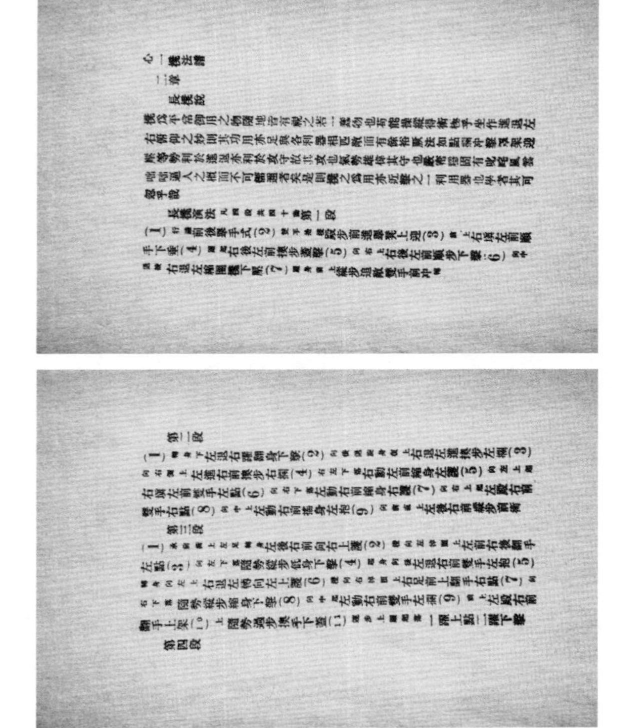

心一攩法譜

二章

長攩說

攩爲平常御用之物隨地皆有視之若一塵物也苟能操縱得術極乎坐作進退左右俯仰之妙則其功用亦足與各利器相匹敵而有餘裕厥法如點擱沖擊攔架迎厓等勢利於進退亦利於攻守故其攻也氣勢雄偉其守也嚴密穩固有叱咤風雲咄咄逼人之概而不可僴邇者矣是則攩之爲用亦近擊之一利用器也學者其可忽乎哉

長攩演法 凡四段共四十動 第一段

(1)行禮前後舉手式(2)雙手捧攩跺步前進舉攩上迎(3)向上右墻左前順手下垂(4)轉身右後左前換步蓋擊(5)向右上右後左前順步下擊(6)向中退步右退左縮圈攩下壓(7)轉身向前上縱步追敵雙手前沖轉

第二段

(1)轉身下左退右踵翻身下擊(2)向後退旋身復上右退左進換步左擱(3)向右側上左進右前換步右擱(4)右左下落右動左前縮身左護(5)向左上起右墻左前雙手左點(6)向右下落左動右前縮身右護(7)向右上起左殿右前雙手右點(8)向中上左動右前搖身左抱(9)向前上左後右前縱步前衝

第三段

(1)承前轉上左足轉身左後右前向右上護(2)後向左伸圈上左前右後翻手左點(3)向左下落隨勢縱步低身下擊(4)起身向後左退右前雙手左抱(5)轉身向左上右退左倚向左上護(6)後向右伸圈上右足前上翻手右點(7)向右下落隨勢縱步縮身下擊(8)向中起左動右前雙手左擱(9)前上左殿右前翻手上架(10)上隨勢過步換手下蓋(11)退步上翻起落一蹤上點二蹤下擊

第四段

(1)退下左足後退低身遮擱(2)退下左退右隨圈手低壓(3)向上右前過步翻攩撲地(4)向左上起隨勢立身斜攩上撩(5)從中面右轉翻右進左前向右橫攩(6)向左轉身旋身左面由脇出射(7)轉身向上縱步前進低身上架(8)過步上乘勢而進翻攩下潑(9)自下而起起身前上橫攩拒敵(10)向後退下將身後退拔攩下壓(11)轉身向上飛身前進換手遮擱(12)向後退下躍身後拔左手撩攩(13)轉身收勢右進左前轉身迴護已完

三章

心一雙刀譜 凡五路

八法

圈刺劈斬剪分截護是八法者與單刀之八法稍異然雙刀之盤旋飛舞上截下擋左刺右劈上擱下軋皆能各極其妙若單刀之進退伸縮出入便利起落敏捷實有過之無不及也久於斯道者自能辨之

第一路

(1)起左手抱刀(2)立正右手行禮(3)右手下右手接刀(4)兩前上左右雙分(5)乘勢轉上當前直刺(6)雙手下分上向下剪分(7)向左上左旋右劈(8)向右上右旋左劈(9)中上前後掙刀(10)下上右下左抄(11)回向右轉右旋左劈(12)向左上向左雙圈(13)右上向右雙分(14)中上向前雙剪轉下轉上

第二路

(1)轉上雙刀上挑(2)向前下落雙刀下插(3)起落上雙剪雙分(4)上齊向前撒(5)退下退步左劈(6)前上過步右劈(7)左上旋刀左護(8)左上圈刀前刺(9)右上右攔左扎(10)右上左圈右挑(11)轉身左旋右斬(12)隨手轉上前後旋繞(13)隨手轉上左右連環(14)向右上反手點右(15)向左上反手點左轉下轉上

第三路

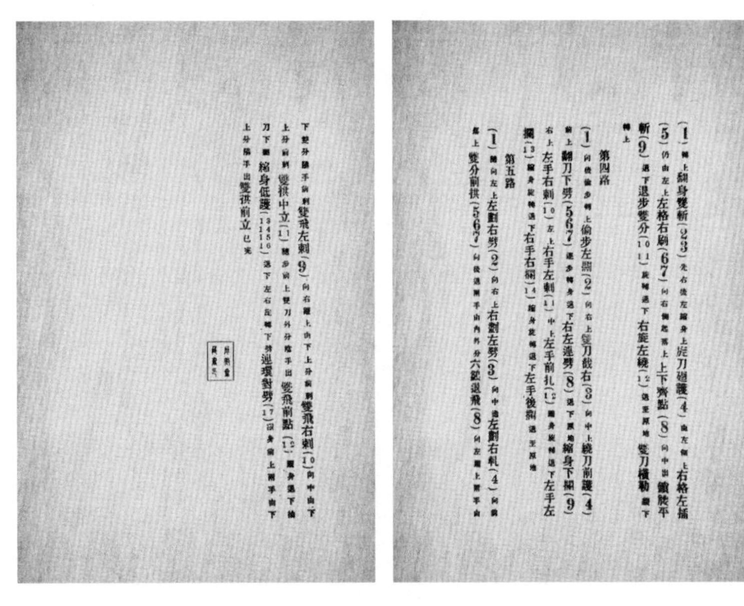

(1)轉上翻身雙斬(23)先右後左縮身上掟刀迴護(4)由左側上右格左插
(5)仍由左上左格右剮(67)向右側起落上上下齊點(8)向中出鐵脕平
斬(9)退下退步雙分(10 11)旋轉退下右旋左繞(12)退至原地雙刀橫勒縱下
轉上

第四路

(1)向後偷步轉上偷步左攔(2)向右上雙刀截右(3)向中上繞刀前護(4)
前上翻刀下劈(567)退步轉身退下右左連劈(8)退下原地縮身下撋(9)
右上左手右刺(10)左上右手左刺(11)中上左手前扎(12)翻身旋轉退下左手左
攔(13)縮身旋轉退下右手右撋(14)縮身旋轉退下左手後撋退至原地

第五路

(1)翻向左上左劃右劈(2)向右上右劃左劈(3)向中進左劃右札(4)向翻
起上雙分前拱(567)向後退兩手由內外分六跳退飛(8)向左翻上兩手由
下雙分隨手前刺雙飛左刺(9)向右翻上由下上分前刺雙飛右刺(10)向中由下
上分前刺雙拱中立(11)隨步前上雙刀外分隨手出雙飛前點(12)翻身退下掄
刀下翻縮身低護(13 14 15 16)退下左右旋轉下劈迴環對劈(17)回身前上兩手由下
上分隨手出雙拱前立 已完

心一下卷第五編

周身穴圖

跌打損傷論

蓋身體之運行賴乎血氣之榮衛苟榮衛健壯則上下流行周而復始無時或息矣血氣所至之處是爲穴穴有大小之別大者三十六小者七十二其中正大穴有六凡按時跌打大穴者爲傷以時跌打小穴者爲損若六正穴不宜傷重犯則不可救藥醫者須看傷療治方有尺寸斤兩亦有登高墜下因而跌閉氣血者可用推拿捉筋法推活氣血再用通關散吹鼻內男左女右各一二次即噴而蘇隨煎沉香佛手丸一粒飲之俟其藥力行動腹內腸鳴時調溫涼稀粥食之必其大小便清楚方可食以飯再問其傷在何處照法治之其骨或傷或斷或碎破或脫落者用手法移擾推拿歸榫接骨用夾板縛定用藥或有因跌破腦者謹防風吹若風吹壞難治一切損傷俱忌風醫者先發袪風散寒藥庶可萬全人之周身上下有正筋十二能通一百零八穴凡推拿捉筋者不可不先知者也然跌打損傷均爲外傷治五勞七傷是爲內傷內傷者何係憂鬱成疾肺病咳嗽者一也跑急血氣攻心日後吐血成勞者二也因用猛力腰搾眼花以致血攻心房者三也或睡後翻身不覺挺傷大穴而皮辨黃手足軟癱咳嗽白痰帶血者四也醉飽貪眠致受風寒飲食停胃不能消化至於黃腫病症或蟲擁脹服者五也血氣方剛好勇鬬狠或爲拳棍暗傷未嘗救治日後成疾吐血者六也貪冒酒色不惜身體精神耗竭以至夭折者七也夫人苟外損內傷二證並臻浸淫於其身者縱扁鵲復生華陀再世吾知其亦必躑奏嗟呼凡我同胞素重體育研究衛生者其亦以此爲鑒欤抑觀古人創明點穴之術與血度流行時刻表更按時分部立方以爲療治之餘地溯厥立法之初不無多事之嫌而探其深意或亦鋤奸去暴者之一用也已惟此須擇人而授用之適當否則不免有恃術誤施之害耳至點穴手法有單雙指點中指頭點肘點膝點拿點足趾點等用然此種手法貴親炙授受方有實用非紙上空談所能了悟者也此中藥方均經試驗

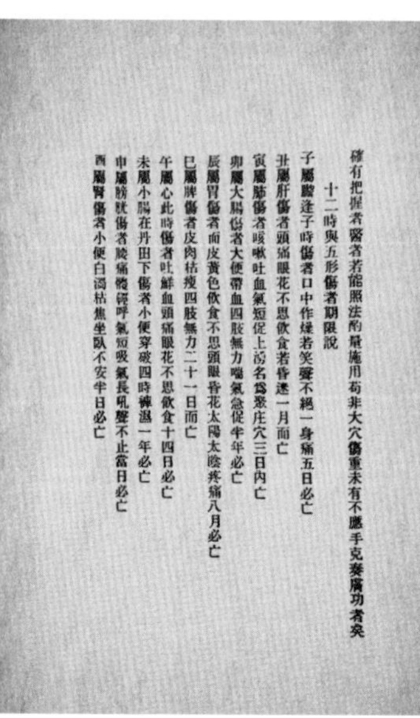

確有把握者醫者若能照法酌量施用苟非大穴傷重未有不應手克奏膚功者矣

十二時與五形傷者期限說

子屬膽逢子時傷者口中作燥若笑聲不絕一身痛五日必亡

丑屬肝傷者頭痛眼花不思飲食者昏迷一月而亡

寅屬肺傷者咳嗽吐血氣短促上爲名鶯聚庄穴三日內亡

卯屬大腸傷者大便帶血四肢無力喘氣急促半年必亡

辰屬胃傷者面皮黃色飲食不思頭眼昏花太陽太陰疼痛八月必亡

巳屬脾傷者皮肉枯瘦四肢無力二十一日而亡

午屬心此時傷者吐鮮血頭痛眼花不思飲食十四日必亡

未屬小腸在丹田下傷者小便穿破四時褲濕一年必亡

申屬膀胱傷者腰痛僂碍呼氣短吸氣長吼聲不止當日必亡

酉屬腎傷者小便白濁枯焦坐臥不安半日必亡

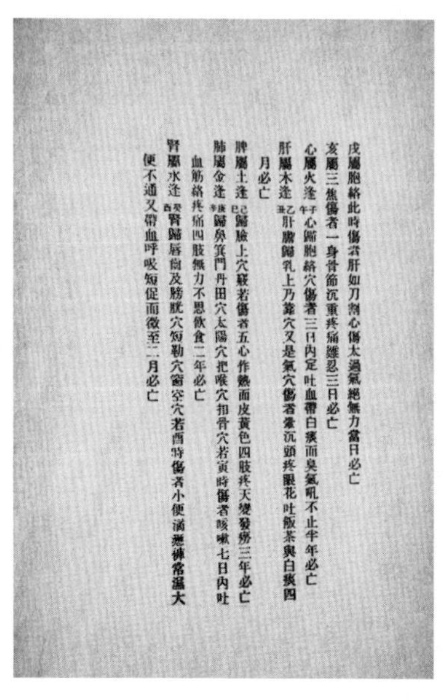

戌屬胞絡此時傷者肝如刀割心傷太過氣絕無力當日必亡

亥屬三焦傷者一身骨節沉重疼痛難忍三日必亡

心屬火逢子午心歸胞絡穴傷者三日內定吐血帶白痰而臭氣吼不止半年必亡

肝屬木逢乙丑肝臟歸乳上乃靠穴又是氣穴傷者蒙沉頭疼眼花吐飯茶與白痰四月必亡

脾屬土逢己巳歸臉上穴痿若傷者五心作熱面皮黃色四肢疼天變發痨三年必亡

肺屬金逢庚辛歸鼻賓門丹田穴太陽穴把喉穴扣骨穴若寅時傷者咳嗽七日內吐血筋絡疼痛四肢無力不思飲食二年必亡

腎屬水逢癸酉腎歸唇齒及膀胱穴匈勒穴窗空穴若酉時傷者小便滴濕褲常濕大便不通又帶血呼吸短促而微至二月必亡

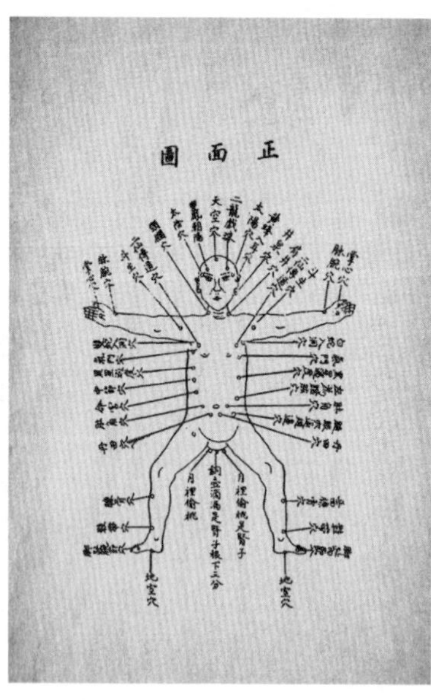

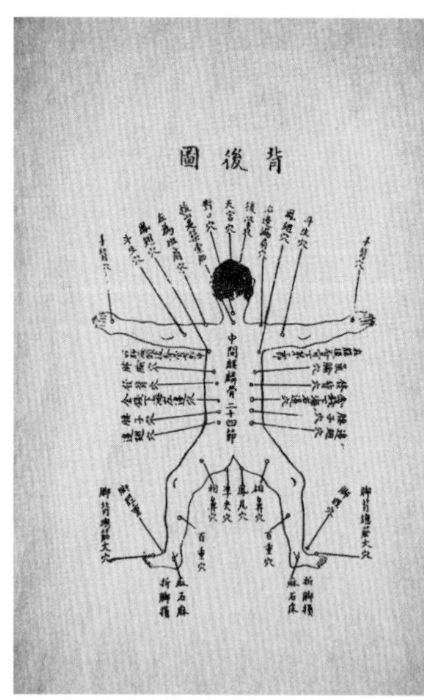

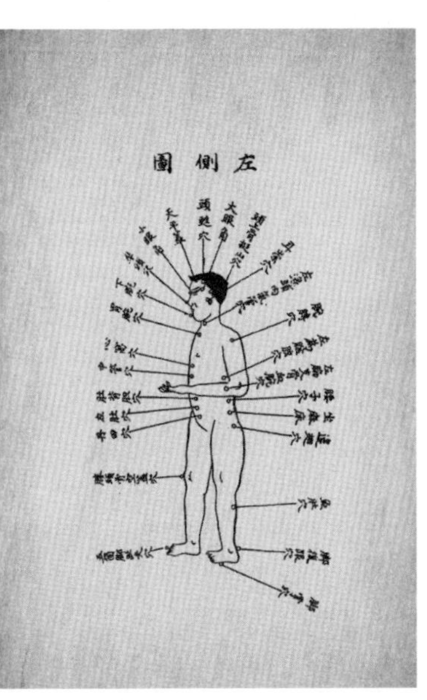

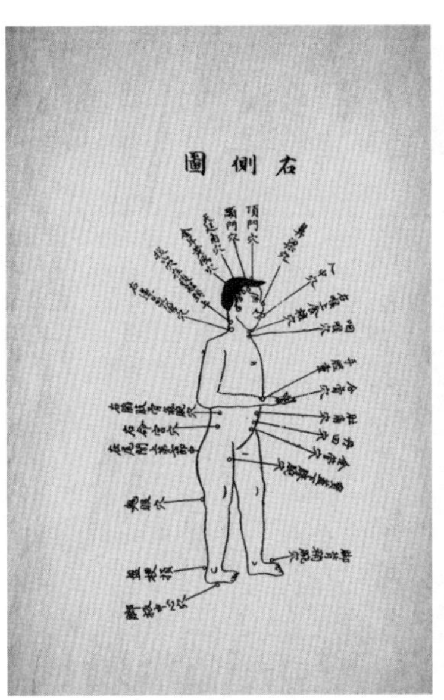

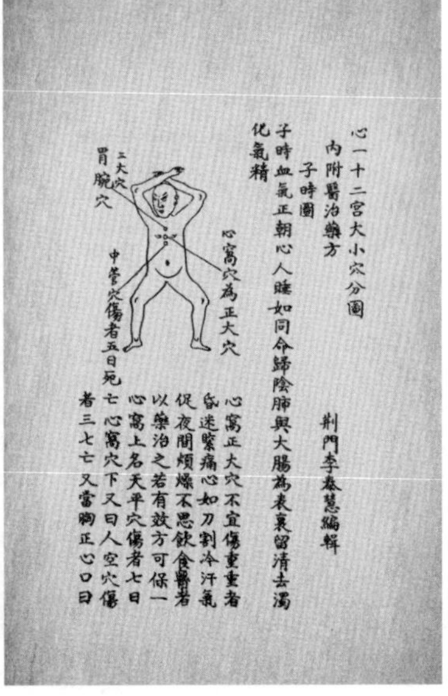
心一十二宮大小穴分圖

內附醫治藥方　荊門李春慧編輯

子時圖

子時血氣正朝心人睡如同命歸陰肺與大腸為表裏留清去濁化氣精

心窩正大穴不宜傷重重者昏迷緊痛心如刀割冷汗氣促夜間煩燥不思飲食斷者以藥治之若有效方可保一心窩上名天平穴傷者七日亡心窩穴下又曰人空穴傷者三七亡又當胸正心口曰

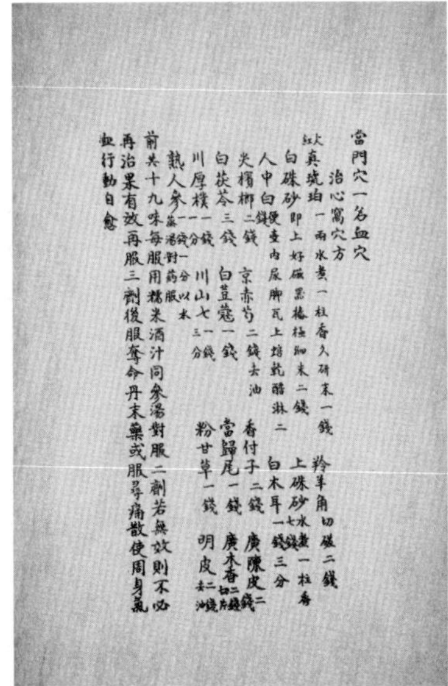
當門穴一名血穴

治心窩穴方

大紅真琥珀一兩水煮一柱香久研末一錢　羚羊角切碎二錢

白硃砂即上好硼砂搗極細末二錢　上硃砂七錢水煮一柱香

人中白二錢便壺內尿脚瓦上焙乾醋淋二　白木耳一錢三分

尖檳榔二錢　京赤芍二錢去油　香付子二錢　廣陳皮二錢

白茯苓三錢　白荳蔻一錢　當歸尾一錢　廣木香二錢切片

川厚樸一錢　川山七一錢三分　粉甘草一錢　明皮二錢去油

熟人參一錢一分蒸湯對藥服分以水

前共十九味每服用糯米酒汁同參湯對服二劑若無效則不必再治果有效再服三劑後服奪命丹末藥或服尋痛散使周身氣血行動自愈

又方

硃砂四分製過　神砂四分　母丁一錢五分　菖蒲一錢五分　川芎二錢
茜草一錢五分　元胡三錢　木香三錢　紅花一錢　田山七二錢
紫荊皮一錢五分　元寸二分　柏子仁一錢三分　共研末用酒汁參湯
冲服

傷中管穴重者緊急難當嘔吐慌張氣湧四肢軟口失味輕者五里還陽重者不及半年吐血而亡要早醫用外功推拿於傷處貼風損膏藥可愈

中管穴方

香附三錢　茯苓三錢　檳榔二錢　只殼二錢　山七一錢切片
廣皮三錢　歸尾二錢　赤芍二錢　白芍二錢　的乳二錢去油
洋參三錢　生地二錢　川樸二錢五分　母丁一兩打碎　末葯二錢去油

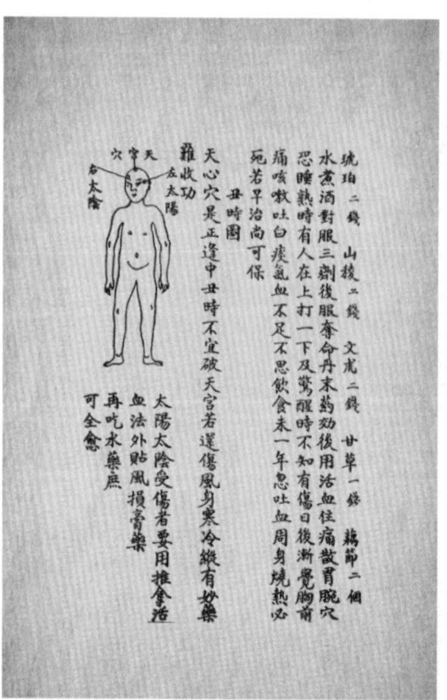
琥珀二錢　山稜二錢　文朮二錢　甘草一錢　藕節二個
水煮酒對服三劑後服奪命丹末葯劫後用活血住痛散胃脘穴恐睡熟時有人在上打一下及驚醒時不知有傷日後漸覺胸前痛咳嗽吐白痰氣血不足不思飲食未一年息吐血周身燒熱必死若早治尚可保

丑時圖

天心穴是正逢中丑時不宜破天宮若還傷風身寒冷纔有妙藥難收功

太陽太陰受傷者要用推拿活血法外貼風損膏藥再吃水藥庶可全愈

治三穴方

辛夷二錢　蒿本二錢　荊芥二錢　活血二錢　碎補二錢
山七二錢切片　血結一錢　川芎二錢　白芷二錢　赤芍三錢
青皮二錢　洋參一錢　的乳二錢去油　金釵三錢　藕節二個引
甘草一錢　末藥二錢去油　檳榔二錢　北防風二錢
以上共十九味煎服如不收功再服活血住痛散末藥即愈

又方

乾薑八分　蒿本錢半　澤蘭一錢　羌活錢半　殭蟲一錢
山七一錢　白芷一錢　黃七錢半　茜草一錢　當歸錢半
石斛錢半　川芎八分　共研細末用開水對服若跌動腦髓再
服安髓散

安髓散

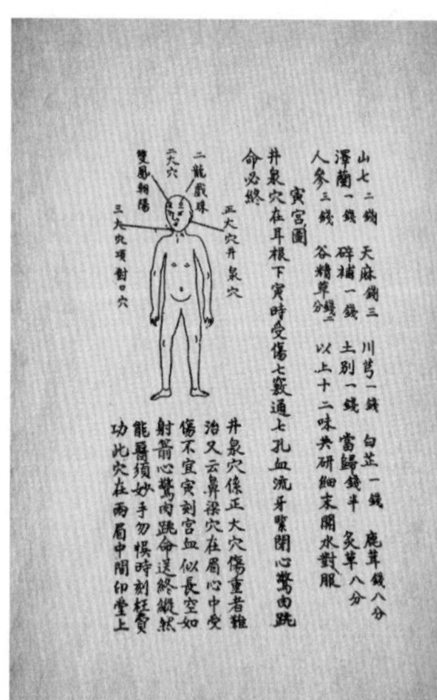
山七二錢　天麻錢三　川芎一錢　白芷一錢　鹿茸錢八分
澤蘭一錢　碎補一錢　土別一錢　當歸錢半　炙草八分
人參三錢　谷精草錢二分　以上十二味共研細末開水對服

寅宮圖

井泉穴在耳根下寅時受傷七竅通七孔血流牙緊閉心驚肉跳命必終

井泉穴係正大穴傷重者雖治又云鼻梁穴在眉心中受傷不宜寅刻宮血似長空如射箭心驚肉跳命送終縱然能醫須妙手勿悞時刻枉費功此穴在兩眉中間印堂上

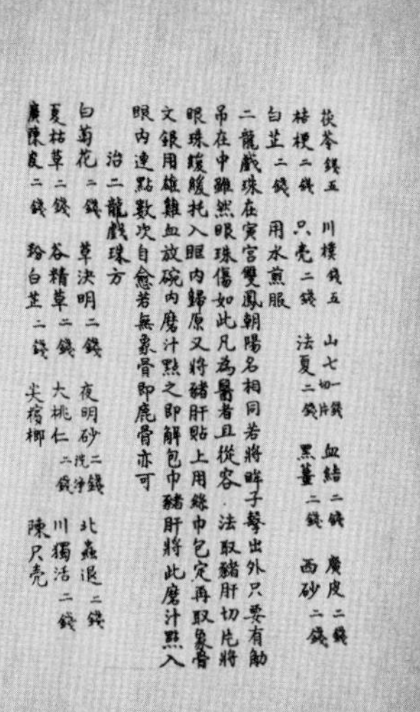

茯苓錢五　川樸錢五　山七切片一錢　血結二錢　廣皮二錢
桔梗二錢　只殼二錢　法夏二錢　黑薑二錢　西砂二錢
白芷二錢　用水煎服
二龍戲珠在寅宮雙鳳朝陽名相同若將眸子瞽出外只要有觔
吊在中雖然眼珠傷如此凡為醫者且從容．法取豬肝切片將
眼珠緩緩托入眶內歸原又將豬肝貼上用絲巾包定再取象骨
文銀用雄雞血放碗內磨汁點之即解包巾豬肝將此磨汁點入
眼內連點數次自愈若無象骨即鹿骨亦可

治二龍戲珠方

白菊花二錢　草決明二錢　夜明砂洗淨二錢　北蟲退二錢
夏枯草二錢　谷精草二錢　大桃仁二錢　川獨活二錢
廣陳皮二錢　粉白芷二錢　尖檳榔　陳只殼

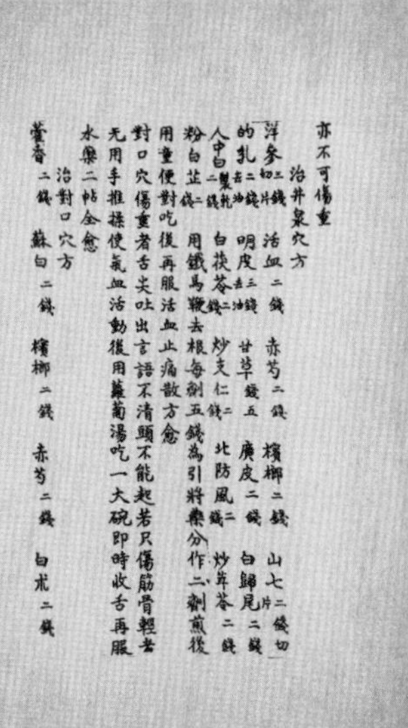

亦不可傷重

治井泉穴方

洋參切片三錢　活血二錢　赤芍二錢　檳榔二錢　山七切片二錢
的乳去油二錢　明皮去油三錢　甘草錢五　廣皮二錢　白歸尾二錢
人中白煅乳二錢　白茯苓二錢　炒支仁二錢　北防風二錢　炒芥苓二錢
粉白芷二錢　用鐵馬鞭去根每劑五錢為引將藥分作二劑煎後
用童便對吃後再服活血止痛散方愈
對口穴傷重者舌尖吐出言語不清頭不能起若只傷筋骨輕者
无用手推揉使氣血活動後用蘇葡湯吃一大碗即時收舌再服
水藥二帖全愈

治對口穴方

藿香二錢　蘇白二錢　檳榔二錢　赤芍二錢　白朮二錢

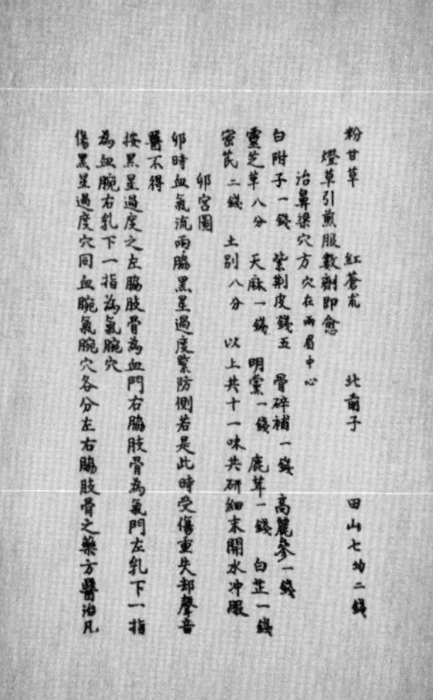

粉甘草　紅蒼朮　北葡子　田山七炒二錢
燈草引煎服數劑即愈

治鼻梁穴方穴在兩眉中心

白附子一錢　紫荊皮錢五　骨碎補一錢　高麗參一錢
靈芝草八分　天麻一錢　明黨一錢　鹿茸一錢　白芷一錢
密芪二錢　土別八分　以上共十一味共研細末開水冲服

卯宮圖

卯時血氣流兩脇黑星過度緊防側若是此時受傷重失部摩音
醫不得
按黑星過度之左脇肢骨為血門右脇肢骨為氣門左乳下一指
為血腕右乳下一指為氣腕穴
傷黑星過度穴同血腕氣腕穴各分左右脇肢骨之藥方醫治凡

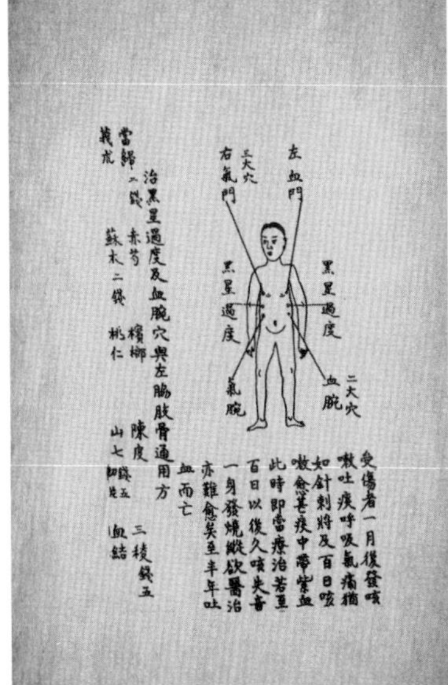

受傷者一月後發咳嗽吐痰呼吸氣痛猶如針刺將及百日咳嗽愈甚痰中帶紫血此時即當療治若至百日以後久咳失音一身發燒燃欲醫治亦難愈矣至半年吐血而亡

治黑星過度及血腕穴與左脇肢骨通用方

當歸二錢　赤芍　檳榔　陳皮　三棱錢五
莪朮　蘇木二錢　桃仁　山七切片錢五　血結

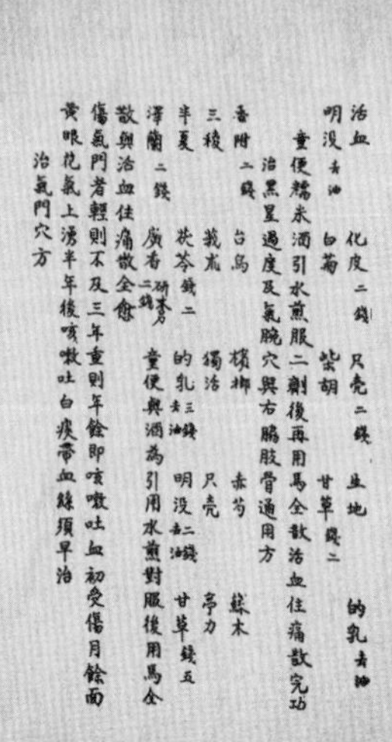
治血　化皮二錢　只殼二錢　生地　的乳去油
明沒去油　白芍　柴胡　甘草錢二
童便糯米酒引水煎服二劑後再用馬金散治血住痛散完功
治黑昱過度及氣腕穴與右胳肢骨通用方
香附二錢　台烏　檳榔　赤芍　蘇木
三稜　莪朮　獨活　只殼　骨力
半夏　茯苓錢二　的乳去油三錢　明沒去油二錢　甘草錢五
澤蘭二錢　廣香研末二錢　童便與酒為引用水煎對服後用馬金
散與治血住痛散全愈
傷氣門者輕則不及三年重則年餘即咳嗽吐血初受傷月餘面
黃眼花氣上湧半年後咳嗽吐白痰帶血絲須早治
治氣門穴方

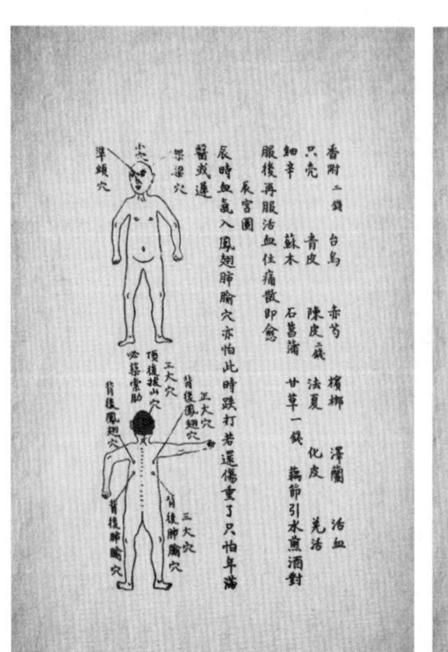
香附二錢　台烏　赤芍　檳榔　澤蘭　活血
只殼　青皮　陳皮錢　法夏　化皮　羌活
細辛　蘇木　石菖蒲　甘草一錢　藕節引水煎酒對
服後再服治血住痛散即愈
辰宮圖
辰時血氣入鳳翅肺腧穴亦怕此時跌打若還傷重了只怕年滿
醫救遲

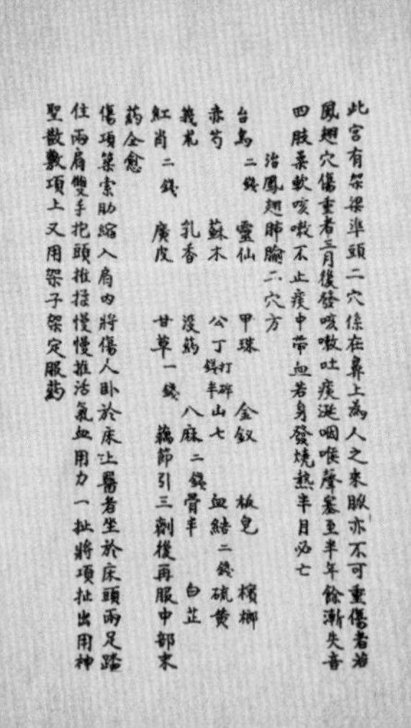
此宮有架梁準頭二穴係在鼻上為人之來脉亦不可重傷者治
鳳翅穴傷重者三月後發咳嗽吐痰涎咽喉聲塞至半年餘漸失音
四肢柔軟咳嗽不止痰中帶血若身發燒熱半月必亡
治鳳翅肺腧二穴方
台烏二錢　靈仙　甲珠　金釵　板皂　檳榔
赤芍　蘇木　公丁錢半　打碎山七　血結二錢　硫黃
莪朮　乳香　沒藥　八麻二錢　骨丰　白芷
紅肖二錢　廣皮　甘草一錢　藕節引三劑後再服中部末
藥全愈
傷項築索肋縮入肩內將傷人卧於床上醫者坐於床頭兩足踏
住兩肩雙手抱頭推揉慢慢推活氣血用力一扯將項扯出用神
聖散數項上又用架子架定服藥

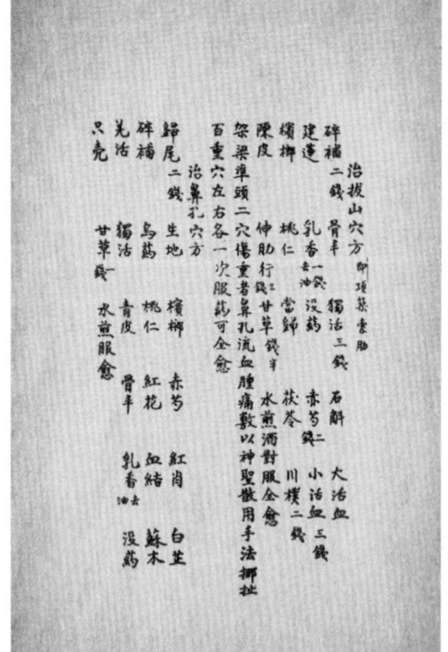
治拔山穴方　附項築索肋
碎補二錢　骨丰　獨活三錢　石斛　大活血
建蓮　乳香去油一錢　沒藥　赤芍錢二　小活血三錢
檳榔　桃仁　當歸　茯苓　川樸二錢
陳皮　伸肋行三錢　甘草錢半　水煎酒對服全愈
架梁準頭二穴傷重者鼻孔流血腫痛數以神聖散用手法挪扯
百重穴左右各一次服藥可全愈
治鼻孔穴方
歸尾二錢　生地　檳榔　赤芍　紅肖　白芷
碎補　烏藥　桃仁　紅花　血結　蘇木
羌活　獨活　青皮　骨丰　乳香去油　沒藥
只殼　甘草一錢　水煎服愈

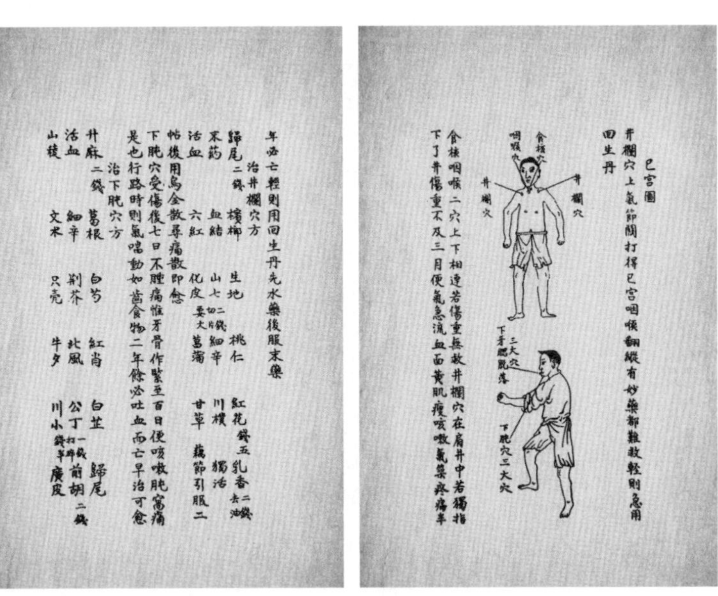

巳宮圖

井欄穴上氣節閣打得巳宮咽喉翻縱有妙藥都難救輕則急用回生丹

食嗓咽喉二穴上下相連若傷重無救井欄穴在肩井中若獨指下了井傷重不及三月便氣急流血面黃肌瘦咳嗽氣喘疼痛半年必亡輕則用回生丹先水藥後服末藥

治井欄穴方

歸尾二錢 檳榔 生地 桃仁 紅花錢五 乳香二錢去油

末藥 血結 山七二錢切片 細辛 川樸 獨活

活血 六紅 化皮要大 菖蒲 甘草 藕節引服二帖後用烏金散尋痛散即愈

下肫穴受傷後七日不腫痛惟牙骨作緊至百日便咳嗽肫窩痛是也行路時則氣喘動如嚙食物二年餘必吐血而亡早治可愈

治下肫穴方

升麻二錢 葛根 白芍 紅肖 白芷 歸尾

活血 細辛 荆芥 北風 公丁一錢打碎 前胡二錢

山楂 文术 只殼 牛夕 川小錢半 廣皮

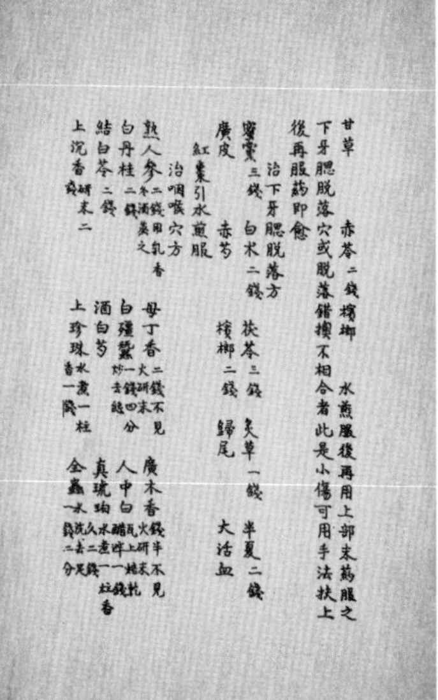

甘草 赤苓二錢 檳榔 水煎服後再用上部末藥服之

下牙腮脫落穴或脫落錯搙不相合者此是小傷可用手法扶上後再服藥即愈

治下牙腮脫落方

寶實三錢 白术二錢 茯苓三錢 炙草一錢 半夏二錢

廣皮 赤芍 檳榔二錢 歸尾 大活血

紅棗引水煎服

治咽喉穴方

熟人參二錢用冬酒蒸之 乳香 母丁香二錢不見火研末 廣木香錢半不見火研末

白丹桂二錢 白殭蠶一錢四分炒去絲 人中白瓦上煅醋淬一錢

結白苓二錢 酒白芍 真琥珀水煮一灶香久二錢

上沉香錢研末二 上珍珠水煮一柱香一錢 金蟲一錢二分水洗去足

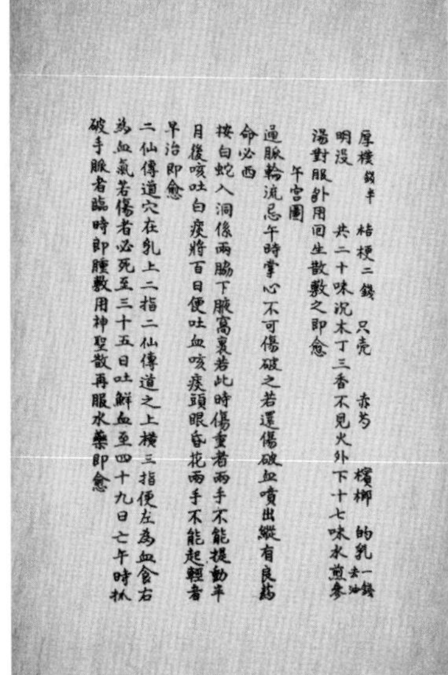

厚樸錢半 桔梗二錢 只殼 赤芍 檳榔 的乳一錢去油

明沒 共二十味沉木丁三香不見火外下十七味水煎參湯對服外用回生散敷之即愈

午宮圖

通脈輸流忌午時掌心不可傷破之若還傷破血噴出縱有良藥命必西

按白蛇入洞係兩脇下腋窩裏若此時傷重者兩手不能提動半月後咳吐白痰將百日便吐血咳痰頭眼昏花兩手不能起輕者早治即愈

二仙傳道穴在乳上二指二仙傳道之上橫三指便左為血倉右為血氣若傷者必死至三十五日吐鮮血至四十九日亡午時抓破手脈者臨時即腫敷用神聖散再服水藥即愈

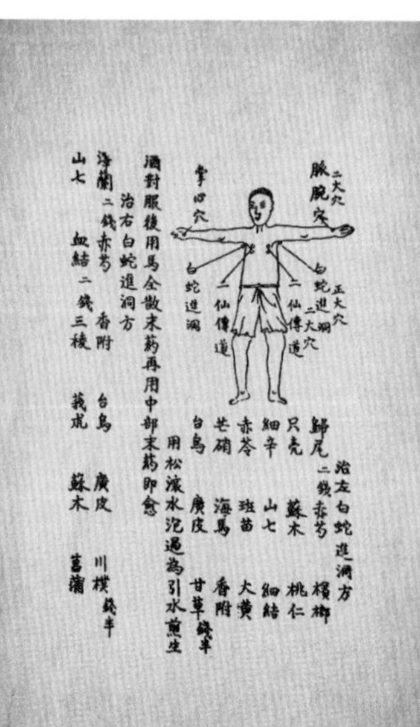

治左白蛇進洞方
歸尾二錢 赤芍 檳榔
只殼 蘇木 桃仁
細辛 山七 細結
赤苓 班苗 大黃
芒硝 海馬 香附
台烏 廣皮 甘草錢半
用松滚水泡過為引水煎生
酒對服後用馬全散末葯再用中部末葯即愈
治右白蛇進洞方
澤蘭二錢 赤芍 香附 台烏 廣皮 川樸錢半
山七 血結二錢 三稜 莪朮 蘇木 蒲黃

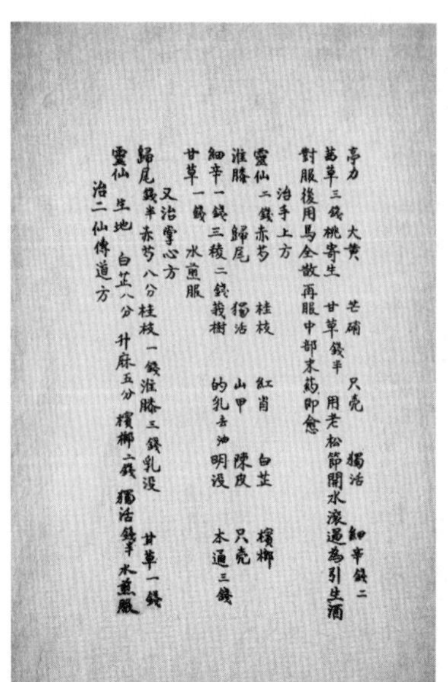
亭力 大黃 芒硝 只殼 獨活 細辛錢二
萬草三錢 桃寄生 甘草錢半 用老松節開水滚過為引生酒
對服後用馬全散再服中部末葯即愈
治手上方
靈仙二錢 赤芍 桂枝 紅肖 白芷 檳榔
淮膝 歸尾 獨活 山甲 陳皮 只殼
細辛一錢 三稜二錢 莪樹 的乳去油 明沒 木通三錢
甘草一錢 水煎服
又治掌心方
歸尾錢半 赤芍八分 桂枝一錢 淮膝三錢 乳沒 甘草一錢
靈仙 生地 白芷八分 升麻五分 檳榔二錢 獨活錢半 水煎服
治二仙傳道方

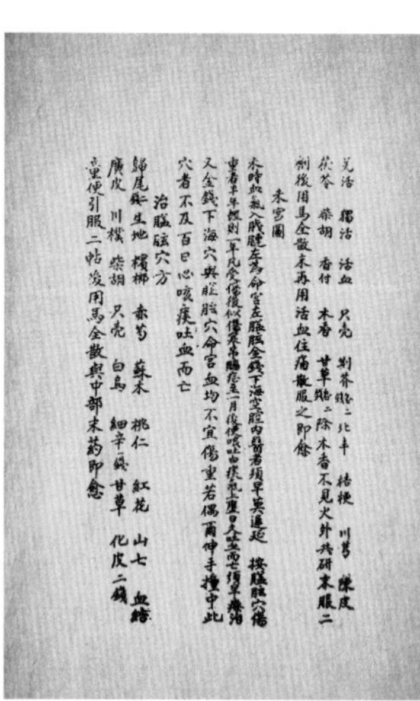
羌活 獨活 活血 只殼 荆芥錢二 北辛 桔梗 川芎 陳皮
茯苓 柴胡 香付 木香 甘草錢二 除木香不見火外共研末服二
剂後用馬全散末再用活血住痛散服之即愈
未宮圖
本時血氣入戕腱左為命宮左脈腕金錢下海受腔內損傷者須早葉進延 按脈腕穴傷
重者半年無則一年凡受傷後似傷寒吊暢卮至一月後便咳吐血痰氣上塞日久吐血而亡須早療治
又金錢下海穴與脏腕穴命宮血均不宜傷重若偶爾伸手擅中此
穴者不及百日心咳痰吐血而亡
治脈腕穴方
歸尾錢二 生地 檳榔 赤芍 蘇木 桃仁 紅花 山七 血結
廣皮 川樸 柴胡 只殼 白烏 細辛一錢 甘草 化皮二錢
童便引服二帖後用馬全散與中部末葯即愈

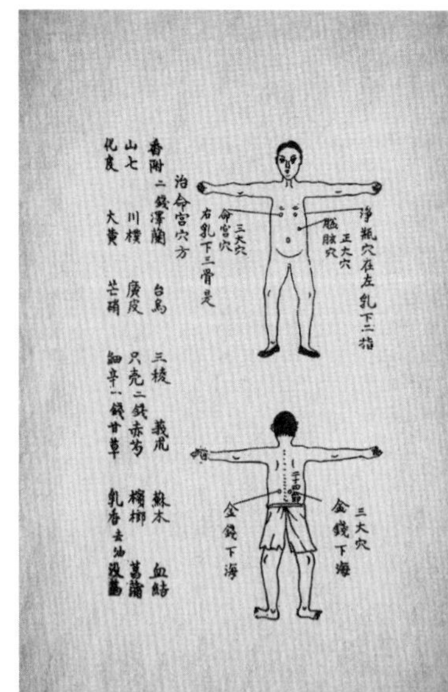

治命宮穴方
香附二錢 澤蘭 台烏 三稜 莪朮 蘇木 血結
山七 川樸 廣皮 只殼二錢 赤芍 檳榔 蒲黃
化皮 大黃 芒硝 細辛一錢 甘草 乳香去油 沒藥

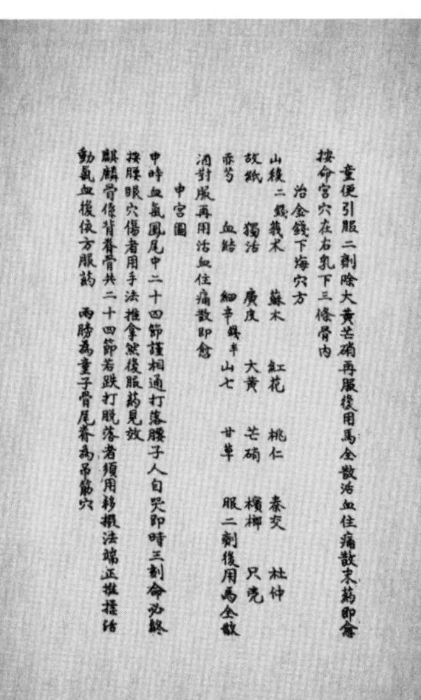

童便引服二劑除大黃芒硝再服後用馬金散活血住痛散末藥即愈
接命宮穴在右乳下三條骨內

治金錢下海穴方

山稜二錢 莪朮 蘇木 紅花 桃仁 秦交 杜仲
故紙 獨活 廣皮 大黃 芒硝 檳榔 只殼
赤芍 血結 細辛錢半 山七 甘草 服二劑後用馬金散
酒對服再用活血住痛散即愈

中宮圖

中時血氣鳳尾中二十四節護相通打落腰子人白哭即時三刻命必終
接腰眼穴傷者用手法推拿然後服藥見效
麒麟骨係背脊骨共二十四節若跌打脫落者須用移搬法端正推揉活
動氣血後依方服藥 兩勝為童子骨尾脊為吊筋穴

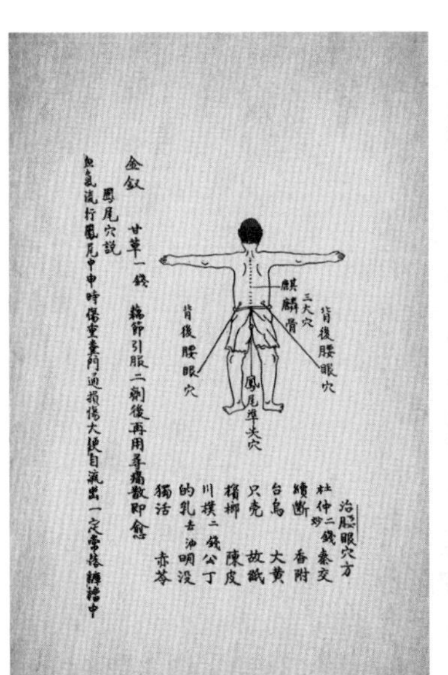

治腰眼穴方

杜仲炒二錢 秦交
續斷 香附
台烏 大黃
只殼 故紙
檳榔 陳皮
川撲二錢 公丁
的乳去油 明沒
獨活 赤苓
金釵 甘草一錢 藕節引服二劑後再用尋痛散即愈

鳳尾穴說

血氣流行鳳尾中申時傷重糞門通損傷大便自流出一定當係轉諸中

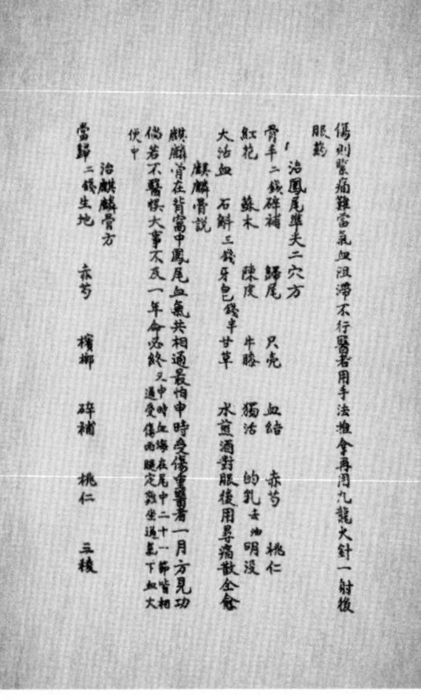

傷則緊痛難當氣血阻滯不行醫者用手法推拿再用九龍大針一射後
服藥

治鳳尾準夫二穴方

骨手二錢 碎補 歸尾 只殼 血結 赤芍 桃仁
紅花 蘇木 陳皮 牛膝 獨活 的乳去油 明沒
大活血 石斛三錢 牙皂錢半 甘草 水煎酒對服後用尋痛散全愈

麒麟骨說

麒麟骨在背當中鳳尾血氣共相通最怕中時受傷重醫者一月方見功
倘若不醫誤大事不及一年命必終又中時血海在尾中二十一節皆相通受傷兩腿定難坐過氣下血大便中

治麒麟骨方

當歸二錢生地 赤芍 檳榔 碎補 桃仁 三稜

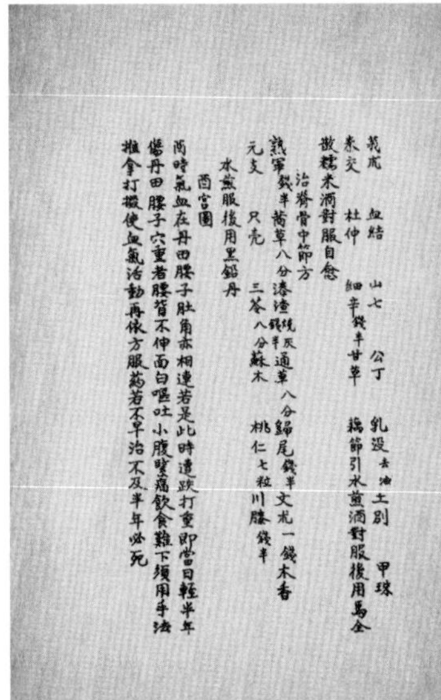

莪朮 血結 山七 公丁 乳沒去油 土別 甲珠
秦交 杜仲 細辛錢半甘草 藕節引水煎酒對服後用馬金
散糯米酒對服自愈

治脊骨中節方

熟軍錢半 茜草八分 漆渣燒灰錢半 通草八分 歸尾錢半 文朮一錢 木香
元支 只殼 三稜八分 蘇木 桃仁七粒 川膝錢半
水煎服後用黑鉛丹

酉宮圖

酉時氣血在丹田腰子肚角亦相連若是此時遭跌打重即當日輕半年
傷丹田腰子穴重者腰背不伸面白嘔吐小腹緊痛飲食難下須用手法
推拿打搬使血氣活動再依方服藥若不早治不及半年必死

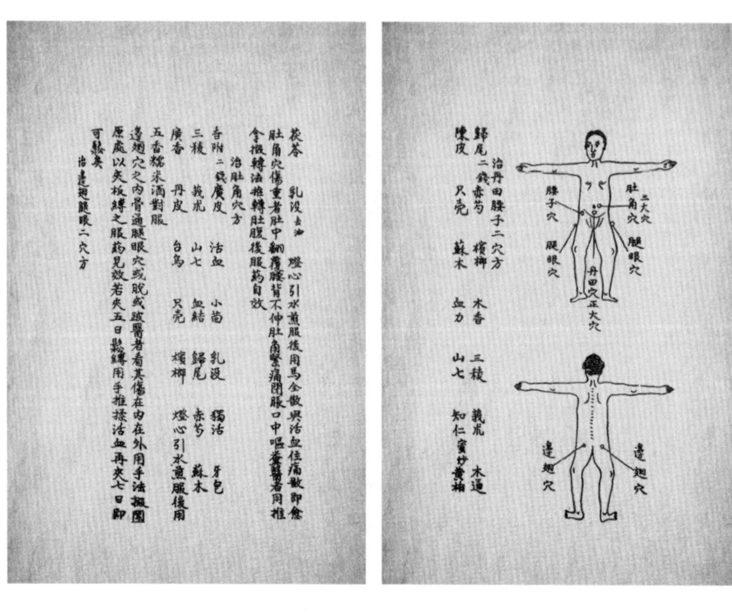

治丹田膝子二穴方
歸尾二錢　赤芍　檳榔　木香　三棱　莪朮　木通
陳皮　只殼　蘇木　血力　山七　知仁　貢炒黃柏

茯苓　乳沒去油　燈心引水煎服後用馬全散與活血住痛散即愈
肚角穴傷重者肚中翻覆腰背不伸肚角緊痛閉眼口中嘔叢醫者用推
拿撥轉法推轉肚腹後服藥自效
治肚角穴方
香附二錢廣皮　活血　小茴　乳沒　獨活　牙皂
三棱　莪朮　山七　血結　歸尾　赤芍　蘇木
廣香　丹皮　台烏　只殼　檳榔　燈心引水煎服後用
五香糯米酒對服
邊翅穴之內骨通腿眼穴或脫或跛醫者看其傷在內在外用手法撥圈
原處以夾板縛之服藥見效若夾五日鬆縛用手推揉活血再夾七日即
可愈矣
治邊翅腿眼二穴方

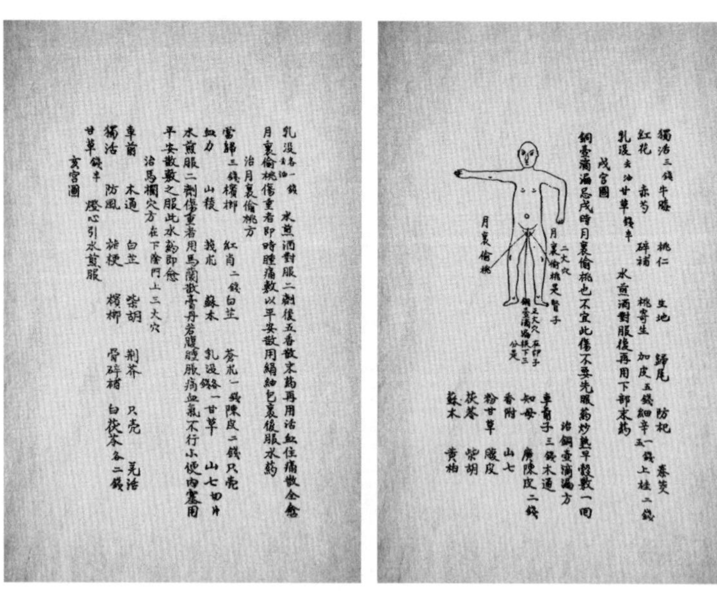

獨活三錢　牛膝　桃仁　生地　歸尾　防杞　秦艽
紅花　赤芍　碎補　桃寄生　加皮五錢　細辛五一錢　上桂二錢
乳沒去油　甘草錢半　水煎酒對服後再用下部末藥
戊宮圖
銅壺滴漏忌戌時月裏偷桃也不宜此傷不要先服藥炒熱早穀數一回
治銅壺滴漏方
車前子三錢木通
知母　廣陳皮二錢
香附　山七
粉甘草　破皮
茯苓　柴胡
蘇木　黃柏

乳沒各去油一錢　水煎酒對服二劑後五香散末藥再用活血住痛散全愈
月裏偷桃傷重者即時腫痛數以平安散用絹細包裹後服水藥
治月裏偷桃方
當歸三錢檳榔　紅肖二錢白芷　蒼朮一錢陳皮二錢只殼
血力　山棱　莪朮　蘇木　乳沒各一錢甘草　山七切片
水煎服二劑傷重者用馬蘭散雪丹若腹腫脹痛血氣不行小便內塞用
平安散數之服此水藥即愈
治馬欄穴方在下陰門上三大穴
車前　木通　白芷　柴胡　荊芥　只殼　羌活
獨活　防風　桔梗　檳榔　骨碎補　白茯苓各二錢
甘草錢半　燈心引水煎服
亥宮圖

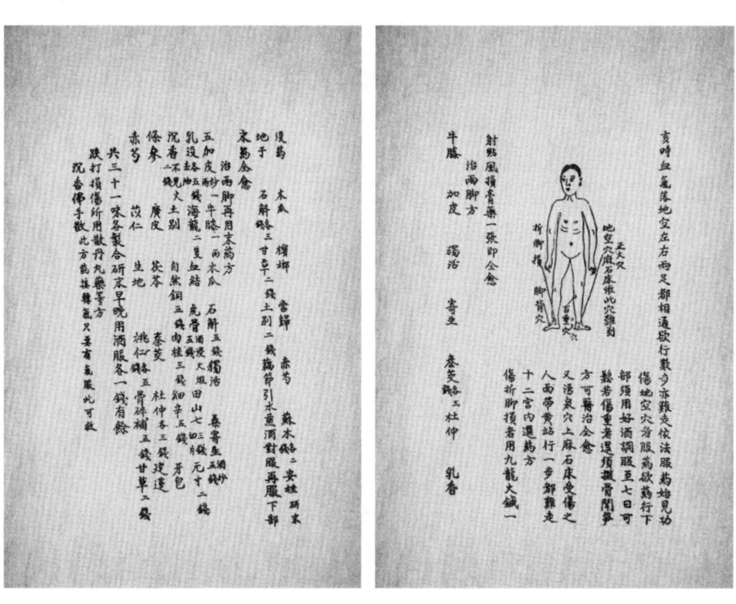

亥時血氣落地空左右兩足都相通欲行數步亦難走依法服藥始見功
傷地空穴治服藥欲藥行下
部須用好酒調服至七日可
驗若傷重者還須擬骨閒爭
方可醫治全愈
又湧泉穴上麻石床受傷之
人面帶黃站行一步都難走
十二宮內還藥方
傷折腳損者用九龍大鍼一
射點風損膏藥一張即全愈
治兩腳方
牛膝 加皮 獨活 寄生 秦艽各五錢 杜仲 乳香

沒藥 木瓜 檳榔 當歸 赤芍 蘇木各二錢 安桂研末
地子 石斛各三錢 甘草二錢 土別二錢 藕節引水煎酒對服再服下部
末藥全愈
治兩腳再用末藥方
五加皮酒炒一兩 牛膝一兩 木瓜 石斛五錢 獨活 桑寄生酒炒五錢
乳沒各五錢去油 海龍二隻 血結 虎骨酒浸火煅五錢 田山七三錢切片 元寸二錢
沉香不見火二錢 土別 自然銅五錢 肉桂三錢 細辛五錢 牙皂
條參 廣皮 茯苓 秦艽 杜仲各三錢 建蓮
赤芍 苡仁 生地 桃仁各五錢 骨碎補五錢 甘草二錢
共三十一味各製合研末早晚用酒服各一錢有餘
跌打損傷所用散丹丸藥等方
沉香佛手散此方能接轉氣只要有氣服此可救

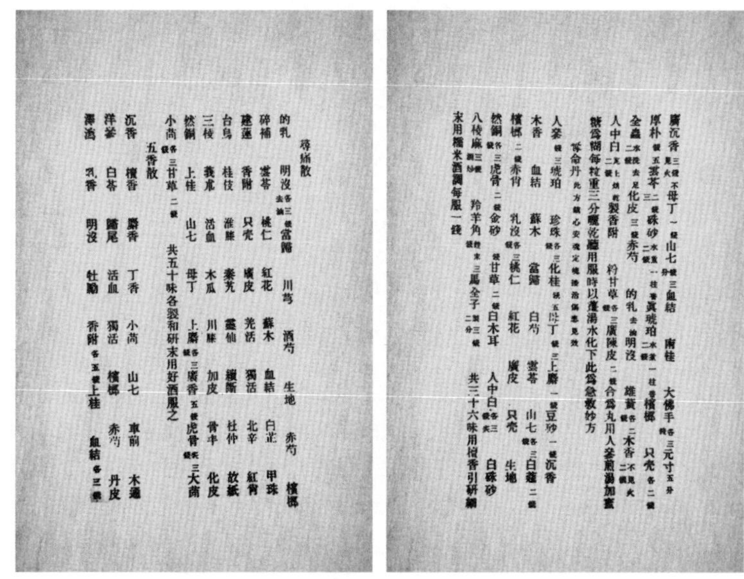
廣沉香三錢不見火 母丁一錢 山七三錢 血結 肉桂 大佛手各三錢 元寸五分
厚朴五錢 雲苓三錢 硃砂二錢水飛一枝香 真琥珀二錢水飛一枝香 檳榔 只殼各二錢
全蟲二錢水洗去足 化皮三錢 赤芍 的乳去油 明沒 雄黃各二錢 木香二錢不見火
人中白二錢瓦上焙乾 製香附 粉甘草各三錢 廣陳皮二錢 合爲丸用人參煎湯加蜜
糯米糊每粒重三分曬乾臨用服時以童湯水化下此爲急救妙方
保命丹此方能安心定魄接治傷患見效
人參三錢 琥珀 珍珠各三錢 化桂五錢 母丁三錢 上麝一錢 豆砂一錢 沉香
木香 血結 蘇木 當歸 白芍 雲苓 山七各三錢 白蔻二錢
檳榔二錢 赤骨 乳沒各三錢 桃仁 紅花 廣皮 只殼 生地
然銅各三錢 虎骨二錢 金砂 甘草二錢 白木耳 人中白各三錢 白硃砂
八棱麻三錢酒炒 羚羊角三錢研末 馬全子二分製 共三十六味用檀香引研細
末用糯米酒調每服一錢

尋痛散
的乳 明沒各三錢去油 當歸 川芎 酒芍 生地 赤芍 檳榔
碎補 雲苓 桃仁 紅花 蘇木 血結 白芷 甲珠
建蓮 香附 只殼 廣皮 羌活 獨活 北辛 紅骨
台烏 桂枝 淮膝 秦艽 靈仙 續斷 杜仲 故紙
三棱 莪朮 活血 木瓜 川膝 加皮 骨碎 化皮
然銅 上桂 山七 母丁 上麝各三錢 廣香五錢 虎骨三錢炙 大茴
小茴各三錢 甘草二錢 共五十味各製和研末用好酒服之
五香散
沉香 檀香 麝香 丁香 小茴 山七 車前 木通
洋參 白苓 歸尾 活血 獨活 檳榔 赤芍 丹皮
澤瀉 乳香 明沒 牡蠣 香附各五錢 上桂 血結各三錢

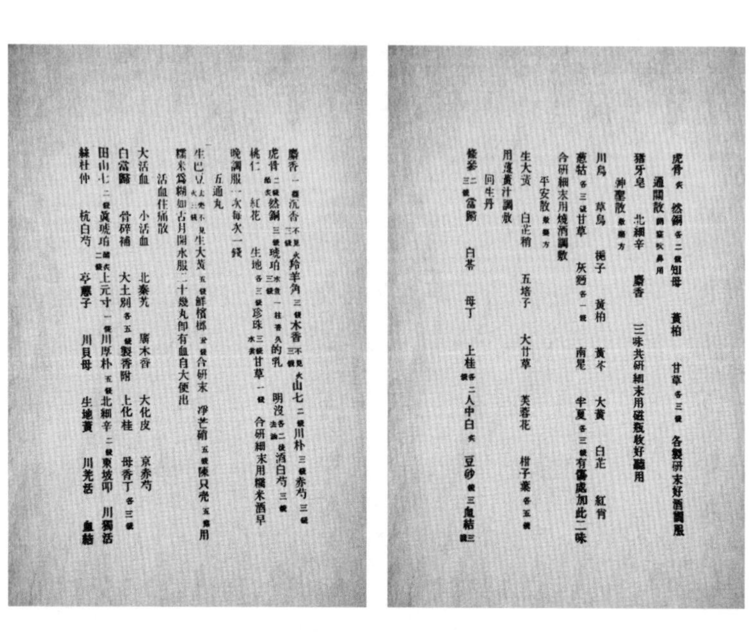

虎骨炙 然銅各二錢 知母 黃柏 甘草各三錢 各製研末好酒調服
通關散開竅吹鼻用
豬牙皂 北細辛 麝香 三味共研細末用磁瓶收好聽用
神聖散敷傷方
川烏 草烏 梔子 黃柏 黃芩 大黃 白芷 紅宵
蔥秸各三錢 甘草 灰麪各一錢 南星 半夏各三錢 有傷處加此二味
合研細末用燒酒調敷
平安散敷傷方
生大黃 白芷稍 五培子 大甘草 芙蓉花 柑子葉各五錢
用蓬黃汁調敷
回生丹
條參二三錢 當歸 白茶 母丁 上桂各二錢 人中白炙 豆砂三錢 血結三錢

麝香一錢 沉香不見火三錢 羚羊角三錢 木香不見火三錢 山七二錢 川朴三錢 赤芍三錢
虎骨二錢醋炙 然銅三錢 琥珀水煮一柱香久三錢 的乳 明沒各二錢去油 酒白芍三錢
桃仁 紅花 生地各三錢 珍珠三錢水煮 甘草一錢 合研細末用糯米酒早
晚調服二次每次一錢
五通丸
生巴豆去殼不見火三錢 生大黃五錢 鮮檳榔五錢 合研末 淨芒硝五錢 陳只殼五錢 用
糯米爲糊如古月開水服二十幾丸卽有血自大便出
活血住痛散
大活血 小活血 北秦艽 廣木香 大化皮 京赤芍
白當歸 骨碎補 大土別各五錢 製香附 上化桂 母香丁各三錢
田山七二錢 眞琥珀二錢 上元寸一錢 川厚朴五錢 北細辛二錢 東坡叩 川獨活
綿杜仲 杭白芍 亭藶子 川貝母 生地黃 川羌活 血結

穿山甲 廣陳皮 大小茴 蘇木 的乳 明沒 桃仁
紅花 故紙 薄荷 紅硝 莒蒲 川芎 山奈各三錢
甘草二錢 合研細末每日早晚用酒調服
鳳全散
鳳全子一兩 珍珠五錢水煮一柱香 硃砂三錢便炙 小豆砂一錢水煮一柱香 山甲三錢 麝香一錢
眞琥珀五錢水煮一柱香 的乳 明沒去油 獨活 廣皮 秦艽 生地
桃仁 紅花 只殼各三錢 廣木香五錢不見火 大黃一錢 細辛 上桂 赤芍
檳榔 玄明粉 大小茴 骨碎補 · 甘草 大母丁各三錢 山七二錢
血結 蘇木 歸尾各五錢 沉香三錢不見火 檀香三錢不見火 共研細末早晚調服
製鳳全子法
或取一斤二斤不等放便桶內用水春浸一月夏浸二十四日秋浸二十七日冬浸
四十九日擇良辰取出至長流水濯洗之刮去皮毛用酒浸一晝夜洗淨用扎刀切

片曬乾聽用若先未製就急欲用時以溫水浸之刮去皮毛由香麻油煮之不可煎
枯取出合研細末每單用一兩
治槍刀大傷用藥方
眞象骨三兩切片用黃土炒乾去土 胎髮毛取九個燒灰用 赤石脂一兩火煅紅小便淬乾 石龍骨一兩火煅便淬乾
國黃丹五錢鍋炒研 川黃連三錢切片 香甘石三兩火煅便淬合乾研末 輕粉四錢 血結五錢 大黃
黃柏 白芷各五錢 寒芩 山七 明沒 法夏各三錢 的乳四錢去油
用無毛鼠以石灰過死瓦上曬乾研細末放大擂鉢內加冰片一錢 元寸五分擂
勻用磁罐收緊
治刀斧小傷用藥方
陳石灰墻脚碎石灰一斤 蘇瓜葉五錢 芙蓉葉三錢 此二葉先入罐內舂爛如泥後放石
灰入五黃藥水汁內合勻輕舂極細取出做成餅陰乾打碎研末篩過收好聽用
九龍火城丹

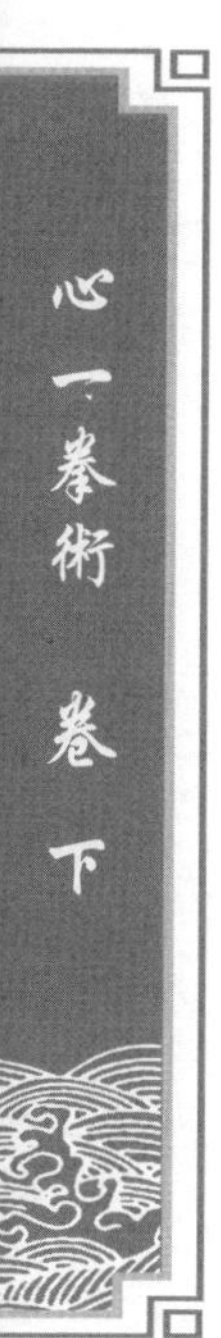

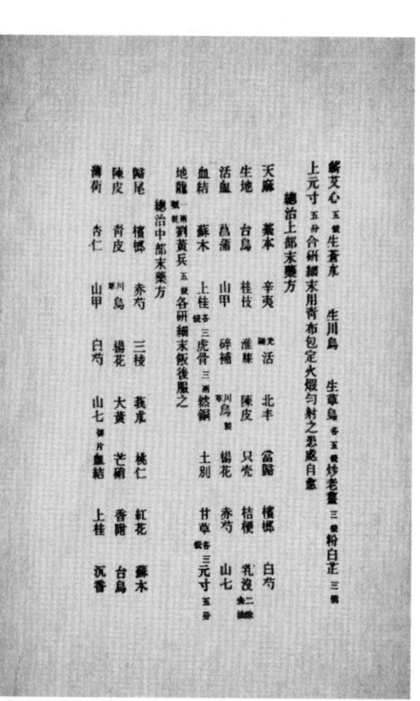

蘄艾心(五錢)生蒼朮　生川烏　生草烏(各五錢)炒老薑(三錢)粉白芷(三錢)

上元寸(五分)合研細末用膏布包定火煨勻射之悉處自愈

總治上部末藥方

天麻　藁本　辛夷　羌活　北丰(?)　當歸　檳榔　白芍

生地　台烏　桂枝　淮膝(?)　陳皮　只殼　桔梗　乳沒(各二錢去油)

活血　菖蒲　山甲　碎補　(草)川烏(製)　錫花　赤芍　山七

血結　蘇木　上桂(各三錢)　虎骨(三兩)　然銅　土別　甘草(各三錢)　元寸(五分)

地龍(一兩製乾)　劉黃兵(五錢)各研細末飯後服之

總治中部末藥方

歸尾　檳榔　赤芍　三棱　莪朮　桃仁　紅花　蘇木

陳皮　青皮　(草)川烏　錫花　大黃　芒硝　香附　台烏

薄荷　杏仁　山甲　白芍　山七(飯片)　血結　上桂　沉香

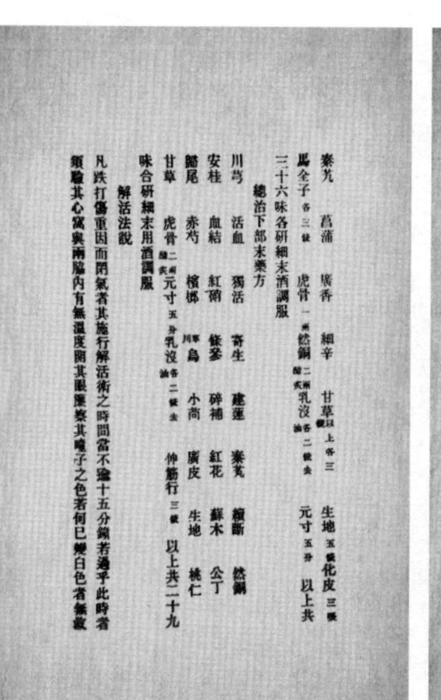

秦艽　菖蒲　廣香　細辛　甘草(以上各三錢)　生地(五錢)　化皮(三錢)

馬全子(各三錢)　虎骨(一兩)　然銅(二兩醋炙)　乳沒(各二錢去油)　元寸(五分)　以上共

三十六味各研細末酒調服

總治下部末藥方

川芎　活血　獨活　寄生　建蓮　秦艽　續斷　然銅

安桂　血結　紅硝　條參　碎補　紅花　蘇木　公丁

歸尾　赤芍　檳榔　(草川)烏　小茴　廣皮　生地　桃仁

甘草　虎骨(二兩醋炙)　元寸(五分)　乳沒(各二錢去油)　伸筋行(三錢)　以上共二十九

味合研細末用酒調服

解活法說

凡跌打傷重因而閉氣者其施行解活術之時間當不踰十五分鐘若過乎此時者

須驗其心窩與兩脇內有無溫度閱其眼瞳察其瞳子之色若何已變白色者無救

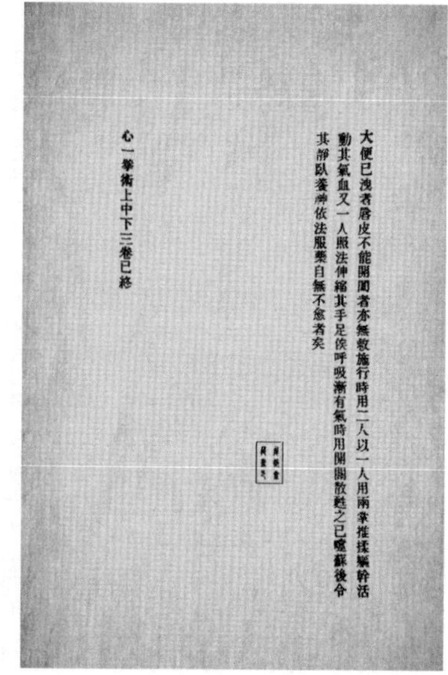

大便已洩者唇皮不能開閤者亦無救施行時用二人以一人用兩掌推揉胸幹活

動其氣血又一人照法伸縮其手足俟呼吸漸有氣時用開關散䶢之已嚏蘇後令

其靜臥養神依法服藥自無不愈者矣

心一拳術上中下三卷已終

第一編　技擊總論

蓋古戈、矛、刀、劍之製，所以戡亂、禦侮、供戰爭之用者也。今為火器時代，遠則巨炮，近則快槍，若古之武器之屬，皆為不用之品，無所施其技矣，雖然考各國槍製，必有刺刀冠其上焉。由是觀之，刀劍戈矛之器，縱不實現於陣前，而其用法，仍存於戰爭之間也。

凡兩敵距離最近，槍炮不暇裝放時，必上刀頭衝鋒而前進，以短兵相接。戰際茲時也，惟有精於技擊，善使刺槍之法者，乃可操勝券耳；況技擊之學，尤為吾國擅長之技，古人以此除奸慝①，平暴亂，立功疆場，震威異域者，殊難枚舉，然昭乎史冊者，班班可考也②。吾人特欲保存原有國粹，故將槍法、棍法、刀法、鐧法等用，逐類詳載，俾③學者有所參考，以為研究進行之助。循環庶精乎此道者，臨敵決勝時，我可制人而人莫我制也已。

【注釋】

①慝：音ㄊㄜˋ，邪惡。

②殊難枚舉，然昭乎史冊者，班班可考也：實在難以一一舉例，但聞名歷史的那些，卻可以一一考證的。昭，音ㄓㄠ，明顯，顯著。

③俾：音ㄅㄧˇ，使。

按：此段講了新時代熱兵器形勢下，中國傳統武術的用途與價值、重要性等問題。

第一章

岳家槍法①十二訣曰：吞、攔、挑、撲、圈、點、扎、刺此八法為槍之訣、閃、搖、輕、倏此四法為身之訣。訣云：「最妙」。此十二訣，為槍法中運使擊刺之要道，皆盡於斯矣，學者所宜注意深加研究者也。茲將十二訣解釋如下。

【注釋】

①岳家槍法：民間流傳許多岳家槍法，與此有別。岳家，這裏指岳飛岳武穆。岳李本有「岳公槍：上封下閉隨圈攔，青龍出海似箭穿。懷中抱月如伏虎，餓虎撲食猛上前。低來下格攔路虎，高來上絞黃龍纏。金雞獨立往外挑，斧劈君堂如開山。大蟒搖頭連挪步，白牛轉角緊跟連。中心如對往前扎，分劈捉拿不可偏。前絞後護蔽敵進，黃龍擺尾轉身還。玉女穿梭忽然進，急扎三槍如連環。青龍擺頭心中慌，騎馬中平把門攔。裏晃外扎式未定，外晃裏扎敵難攔。鯉魚疊脊猛一絞，白蛇吐信扎心肝。斜跨立紮抽身勢，烏龍轉背左右纏。葉裏偷桃刺咽喉，左架右攔展翅鑽。回頭望月扭身走，即用鷂子把身翻。斷門奪門俱可用，絕虎梨花保聖賢」「岳家槍（八母槍）：上紮面門下點腳，裏扎手扶外扎穿袖；裏扎胸膛外扎肩背，裏豁襠外扎膝」。

一曰吞

吞者象喉吞食之意。其法足未動而身先扭轉，手向後縮，以槍身撥開敵之槍頭者也。謂交手時，我先出槍擊敵，敵即刺吾槍而忽壓入我，此時欲進不能，退已不及，惟有扭身兩手猛力縮回，以己之槍身，挪開敵之槍頭，我即活動，可以左右進退，不致為敵所扼①矣。嘗聞師言：前清咸豐間官文督鄂②時，吾師為其防營教練，偶一日在校場執槍教練，忽有出其不意自遠擲槍射擊者，瞥見之時槍頭已將及身，師即下其勢，放開右手，以左手高撐槍，之後身猛擺之，其槍方旁墜於地，此與吞之法似是而實非也。蓋吞法，用槍之前身，此則用槍之後身。由是觀之，法難限定，惟善用者臨機應變，為何如耳。

【注釋】

①扼：音ㄜˋ，控制。

②鄂：音ㄜˋ，中國湖北省的別稱。

二曰攔

攔者隔開敵人，不使及於吾身也。其法：敵以槍下刺自吾腹腰以下，皆可用攔。此攔法有左右二用：凡敵槍由吾槍左入者，吾即用左攔；自吾槍右入者，吾即用右攔。譜云「穿攔護膝者」，是為右攔法，謂吾槍由左向右而攔也。

三曰挑

設敵以槍上擊吾槍之左，自胸以上者，皆可用挑。夫挑者，有「挑撥引起」之意。其法：右手伸直，緊握槍本，左手上曲，向左翻撥，俾槍頭斜過吾身，即進步反槍擊之。詳左手上挑之時，掌向左翻為陽，即乘勢反掌向右為陰，此時槍則直點敵人之喉。然陽手上挑時，亦有乘勢伸直，反臂向前扎出者，是較反手為陰之用，尤覺便利多矣。

四曰撲

撲者，有上逼下之勢。凡敵以槍上擊吾槍之右，自頭以至腹者，均可用撲。其法：左手用力下壓，以己之槍身碰開敵之槍頭，吾即隨勢而進，躍起槍頭，點其咽喉，或其心胸要害處耳。蓋撲者，雖用力下壓，要亦不可過於按實，須兩手起落靈動而敏捷，即用攔挑諸法；亦但使敵槍不及於吾身而已，不可實力攔挑太遠，遠則弊生。且兩手用手太過，則多笨遲，其弊一也；己之槍頭偏遠，不易回復，其弊二也；我之槍頭不能照準敵人，俾吾身有隙可乘，其弊三也。故善用槍者，兩手具有彈力。若敵槍經吾之彈力，彼槍自然撇開，而吾之槍頭，仍對準敵身，則自衛甚固，擊人亦易，庶乎此者，方稱妙手矣。

【注釋】

按：此處對彈力的解釋，將明俞大猷《劍經・總訣歌》中「陰陽要轉：陰陽示二手持棍之式，掌心向下者為陰，向上者為陽，轉者，陰陽互換之謂。何以要轉，理實平庸，參透頗不易。蓋拳棍皆尚彈力，不尚直力，手之陰陽轉，棍之陰陽亦隨之而轉，惟陰陽轉，乃能使棍有浪，敵械觸浪自披靡，此語極緊要，不能漫然看過，又出手為陽，入手為陰，出入須轉動，亦即使成彈力之意」一段說透了。

五曰圈

圈者如環，團①圓之意。其法：兩手抱槍搖作圈形，己則飛②身向前，由圈之中心射擊之。蓋圈所以護身不可過大，但與己身之目標相當耳。明唐順之③、余大猷④嘗論槍之圈法，有云圈之大小，係乎功力之淺深。深則圈小，小則緊固，我能擊敵，敵莫能近我也；淺則圈大，大則鬆散，易為人制矣。然圈小之功，非十年不可，凡人欲求一藝之精者，不亦難乎。

以上五訣皆為自衛抵禦之法，先固其身而後擊人者也。

【注釋】

①團：擺弄，轉動。

②飛：快速。

③唐順之：唐順之（一五〇七—一五六〇年），字應德，一字義修，號荊川。漢族，武進（今屬江蘇常州）人。明代儒學大師、軍事家、散文家、數學家、抗倭英雄。著有《武編》十卷，輯有《文編》六十四卷等大量作品。

④余大猷：當作「俞大猷」。俞大猷（一五〇三—一五七九年），字志輔，又字遜堯，號虛江，晉江（今福建泉州）人。明代抗倭名將、軍事家、武術家、詩人、民族英雄，著有《兵法發微》《劍經》等。

按：此即姬氏武學「先打顧法後打人」在器械方面的運用。

六曰：「點」

點，如書家用筆法，以中鋒著紙，運行點綴之謂也。然隨點隨起，既欲力透紙背，又欲轉折快利，精神貫注，圓暢自如，方免偏陂濡滯①之弊矣。兩手執槍宜輕宜重，雙足進退，不即不離，宛若蜻蜓點水勢，毫無形跡可尋，且不多費力也。蓋點法，亦用以禦敵之槍，惟②用者兩手宜活潑而敏捷耳。

【注釋】

①偏陂濡滯：當作「偏頗濡滯」。偏頗，音ㄆㄧㄢ ㄆㄛ，偏向一方，有失公正。濡滯，音ㄖㄨˊ ㄓˋ，遲延，猶豫不決。

②惟：只是。

七曰扎

扎者，出槍擊敵也。此法分三式，有上扎、中扎、下扎之用。練此槍法，純為兩手伸縮出入之力，凡擊敵者，皆利用乎此法也，為技擊家所宜注意者矣。《登壇必究》①中所論槍法有云「你槍發，我槍拿；你槍不動，我槍扎。」②此古人用槍之法也，惟先用拿法使其槍不能運動，然後扎之耳。

【注釋】

①《登壇必究》：一部明代的兵書，作者為王鳴鶴，印刷於一五九九年（明萬曆二十七年），共四十卷，包含五百六十幅以上插圖，主題涉及天文、占星、地理、戰略規劃、任命將領、訓練部隊、賞罰、探敵、防禦、戰役戰術、海戰機械、人和馬的醫療、海河運輸、通信等。

②你槍發……我槍扎：戚繼光《紀效新書》、吳殳《手臂錄》等都有此句。

八曰刺

刺者如以刀向前刺物之狀。然槍之鋒芒在前，何以云刺？因其法有防禦之用，以己之槍身刺開敵槍，隨用槍頭以擊其身之故也。此即槍法所謂「用即是防，防即是用」①。

按以上八法，為槍中之訣，有七法為防用並行者，獨扎之一法，純乎為用而無防也已。

【注釋】

①「用即是防，防即是用」：此即姬氏槍法「此槍不用閃法進」。

九曰閃

閃者身法靈變活動之謂。凡執槍操練時，其身勢之轉折變化，或大小起落，其步法之進退、左右，或馳騁活潑，往者如風，來者若電，斯可盡乎身法之妙用者矣。明戚繼光氏論技擊有循環「凡槍棍刀劍之屬，須求實用，不可務花法。步法，以進退敏捷為尚，有若疾風驟雨之勢。」此說與岳家之閃法同。

由是觀之，古今之英雄所見略同耳，故戚氏鎮薊州時，敵呼為「戚家軍」，終其身莫敢犯之者，其與「岳家軍」之名，實相埒也。

十曰搖

曰稽槍法①，古有稱為兵器中之王者，以其鋒穎犀利，力能透甲，故其用時，指頭扎面，如箭之穿鵠，星之流空，是以古名將精此者，甚夥也。然其用僅在鋒芒，苟身法搖動能避其鋒者，雖犀利亦無所施其用矣，是以岳家槍法具有「閃、搖、輕、倏」四訣，皆為活動身勢步法者也。凡持槍臨敵，務以側身為主，人之側身則目標狹小，以尺寸較之，富不逾六寸，敵之槍鋒對我，必向此六寸中扎來，吾不移步法，微以身法向左右搖動，則其槍鋒偏過，我即乘此以擊之，斯時敵方紮出尚未收回，焉能禦我之擊耶。

【注釋】

①曰稽槍法：說考槍法。稽，音ㄐㄧ，考核。

十一曰輕

輕者，手足輕便而快利，身法飄忽而活潑，非率而輕佻不持重之謂也。其法能輕，則行動遊蕩自合人意，來無形去無蹤，斯免笨重之弊矣。

凡臨敵交戰，切不可浮躁，須慎審以將事，毋畏敵而生葸愳①之念，毋輕敵而懷疏忽之心。苟能除此二弊，處之以靜鎮，應之以神速，則此心清明，手足耳目各靈其用矣，而不能勝敵者，未之有也。

【注釋】

①葸愳：恐懼。葸，音ㄒㄧˇ，害怕，畏懼。愳，音ㄐㄩˋ，古同「懼」。

十二曰倏

倏者其身法起落，手足進退，突如其來，忽焉而往，或乍出而乍入，令人眩目驚心者也。考其狀態，譬若烈風之驟，禦之不能；迅雷之震，掩耳不及。若閃與倏，誠為法中之妙訣矣。然先不有輕之一訣，何能顯出閃倏之實用於其後也？故「閃、搖、輕、倏」為身法之要訣，四者應一致並行，苟舍其一①，難乎為用矣。

【注釋】

①苟舍其一：姑且捨去其中一個。

嘗按楊家子午槍法，共七十二槍，分為四路，有前左右後之區。其法曰「吞、纏、裹、對、扎、挑、撲、擄、斬」等訣；其用，以子午槍殺手連環為主體，與岳家槍法相較，微有不同耳。

岳家持槍法先左手，楊家持槍法先右手，不同之點一也；岳家之用純為槍鋒，楊家之用有對斬二法，詳此二法，係為槍身之用不同之點二也；岳家之槍長短適用，楊家之槍利於短不利於長，不同之點三也；岳家持槍之法前手為陽，楊家持槍之法前手為陰，不同之點四也。

爰①將二家之法參互考訂，變通其制，去此不同之點，便為「岳楊合法」矣，是以名曰「岳楊四路槍」。

然不同之處，各家自有妙用，吾何得擅改之？因既曰「槍法」，其用在鋒，當無疑義。若對斬之用，槍身只可謂之棍，焉得謂之槍耶？故棍但便於短，不利於長，槍則長短皆宜也。凡人右手之力較大於左手，楊家持槍先右手者，以對斬之法，須右手力下壓之故歟。今更此二法，則完全為直力矣，既為直力，則左手宜前而右手須持其後，庶槍法出入之直力尖銳，而且穩固者也。

【注釋】

①爰：音ㄩㄢˊ，於是。

按：與前文將岳家軍與戚家軍做了對比一樣，作者這裏將自己的岳家槍與民間的楊家子午槍法，做了對比研究。這也是作者此著作的一大特色。

第二章　六合槍譜演法①

第一合

(1) 起上 圈槍餵母　(2) 上 分劈敲打

(3) 上 穿攔護膝　(4) 上 反槍進扎

(5) 上 縮手退步 剪退原地

第二合

(1) 上 闖（巷）進擢拿　(2) 右上 裹恍外扎

(3) 左上 外恍裏扎　(4) 中上 先扎穿指

(5) 上 後扎吞袖　(6) 上 跟進跟扎

(7) 退上 先有直槍 退至原地

第三合

(1)上 蜈蚣躍（鑽）甲

(2)上 葉裏偷桃

(3)下 拋手無計

(4)上 扯槍進戶

(5)上 反槍進扎

(6)上 先有攔槍 下退原地

第四合

(1)上 閃起裏花

(2)上 閃起外花

(3)上 裏花裏擺

(4)上 外花外擺

(5)上 鯉魚跌溪

(6)上 裏合外扎

(7)上 外合裏擺 下退原地

第五合

(1)上 一接二進

(2)上 三圈四拿

(3)上 五拂六截

(4)上 黎貓捕鼠

(5)上 黎貓跟捕

(6)退上 鷂子抓鵪

(7) 退 白蛇上風　　(8) 退下 白蛇下風

(9) 上 黃龍纏竿　　(10) 退下 烏龍入洞 剪退原地

第六合

(1) 上 金刃裏對　　(2) 上 金刀外對

(3) 上 高風裏劈　　(4) 上 高風外劈

(5) 上 平扯裏挪　　(6) 上 平扯外挪

(7) 上 低迎槍打　　(8) 退下 來用閃法

(9) 下上 進攻退守　　(10) 下上 進攻退守 剪至原地

【注釋】

①六合槍譜演法：作者根據自己所持《六合槍譜》給出示範。六合槍，許多門派都有，尤以戚繼光《紀效新書》中記載的流傳最廣。這裏作者給出了自己所繼承的一種。

傳把三槍譜

按此三槍，凡初學時，須練此式，先原地練習，後行動演習。果能久練此法，獲益匪淺。昔吾師嘗有云「傳把，半成功。」以其法上下兼顧，有攻有守，且單簡而易練也。然雖云單簡，其用法則甚完善，學者慎毋忽焉。能深加研究者，當知其妙用矣。

演法

(1)立 圈槍餵母　(2)同 穿攔護膝

(3)同 反槍進扎 完

第三章　龍門六合槍譜演法

第一合

(1)起手 陽手握槍，三尖相照 鼻尖槍尖足尖三者，須致常相照著，則緊固

(2)上 翻槍下按，與敵合合

(3)上 吞雲吐霧，如蛟如龍

(4)陽上 追風趕月，宜輕且倏

(5)陰上 圈如滿月，射點中心

(6)退下 拔槍後攔，遄歸中原 剪退原地

第二合

(1)右上 騎龍出現，前仰後俯

(2)左上 撲槍下逼，泰山壓卵

(3)站中 轉正收回，似虎吞羊

(4)脛步上 三步連環，圈擊中心

(5)左右上 左右插花，一陰一陽 退至原地

第三合

(1)上 偷步上挑，秦王摩旗

(2)上 反手下劈，秦王點兵

(3)上與①

(4)陽手上 撥草尋蛇，兩手連環，身法起法，蜿蜒活潑

(5)與②

(6)右左上 閃起雙花，先陽後陰 剪退原地

【注釋】

①上與：同⑷重複。

②與：同⑹重複。

第四合

⑴、⑶、⑸右，左，中上 黎貓捕鼠，三次跟捕

⑵、⑷、⑹右，左，中退 縮身後退，昂首前視

⑺、⑼下 前後遮攔，無隙可乘

⑻、⑽中 連起槍鋒，直貫咽喉

⑾與⒀下 潛步下退

⑿與⒁下 兩用敲敲到，中原勢難招 步退原地

第五合

⑴上 縱步撒手，勢如拋擲

(2)上 倒槍劃下，防敵乘虛

(3)陰上 連搖槍身，勢不留停

(4)與(5)右、左、上 躍起雙花，先陰後陽

(6)、(7)、(8)、(9)連步退下 龍滾銀濤，層出疊見步退原地

第六合

(1)、(2)上 鐵槍橫掃，前後披靡

(3)、(4)上 轉槍下攔，翻手上扎

(5)、(6)下上 雙龍掉尾，行雲行雨

(7)、(8)上 鸞鳳點頭，宜左宜右

(9)剪退原地，下上 轉身回馬，掩其不備

(10)退原地 騰身反手，靜鎮中原 已完

以上六合槍第一譜與傳把槍，原為岳家舊法。若龍門六合槍譜，係慧前清

在陸軍二十五混成協四十九標①時，教授兵士刺槍之作。今亦譜出，以為後日練技擊者研究之一助云。蓋槍之運動出入，雖恃乎兩手之力，猶必輔之以身力，使槍身依附於身，則出入方有定一把握，不致有偏向之弊也已②。

【注釋】

①在陸軍二十五混成協四十九標：湖南新軍第二十五混成協，清末編練的近代化陸軍。清光緒三十一年（一九〇五年），湖南巡撫端方將勁字四旗、湘威三旗改編為常備軍第一協第一標。後陸續招募兵員，編組步兵第二標和炮、工、輜各營。至清宣統元年（一九〇九年）正式成軍，改番號為陸軍第二十五混成協。其編制是協轄第四十九、第五十兩個步兵標。可見李泰慧先生曾是軍隊教師，是姬氏武學在清末時的又一個文武雙全代表。

②蓋槍之運動出入……不致有偏向之弊也已：點出了姬氏武學的核心之一。

第二編 四路槍譜分前左右後

前路演法

第一進

(1) 起 槍炮子午 (2) 動步 反槍下劈
(3) 上 圈槍平扎 (4) 上 側手前吞
(5) 上剪 一躍二剪 (6) 上 劃槍直射
(7) 退下 烈馬臥槽 (8) 上 穿雲射月
(9) 下 拔槍前繞 (10) 剪下 扯槍歸原 至原地

第二進

(1)上 高手平胸　(2)上 翻槍下撲

(3)、(4)下上 足起連環　(5)右上 側身跨龍

(6)左下 撲槍下逼　(7)、(8)下上 退步連環

(9)上 圈槍直射　(10)剪下 順風扯旗 至原地

第三進

(1)剪上 珠簾下垂　(2)躍上 青龍翹首

(3)下 拔槍後欄　(4)剪下 遄歸原地

第四進

(1)與(3)上 搖槍上挑　(2)與(4)上 反槍直射

(5)與(7)退下 抽槍下撲　(6)與(8)退下 原地翻槍，上挑至原地

第五進

(1)剪上 圈槍平扎　(2)剪退原地

(3)上 金龍閃爍

(4)下 抽槍下逼

(5)下 子午歸原 已完

左路演法譜

第一進

(1)上 高搭天橋

(2)上下 撲猛虎

(3)、(4)右左上 雙演龍門

(5)、(7)、(9)退下 金龍後退

(6)、(8)、(10)上金 龍前進

(11)上 反手朝陽

(12)上 圈槍直扎 剪退原地

第二進

(1)退步 織女抛梭

(2)上 金雞喙粟

(3)上 翻槍前刺

(4)側身雙搖

(5)上 金龍乍觀　(6)下 拔槍下撲

(7)剪下原地

第三進

(1)剪上 青蛇繞殿　(2)上 烏①風掃地

(3)上 白虹貫日　(4)與(6)退下 倒槍下欄

(5)與(7)退下 鎖腰平扎　(8)下 扯槍歸原

【注釋】

①烏：黑。

(1)、(2)、(3)、(4)連上 閃起長虹，左右掛斜

第四進

(5)上 向中一點　(6)右上 金龍裏繞

(7)左上 金龍外繞　(8)剪下 拔槍後退

(9)子午歸原 左路完

右路演法譜

第一進

(1)、(2)下上 一鈎金鼇　(3)、(4)下上 二鈎金鼇

(5)上 黑虎下山　(6)上 一前捕羊

(7)上 二次下山　(8)上 再起捕羊

(9)上 虎入羊群　(10)上 跟進跟捕

(11)、(12)、(13)、(14)連退 劃下擊上　(15)下 抽槍歸原 步退原地

第二進

(1)、(2)、(3)上 三攵① 地虎　(4)、(5)上 上下點兵

(6)、(7)上 左右點兵　(8)上 向前平點

(9)剪下歸原

【注釋】

①夂：音ㄓˇ，從後至。

第三進

(1)剪上 劃槍平扎

(2)、(3)、(4)、(5)連步退下 躍身後退，三伏三起

(6)下 退步下撲

(7)下 子午歸原 右路完

後路演法譜

第一進

(1)、(2)、(3)上 鷂子鑽林，三跌三起

(4)上 大鵬閃翅

(5)上 引頸高啄

(6)上 端正天平

(7)下 反手下撲

(8)右上 圈起裏花

⑼左上圈起外花　⑽剪還原地

第二進

⑴、⑵、⑶、⑷、⑸、⑹躍上猴兒追風，三戲蝴蝶

⑺、⑻、⑼、⑽退下中原鑾兵，揮戈返陽

⑾退至原地

第三進

⑴上搖旗一次　⑵上楚王擂鼓

⑶上搖旗二次　⑷上秦王點兵

⑸上直搗黃龍　⑹剪退原地

第四進

⑴退伏側身偃戈　⑵前上回馬耀兵

⑶退下抽槍退步　⑷後退子午歸原 後路已完

前左右後四路槍法，更名曰「岳楊合法四路槍」，此卷首編已詳言之，舊為七十二槍茲改。斬對之法，參以岳家之用，彌縫其闕，增為九十一槍。然其大數，雖為七十、九十，個中之用，相同者亦甚多矣。

夫練槍與練拳之法，同者有，不同者亦有也。所謂同者，身法變化，出入敏捷者也；不同者，係兩手之力須灌注於槍頭，步法宜輕而飏，不必下落沉而實也。故欲練器擊者，必先由拳術入手俟，拳術練有根據，則凡器擊術，不難迎刃而解矣。①

【注釋】

①作者在本段中將何為原傳槍法、何為自己創編的槍法、拳法與器械的關係都做了詳細說明。

第三編　姬家單刀①

單刀八法

斬、截、劈、刺是為刀法；輕、圓、飄、倏是為身法。

第一法

斬者，刀橫鋒砍去，或斜面削出也，凡左右內外皆可用之。

練法：以右手緊握刀柄，由左向右者曰「外斬」，由右向左者曰「內斬」。蓋刀之出入、起落、身法、步法，亦隨之轉折變化。步法宜進退迅速，身法則欲包裹緊小，能迅速斯能制敵，能緊小則無隙可乘，防護亦易爾。

第二法

敵以器擊，則我用刀或左右攔撥之，或上下挑壓之，是即謂之「截」。但攔撥挑壓之際，宜因其勢，謹用刀背與身法，順勢搶進，使敵不沾於吾身而已。切勿以刀口迎敵之器，致損刀鋒也。此刀之利鈍，關係吾身之成敗，故臨戰時愛護此刀，即若吾之性命者然。

第三法

刀迎敵面，臨頭而下者，「劈」也，如用斧劈物之意。

夫劈之法，刀由後繞轉過前面，劃空中作圈形。然用時之起落，須神速不可遲緩，緩則前面無備，或為敵所算耳，且刀法宜隨身轉，不可離身遠，遠則敵入無以禦之。

第四法

刀鋒向前點，或向下扎者，謂之「刺」。蓋刺之為用，係刀法中之最要訣。以其防護嚴密，前進敏捷，使敵難於招架，而我之出入上下，輕且便矣。

以上四法，為用刀之秘訣也，苟能將此四法操練純熟而研究其理，則其用法變化多端，寧有底耶②？

第五法

刀之操持，權在右手，其刀之出入、上下、左右，惟務防範抵禦，使敵不能侵犯於吾身。此身進退、俯仰，謹隨刀法以為轉折者。故欲輕，輕則靈敏活潑，無笨滯之弊矣。

若練刀與練槍之法較，練刀之身更輕於練槍之身，然其故何？與因槍身長而略重，刀短小而且輕也。若以練拳法衡之，則迥不相同矣③。

第六法

身法無須用力斂氣，柔身輕軟若棉，故能圓轉自如，捷若旋風，則刀繞乎周身上下，便極嚴密，無一毫滲漏處矣。

且用刀之法，貴鋒利神速，不專恃乎力之大也。苟能鋒利神速，即稍用力，則其到處，自能洞穿敵人。使用力過猛，致無含蓄餘地，身則強直，手亦

生硬，不能自由活潑矣，詎非反為力大所累者哉④？

第七法

足之行地，不聞聲響，其輕若葉；其飄若風，則進退之迅速，左右之敏捷，恍然太空之瓊花飛舞而亂墜者矣。

蓋此飄然之態，又若一葉扁舟，順流揚帆，禦風而行，其去之速如飛箭、如流星，毫無留難停滯之勢云。

第八法

倏者乍動而暴發也。設以三尺劍而與敵之長槍大戟相接戰，不以身法進退之神速，左右之便利，其不為敵所制者，幾希矣⑤？故其立法曰「倏」。凡練刀之身法，倏然而左，倏然而右，瞻之在前，忽焉在後，其來也疾，其去也速，令敵目眩心驚，無從抵禦者也。

以上輕、圓、飄、倏四字，為練刀身法之要訣，參以斬、截、劈、刺四字之刀法，操練力行，而討論其理，領會其意，則得心應手之妙，自有不可形容者矣。

【注釋】

①姬家單刀：此標題是據目錄加的。

②寧有底耶：還會有完嗎？

③刀之操持……則迥不相同矣：此處，作者對比了刀法與槍法、拳法身輕重的特點。畢竟槍多為雙手握，刀為單手持，拳法為兩手空。

④詎非反為力大所累者哉：豈非反被力大拖累了？詎，音ㄐㄩˋ，豈，怎。

⑤其不為敵所制者，幾希矣：這樣不被敵人所制伏的有幾個呢？

姬家單刀譜①

頭路 凡五進，共六十四刀

第一進

(1)起 左手抱刀

(2)剪上一躍而起

(3) 退 曲肘內拐　(4) 立 仙人露掌

(5) 立 懷中遮劍　(6) 立 右手握柄

(7) 躍起 騰身下劈　(8) 轉後迎 回頭穿雲

(9) 轉前迎 乘龍掉尾　(10) 旋轉 旋馬橫刀

(11)、(12)、(13) 偷步左右中三路上 左右迎截，上下連三

(14) 轉後下迎 坐虎欠身　(15) 翻手上 金雞閃翅

(16) 上 向左插劍　(17) 旋轉而退 羊角風旋

(18) 退 勒馬停刀 退至原地

第二進

(1)、(2)、(3) 連步追上 闖進鴻門，三摟三劈　(4) 回身退下 白猿藏果

(5) 連步連退至原地　(6) 轉身上迎 回頭撤手

第三進

(1) 右迎 縮身右護　(2) 上 長蛇出洞

(3) 轉後下迎 轉身前迎　(4) 轉前 反手下劈

(5) 轉躍前上 翻身跌斬　(6) 前上 懷中抱月

(7)、(8) 立身轉手 後前平斬

(9)、(10)、(11) 旋轉 散花飄飄，燦爛其身　(12) 轉 轉身長龍

(13) 左前迎 縮身起迎　(14) 轉右 遮身下押

(15) 轉後 反後探月

(16)、(17) 手下掠而前上 刀向上迎，金魁獨立

(18) 上 騰身落斬　(19) 上 回刀左按

(20)、(21)、(22)、(23)、(24)、(25) 左右前後旋轉 雪花漫漫，玉龍纏身

(26) 上 翻刀下逼　(27) 上 起落斬截

(28) 轉身上

第四進

(1) 上 一劈華山　(2) 上 二劈華山

(3)上 三劈華山

(4)躍上 反手下劈

(5)退下 提刀後繞

(6)連步速退至原地

(7)轉身躍上 翻身跌斬

第五進

(1)、(2)、(3)左右左上 游魚逐浪，倏左倏右

(4)前上 龍魚驚濤

(5)退下 抽刀後攔

(6)連步速退至原地

(7)轉向前 翻身下斬

(8)左上 晾刀高揚

(9)右退 反手下掠

(10)立身原地 掄刀俯視 一路已完

【注釋】

① 姬家單刀譜：他支未見。

二路　龍門單刀演法 凡六進，共五十四刀

第一進

(1)起 舉刀臨敵　(2)上 躍身下劈

(3)上 雙鳳朝陽　(4)上 懷中平斬

(5)上 迎面下劈　(6)上 青龍探爪

(7)退下 退步擺尾　(8)退至原地

第二進

(1)轉上 翻身趺斬　(2)、(4)上 左右騰截

(3)、(5)上 便截便劈　(6)、(7)上 後迎前送

(8)上 劃刀平刺　(9)、(11)退下 雪花蓋頂，飄而再飄

(10)、(12)旋退至原地 旋風掃地，圓而復圓　(13)轉迎上 勒馬回刀至原地

第三進

(1)、(3)、(5)上 前撼山嶽　　(2)、(4)、(6)上 三推三劈

(7)、(8)退轉 後截旁抄　　(9)退下 腋下藏刀

(10)連步速退至原地　　(11)躍轉 上回身殺手

第四進

(1)、(2)、(3)、(4)連步上 左右散花，一二三四　　(5)上 迎面下劈

(6)、(8)起落 雙蛇在洞　　(7)、(9)起落 倏入倏出

(10)退至原地

第五進

(1)、(2)、(3)左右前上 左右與前，三面迎刃　　(4)、(6)退進 遊龍擺尾

(5)、(7)退進 再起再落　　(8)連步連退至原地

(9)轉迎上 旋身斬截

第六進

(1)、(2)左右轉上 雙方縮身，護前及後

(3)長蛇忽現

(4)退下 回頭入洞

(5)旋轉退下 旋風而舞

(6)退至原地 翅首遠眺 二路已完

三路 龍門單刀譜 凡五進三退，共五十一刀

第一進

(1)起 左手獻圖

(2)立 左臂藏刀

(3)躍上 圖盡露刀

(4)立 刀鋒前指

(5)上 迎面下劈

(6)右上 刀向右迎

(7)轉左上 飛刀左上

(8)左轉下 飛刀左下

(9)上 抽刀下劈

(10)轉左上 反刀左迎

(11)轉右上 飛刀右上

(12)右轉下 飛刀右下

⒀上 拔刀下劈

⒁上 左迎青龍

⒂上右格白虎

⒃、⒄躍進當前突出，勢若脫兔

一退

(1)退下 背則截之

(2)退下 口則迎之

(3)退下 截下在背

(4)退下 迎上在口

(5)退下 反刀下剔

(6)至原地

第二進

(1)轉上 驚蛇忽現

(2)左上 青蛇現腹

(3)右上 蜿蜒外繞

(4)向前 直衝 退下

二退

(1)退下 提刀外攔

(2)退下 提刀內護

(3)退下 提刀下攔

(4)退至原地

第三進

(1)前上 翻身上托　(2)上 轉刀下壓

(3)左上 刀鋒繞左　(4)右上 刀鋒繞右

(5)躍上 刀向前扎　(6)退下

三退

(1)躍步退 下拖刀下按　(2)旋轉身 下反身下砍

第四進

(1)左上 左下劃地　(2)右上 右下劃地

(3)轉前上 前迎朱雀　(4)轉後下 後踏玄武

(5)下 刀拂玄冥 至原地

第五進

(1)轉上 回身撤手　(2)、(3)右方下上 刀點上下

(4)、(5)左方下上 刀點上下　(6)上 刀向上逼

(7)上 刀向下掤

(8)躍上 縱步前刺

(9)退下 縮身退步

(10)連步速退至原地

(11)轉身上 旋身下斬 三路已完

心一雙鐧譜①

演法 凡五路，共五十三簡

第一路

(1)起 前後雙分

(2)上 上迎後繞

(3)上 躍起下擊

(4)右上 旋繞右拒

(5)左上 旋繞左拒

(6)轉下 遮身下擊

(7)向左躍上 裹手攔左

(8)上 左手前洗

(9)上 右手下壓

(10)向右躍上 裹手攔右

(11)上右 右手前洗

(12)上左 右手下護轉身上

第二路

(1)轉上 旋身右撤

(2)上轉 身左撤

(3)上 迎面右攔

(4)左上 向左雙開

(5)前落上 右手穿雲

(6)前起上 左腕上抽

(7)右上 向右雙開

(8)前落上 左手穿雲

(9)前起上 右手上掉

(10)向中上 中立雙開

(11)旋繞轉身上 旋身回馬

第三路

(1)左側上 偷步左格

(2)右側上 轉身右格

(3)中路上 迎面前格

(4)躍上 長虹穿空

(5)躍身退下 雙鐧承肩

(6)轉上 右旋左擊

(7)上 左旋右擊

(8)跟上 左手插花

(9)跟上 右手插花

(10)向前落下 左手下穿

第四路

(1)轉身上 轉身上挑

(2)上 順手下刷

(3)向前躍身落下 低身雙架

(4)上起 右手前敲

(5)轉下 左手後敲

(6)轉上 縱步退攔

(7)轉下 左手上橫

(8)向左下落 右手下衝

(9)轉上 縮步右攔

(10)轉下 右手橫空

(11)向左下落 左鐧下插

(12)轉前上 橫截中路

第五路

(1)轉身上 雙手左抄

(2)向右上 雙手右抄

(3)向前直上 雙搖中起

(4)躍身前上 右手前突

(5)向後退下 縮身退攔

(6)連步向後退下 提簡速退

(7)身向前 翻身下擊

(8)身向後退 揚鐧佇立

五路已完

【注釋】

①心一雙鐧譜：許多門派，如陳家溝太極拳、山西洪洞通背皆有此譜，但內容與之有別。

第四編　龍門單頭棍

首章　龍門棍法①　凡三章

此棍係單頭式，共八法，一點、二挑、三劈、四攔、五掃、六壓、七進攻、八退守。是數法者，皆用兩手虎口之力也。如點者，棍頭向前直點，或點敵身，或點其手中物也。挑者，以棍挑撥敵器，不使及於吾之上身也。劈者，劈開敵器，因而擊之者也。攔者，以棍下攔敵器，不使及於吾之下身也。掃者，以棍掃擊敵之下部也。壓者，以棍下壓，使敵手不能上下活動者也。進攻者，係用點劈等法，前進擊敵時，手中之棍，須與己之頭手足三尖相對照，不可晾高，亦不可離遠，全需虎口力，按刷上下左右，或起或落，極諸靈敏活動，斯為合法矣。然進必有退，退而後進，則進愈覺得勢。是二者，譬若連環不可離者，故退守之法，見發而作，乘勢而動也。凡躍身後退時，須固守門戶，嚴厲以俟，能明乎此義者，則棍法其庶乎可耳。

【注釋】

①龍門棍法：姬氏武學其他傳系有各種棍法，與此有別。如戴氏心意金剛棍、六合棍、心意杜金棍法、盤龍棍法、形意眉齊棍等。

第一路

⑴起 雙手握棍
⑵上 向前直點
⑶向右上 下攔上挑，向前扎
⑷向左上 下撥上撲，向左刺
⑸向中上 反手下劈
⑹收棍前上 陽手翻棍
⑺剪上
⑻圈棍前點

(9) 退下 拔棍後攔 續下轉身

第二路

(1) 轉身上 翻棍高壓

(2) 退下 織女引梭

(3) 上 雄雞啄米

(4) 左上 趕雞上籠

(5) 右上 趕雞上籠

(6) 上 橫杵托天

(7) 躍上 翻杵撲虎

(8) 上 向前直點

(9) 退下 扯棍下攔 續下轉上

第三路

(1) 轉上 翻空下劈

(2) 旋下 回身攔後

(3) 剪上

(4) 上 橫掃千軍

(5) 退下 翻棍下按

(6) 退下 翻棍下壓

(7) 旋轉下 旋棍後刷

(8) 旋轉上 起棍下逼

(9) 旋風上 抱棍環繞

(10) 連上 手向右點

⑾ 退下 拔棍下攔　⑿ 退下 下攔上合

⒀ 退下 下攔上合　⒁ 退守 劃空按下 退至原地

第四路

(1) 向左上 上挑內護　(2) 向右上 翻棍外擄

(3) 踏中門上 繞棍前點　(4) 躍身前上 青蛇繞殿

(5) 縮身下落 烏風掃地　(6) 躍身退下 上挑下撲

(7) 躍身退下 上挑下撲　(8) 退下 右足提鈴

(9) 上 反手前點　⑽ 剪上側右

⑾ 陽手左上 向左插花　⑿ 陰手右上 向右插花

⒀ 退下 縮身下攔　⒁ 剪至原地退守

第五路

(1) 左上 擙步騎龍　(2) 中上 下攔上敲

(3) 右上 下攔上敲　(4) 向左躍起 騰身左點

(5)向右躍足 騰空右點

(6)中上 縱步前擊

(7)退下 扯棍下攔

(8)邁步前點

(9)、(10)、(11)連步退下 繞棍圈花

(12)退至原地 雙手下按原地退守

第六路

(1)右上 右搖右

(2)右上 翻棍下軋

(3)左上 左搖左劃

(4)左上 起手前擲

(5)躍退 退步後攔

(6)左方躍上 反手前點

(7)躍退 退步前護

(8)右方躍上 翻手平撞

(9)、(10)、(11)向中連搖上 雙搖前扎

(12)退下 圈棍下撲

(13)退下 圈棍下撲

(14)旋身下上 遮身擙劈

(15)退下 反手下合

(16)退至原地 斂棍退守

已完

二章　心一凳法譜①

長凳說

凳為平常御用之物，隨地皆有，視之若一蠢物也，苟能操縱得術極乎，坐作進退，左右俯仰之妙，則其功用亦足，與各利器相匹敵而有餘裕。厥法，如點、攔、沖、擊、罩、架、迎、壓等勢，利於進退，亦利於攻守。故其攻也，氣勢雄偉；其守也，嚴密穩固，有叱吒風雲，咄咄逼人之概，而不可嚮邇者矣②。是則，凳之為用，亦近擊之一利用器也，學者其可忽乎哉。

【注釋】

①心一凳法譜：他支未見，其他門派或有此類器械。如相傳清雍正年間江南大俠甘鳳池所傳板凳拳，由撞、壓、頂、砸、掃、架、磕、劈、栽、撐、

磨、攔、挑、翻、拐，以及凳花和各種步型組合而成。

武當功家南派板也有凳拳，單手或雙手持長板凳做各種招式，共有三十六個適於進攻的架子，應用於硬氣功類桶子功法的「對排」（即二人持械相互猛擊對方身體各部位），亦可「加花」，作單人演練等。

河南傳系有「板凳四把」，即坐在凳子上練功的幾個式子和幾把勁意，有頓中節、抽中節、拔中節和劍出鞘等。

②而不可嚮邇者矣：就不只是震動附近而已了。邇，音儿，近。

長凳演法 凡四段，共四十動

第一段

(1)行禮 前後舉手式

(2)雙手拾凳 殿步前進，舉凳上迎

(3)前上 右填左前，順手下垂

(4)躍起　右後左前，擓步蓋擊

(5)向右上　右後左前，順步下擊

(6)向中退按　右退左縮，圈凳下壓

(7)躍身前上　縱步追敵，雙手前衝　轉

第二段

(1)轉身下　左退右躍，翻身下擊

(2)向後退，旋身復上　右退左進，擓步左攔

(3)向右側上　左進右前，擓步右攔

(4)右左下落　右動左前，縮身左護

(5)向左上起　右填左前，雙手左點

(6)向右下落　左動右前，縮身右護

(7)向右上起　左殿右前，雙手右點

(8)向中上　左動右前，搖身左抱

(9)向前直上　左後右前，縱步前衝

第三段

(1)承前衝上，左足轉身　左後右前，向右上護

(2)凳向左掉頭上　左前右後，翻手左點

(3)向左下落　隨勢縱步，低身下擊

(4)起身向後　左退右前，雙手左抱

(5)轉身向左上　右退左轉，向左上護

(6)凳向右掉頭上　右足前上，翻手右點

(7)向右下落　隨勢縱步，縮身下擊

(8)向中起　左動右前，雙手左攔

(9)前上　左殿右前，翻手上架

(10)上　隨勢過步，擙手下蓋

(11)連步上躍起落　一躍上點，二躍下擊

第四段

(1)退下 左足後退，低身遮攔

(2)退下 左退右隨，圈手低壓

(3)前上 右前過步，翻凳掇地

(4)向左上起 隨勢立身，將凳上撐

(5)踏中面右橫腰 右進左前，向右橫鞭

(6)向左轉身 旋身左面，由腋出射

(7)躍身前上 縱步前進，低身上架

(8)連步上 乘勢而進，翻凳下罩

(9)自下突起 起身前上，橫凳拒敵

(10)向後退下 將身後退，拔凳下壓

(11)躍身前上 飛身前進，擲手遠擲

(12)向後退下 躍身後拔，左手搶凳

⒀轉身收 凳右進左前，轉身回護 已完

三章 心一雙刀譜① 凡五路

八法

圈、刺、劈、斬、剪、分、截、護是八法者，與單刀之八法稍異。然雙刀之盤旋飛舞，上截下護，左刺右劈，上攔下軋，皆能各極其妙，若單刀之進退神速，出入便利，起落敏捷，實有過之無不及也，久於斯道者，自能辨之。

第一路

⑴起 左手抱刀 ⑵立正 右手行禮

⑶右手下 右手接刀 ⑷面前上 左右雙分

⑸乘勢躍上 當前直刺 ⑹雙手下分上 向下剪分

⑺向左上 左旋右劈 ⑻向右上 右旋左劈

⑼中上 前後掙刀 ⑽下上 右下左抄

(11) 面向右轉 右旋左劈
(12) 向左上 向左雙開
(13) 右上 向右雙分
(14) 中上 向前雙剪　續下轉上

第二路

(1) 轉上 雙刀上挑
(2) 向前下落 雙刀下插
(3) 起落上 雙剪雙分
(4) 上 齊向前攢
(5) 退下 退步左劈
(6) 前上 過步右剪
(7) 左上 旋刀左護
(8) 左上 圈刀前刺
(9) 右上 右攔左扎
(10) 右上 左圈右挑
(11) 轉身 左旋右斬
(12) 陽手搖上 前後旋繞
(13) 陰手搖上 左右連環
(14) 向右上 反手點右
(15) 向左上 反手點左　續下轉上

第三路

(1) 轉上 翻身雙斬
(2)、(3) 先右後 左縮身上旋刀回護

(4)由左側上　右格左插
(5)仍由左上　左格右刷
(6)、(7)向右側起落上　上下齊點
(8)向中出　鎖腰平斬
(9)退下　退步雙分
(10)、(11)旋轉退下　右旋左繞
(12)退至原地　雙刀橫勒續下轉上

第四路

(1)向後偷步　轉上偷步左攔
(2)向右上　雙刀截右
(3)向中上　繞刀前護
(4)前上　翻刀下劈
(5)、(6)、(7)連步轉身退下　右左連劈
(8)退下原地縮身下攔
(9)右上左手右刺
(10)左上右手左刺
(11)中上左手前扎
(12)躍身旋轉退下左手左攔
(13)縮身旋轉退下右手右攔
(14)縮身旋轉退下左手後攔退至原地

第五路

(1)隨向左上　左劃右劈
(2)向右上　右劃左劈

(3)向中進　左劃右軏　　(4)向前落上　雙分前拱

(5)、(6)、(7)向後退兩手由內外分　六鷂退飛　　(8)向左躍上，兩手由下雙分陽手前刺雙飛左刺

(9)向右躍上，由下上分前刺　雙飛右刺　　(10)向中由下上分前刺　雙拱中立

(11)隨步前上，雙刀外分陰手出　雙飛前點　　(12)躍身退下，抽刀下攔　縮身低護

(13)、(14)、(15)、(16)退下左右旋轉下劈　連環對劈

(17)躍身前上兩手由下上分陽手出　雙拱前立　　已完

【注釋】

①心一雙刀譜：戴氏另有心意六合雙刀。雙刀譜，許多門派少林八卦太極等也有此譜。又如秦安蔡家拳有飛龍雙刀，河南鞏義小相村李景川《拳法統宗》有雙鐧、六合槍、流星、華倫雙劍、拐子單鞭、六門槍、雙刀等。

第五編　周身穴圖

跌打損傷論

蓋身體之運行，賴乎血氣之榮衛，苟榮衛健旺，則上下流行，周而復始，無時或息矣。血氣所至之處，是為穴。穴有大小之別，大者三十六，小者七十二，其中正大穴有六。

凡按時跌打大穴者為傷，以時跌打小穴者為損。若六正穴不宜傷重，重則不可救藥。

醫者須看傷療治，方有尺寸斤兩。亦有登高墜下，因而跌閉氣血者，可用推拿捉筋法，推活氣血，再用通關散吹鼻內，男左女右各一二次，即嚏而蘇，隨煎沉香佛手丸一粒，飲之。俟其藥力行動，腹內腸鳴時，調溫涼稀粥食之，必其大小便清楚，方可食以飯。再問其傷在何處，照法治之。其骨或傷、或斷、或碎破、或脫落者，用手法移掇推拿，鬥榫接骨，用夾板縛定用藥。或有因跌破腦者，謹防風吹，若風吹壞難治。一切損傷俱忌風，醫者先發祛風散寒藥，庶可萬全。

人之周身上下，有正筋十二，能通一百零八穴，凡推拿捉筋者，不可不先知者也。然跌打損傷均為外傷，若五勞七傷是為內傷。內傷者何？係憂鬱成疾：

肺病咳嗽者，一也；

跑急血氣攻心，日後吐血成勞者，二也；

因用猛力，腰榨眼花，以致血攻心房者，三也；

或睡後翻身不覺，挺傷大穴，面皮瘦黃手足軟癱，咳嗽白痰帶血者，四也；

醉飽貪眠，致受風寒，飲食停胃不能消化，至於黃腫疸症，或蠱尰腹脹者，五也；

血氣方剛，好勇鬥狠，或為拳棍暗傷未曾救治，日後成疾吐血者，六也；

貪冒酒色，不惜身體，精神耗竭，以至夭折者，七也。

夫人苟外損內傷，二豎並臻①，浸淫於其身者，縱扁鵲復生，華佗再世，吾知其亦必難矣。嗟呼，凡我同胞素重體育研究衛生者，其亦以此為鑒歟。抑觀古人創明點穴之術與血度流行時刻表，更按時分部立，方以為療治之餘地。溯厥立法之初，不無多事之誚②。而揆③其深意，或亦鋤奸去暴者之一用也已，惟此須擇人而授，用之適當，否則不免有恃術誤施之害耳。至點穴手法，有單雙指點、中指頭點、肘點、膝點、掌點、足趾點等用。然此種手法，貴親炙授受，方有實用，非紙上空談所能了悟者也。

此中藥方，均經試驗確有把握者，醫者若能照法酌量施用，苟非大穴傷重，未有不應手克奏膚功④者矣。

【注釋】

①二豎並臻：病魔同時存在。二豎，兩個小孩，指病魔。臻，音ㄓㄣ，達到。

②誚：音ㄑㄧㄠˋ，責備。

③揆：音ㄎㄨㄟˊ，揣測。

④克奏膚功：事情已經辦成，功勞十分顯赫。

按：另有李先生書法作品存世，反映出作者文武醫兵樣樣精通，確為清末民初姬氏武學的一位傑出代表。

十二時與五形傷者期限說

子屬膽，逢子時傷者，口中作燥，若①笑聲不絕，一身痛，五日必亡。

丑屬肝，傷者頭痛眼花，不思飲食，若昏迷，一月而亡。

寅屬肺，傷者咳嗽吐血，氣短促上湧，名為「聚莊穴」，三日內亡。

卯屬大腸，傷者大便帶血，四肢無力，喘氣急促，半年必亡。

辰屬胃，傷者面皮黃色，飲食不思，頭眼昏花，太陽太陰疼痛，八月必亡。

巳屬脾，傷者皮肉枯瘦，四肢無力，二十一日而亡。

午屬心，此時傷者，吐鮮血，頭痛眼花，不思飲食，十四日必亡。

未屬小腸，在丹田下傷者，小便穿破，四時褲濕，一年必亡。

申屬膀胱，傷者腰痛體輕，呼氣短，吸氣長，吼聲不止，當日必亡。

酉屬腎，傷者小便白濁，枯焦，坐臥不安，半日必亡。

戌屬胞絡，此時傷者，肝如刀割，心傷太過，氣絕無力，當日必亡。

亥屬三焦，傷者一身骨節沉重疼痛難忍，三日必亡。

心屬火，逢子午，心歸胞絡穴，傷者三日內定吐血，帶白痰而臭氣，吼不止，半年必亡。

肝屬木，逢乙丑，肝膽歸乳，上乃「靠穴」，又是「氣穴」，傷者暈沉頭疼眼花，吐飯茶與白痰，四月必亡。

脾屬土，逢己巳，歸臉上穴竅，若傷者五心作熱，面皮黃色，四肢疼，天變發癆，三年必亡。

肺屬金，逢庚辛，歸鼻箕門、丹田穴、太陽穴、把喉穴、扣骨穴，若寅時傷者咳嗽七日內吐血，筋絡疼痛，四肢無力，不思飲食，二年必亡。

腎屬水，逢癸酉，腎歸唇齒及膀胱穴、短勒穴、窗空穴，若酉本時傷者，小便滴瀝褲常濕，大便不通又帶血，呼吸短促而微，至二月必亡。

【注釋】

①若：如果。

按：湖北武醫世家倚山武論傳系胡先生說：「傷穴道者急治有救。上面所講當日死等，是傷後引起病變的程度。到什麼程度而幾日死，不是傷後就能定幾日的。根據傷處與大穴的距離而計算出來的時間，同時同穴就可以計算了，而死時並不死於傷，而是死於某臟之疾病。當時去檢查無任何病，時間一長長癌了也查得出來了。在我臨床上不少例子，有人對時對穴，我叫醫治而不治，我就記錄下來看這人到時是否死，他死了我就可以寫上驗證。另，傷科穴道以一百零八穴為正，中醫以三百六十五穴。可我們武醫發展衰落，中醫在穩中求進，武醫無人知了。可悲可歎。

「古人對穴位的標點應是一個大概點，學者應仔細，如『鞋帶穴』，應在我們平時繫鞋帶的地方，丹田穴在臍下三指，鬼眼穴在膝前雙眼處。由於傳抄時有誤，或排版印刷失誤而致錯，是在所難免的。」

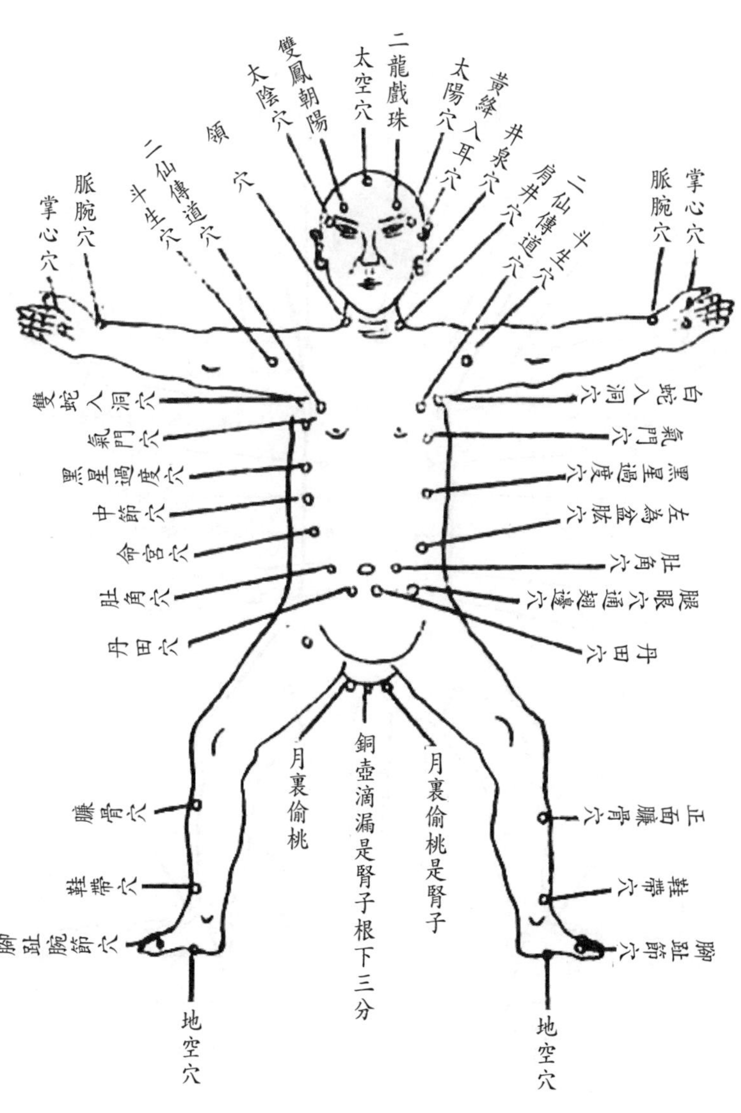
雙鳳朝陽
太陰穴
太空穴
二龍戲珠
太陽穴
黃蜂入耳穴
井泉穴
肩井穴
二仙傳道穴
斗生穴
領穴
二仙傳道穴
斗生穴
脈腕穴
掌心穴
掌心穴
脈腕穴
雙蛇入洞穴
白蛇入洞穴
氣門穴
氣門穴
黑星過度穴
黑星過度穴
中節穴
左為盆肱穴
命宮穴
肚角穴
肚角穴
腿眼穴通翅邊穴
丹田穴
丹田穴
月裏偷桃
銅壺滴漏是腎子根下三分
月裏偷桃是腎子
膁骨穴
正面膁骨穴
鞋帶穴
鞋帶穴
腳趾腕節穴
腳趾節穴
地空穴
地空穴

正面圖

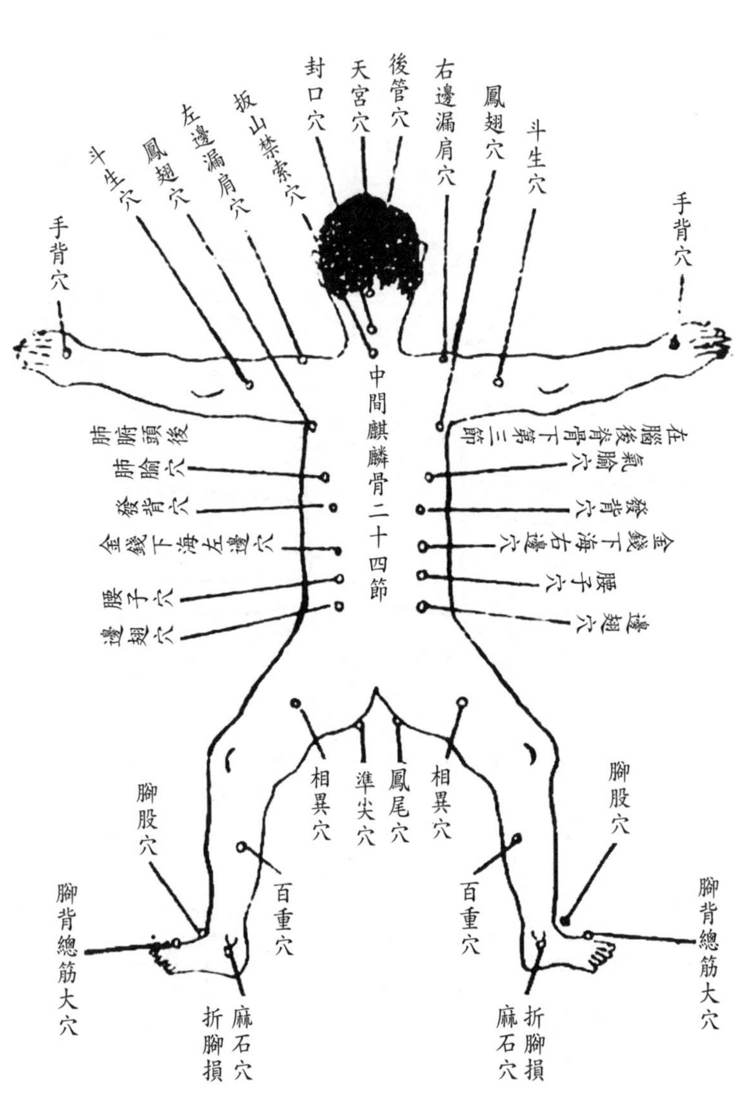
封口穴
天宮穴
後管穴
右邊漏肩穴
鳳翅穴
斗生穴
扳山禁索穴
左邊漏肩穴
鳳翅穴
斗生穴
手背穴
手背穴
中間麒麟骨二十四節
在腦後脊骨下第三節
氣腧穴
後頭腑肺
肺腧穴
發背穴
發背穴
金錢下海右邊穴
金錢下海左邊穴
腰子穴
腰子穴
邊翅穴
邊翅穴
相異穴
準尖穴
鳳尾穴
相異穴
腳股穴
腳股穴
百重穴
百重穴
腳背總筋大穴
腳背總筋大穴
麻石穴
折腳損
折腳損
麻石穴

背後圖

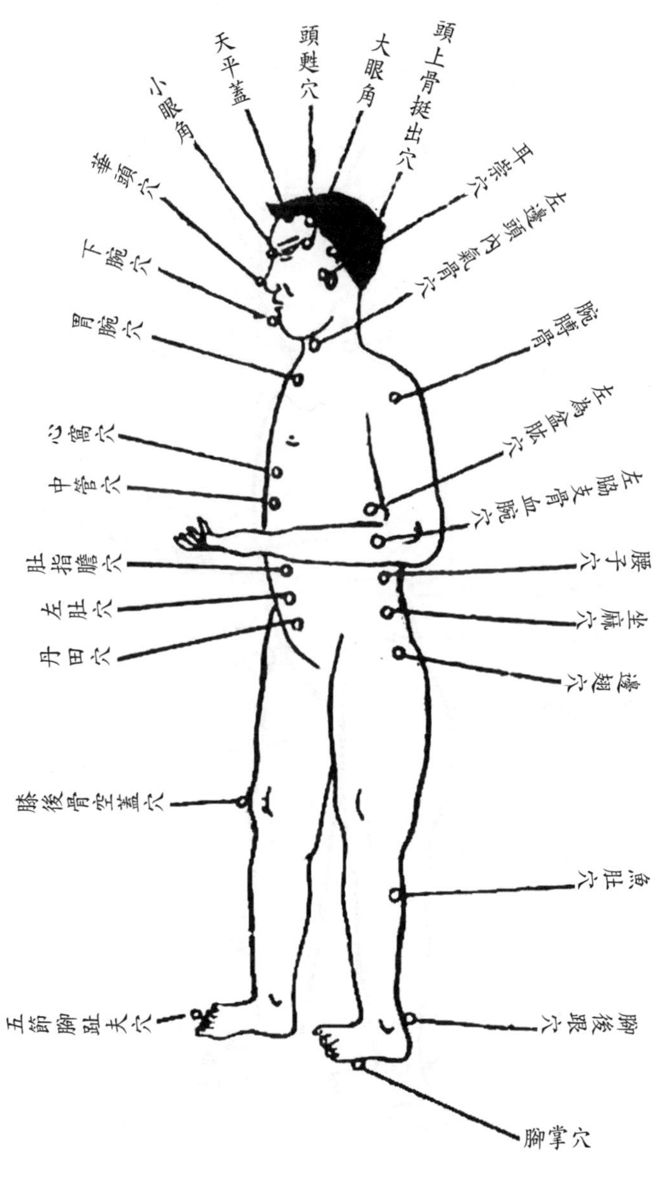
頭上骨挺出穴
大眼角
頭魁穴
天平蓋
小眼角
華頭穴
耳崇穴
左邊頭內氣骨穴
下腕穴
胃腕穴
腕脾骨
左為盆肱穴
心窩穴
中管穴
左脇支骨血腕穴
肚指膽穴
左肚穴
丹田穴
腰子穴
坐麻穴
邊翅穴
膝後骨空蓋穴
魚肚穴
五節腳趾夫穴
腳後跟穴
腳掌穴

左側圖

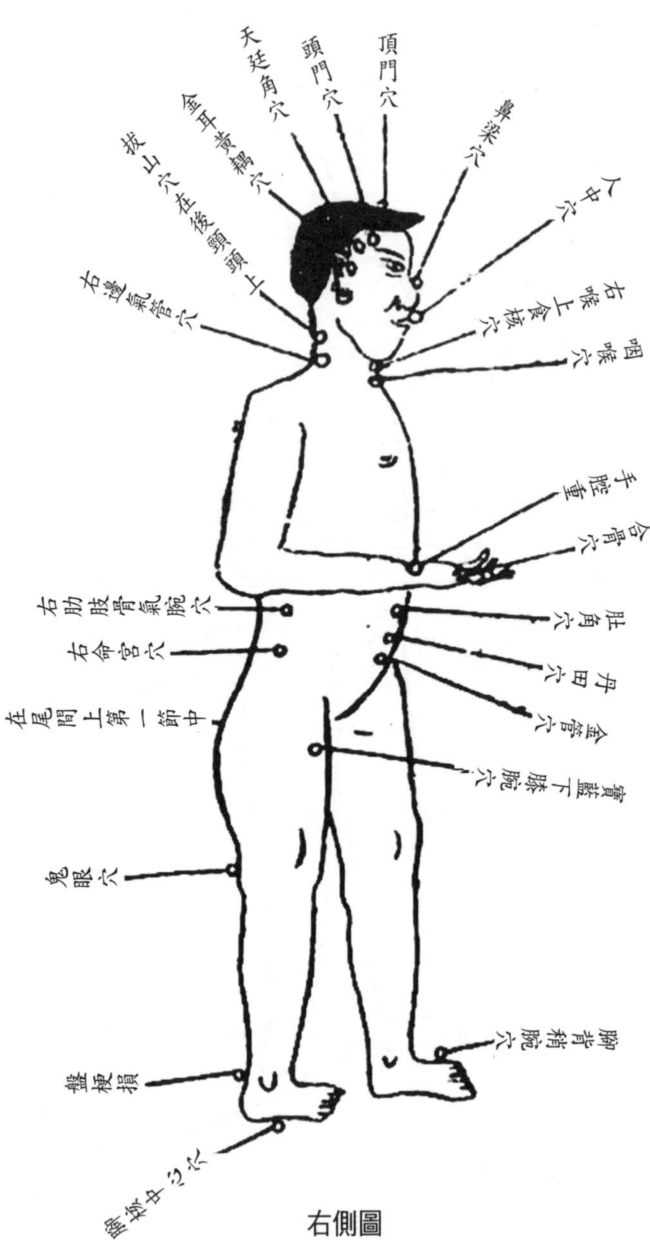
頂門穴
頭門穴
天廷角穴
金耳黃耦穴
拔山穴在後頸頭上
右邊氣管穴
鼻梁穴
人中穴
右喉上食核穴
咽喉穴
手腔重
合骨穴
右肋肢骨氣腕穴
右命宮穴
在尾閭上第一節中
肚角穴
丹田穴
金管穴
寶蓋下膝腕穴
鬼眼穴
腳背稍腕穴
盤梗損

右側圖

心一十二宮大小穴分圖　內附醫治藥方

【注釋】

按：穴位學問及醫治藥方都是中華武學及醫學瑰寶，面臨失傳險境。

胡先生：「按清朝以十三省就是十三兩，加福、祿、壽，等於十六兩是一斤的來歷。這裏可用一斤等於十六兩，一兩等於三十克，一斤等於四百八十克，一錢等於三克折算為現代重量單位。」

子時圖

子時血氣正朝心，人睡如同命歸陰。肺與大腸為表裏，留清去濁化氣精。

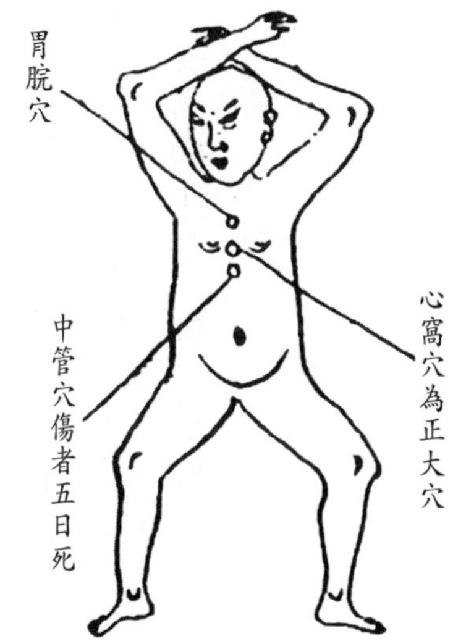

心窩正大穴不宜傷重，重者昏迷，緊痛心如刀割，冷汗氣促，夜間煩躁，不思飲食，醫者以藥治之若有效，方可保一。心窩上名「天平穴」，傷者七日亡。心窩穴下又曰「人空穴」，傷者三七亡。又當胸正心口曰「當門穴」，一名「血穴」。

治心窩穴方

火紅真琥珀一兩，水煮一柱香久，研末一錢，羚羊角切磋二錢，白硃砂即上好磁器，椿極細末二錢，上硃砂水煮一柱香七錢，人中白便壺內尿腳，瓦上焙乾，醋淋，二錢，白木耳一錢三分，尖檳榔二錢，京赤芍二錢，去油，香附子二錢，廣陳皮二錢，白茯苓三錢，白豆蔻一錢。當歸尾一錢，廣木香二錢，切片，川厚朴一錢一分，　川山七一錢一分，粉甘草一錢。明皮二錢，去油，熟人參一錢一分，以水蒸湯對藥，服。

前共十九味，每服用糯米酒汁同參湯對服。二劑若無效，則不必再治；果有效，再服三劑，後服奪命丹末藥或服尋痛散，使周身氣血行動自癒。

又方

硃砂製過四分，神砂①四分，母丁②一錢五分，菖蒲一錢五分，川芎二錢，茜草一錢五分，元胡三錢，木香三錢，紅花一錢，田山七二錢，紫荊皮一錢五分，元寸二分，柏子仁一錢三分，共研末，用酒汁參湯沖服。

傷中管穴重者，緊急難當，嘔吐，慌張氣湧，四肢軟，口失味，輕者五里還陽，重者不及半年吐血而亡，要早醫，用外功推拿，於傷處貼風損膏藥可癒。

【注釋】

①神砂：胡先生曰「硃砂、神砂當是同一味藥」。

②母丁：胡先生曰「母丁曰當是母丁香」。

中管穴方

香附三錢，茯苓三錢，檳榔二錢，枳殼二錢，山七一錢切片，廣皮三錢，歸尾二錢，赤芍二錢，白芍二錢，的乳①二錢，去油，洋參三錢，生地二錢，川厚朴二錢五分，母丁一兩，打碎，末藥②二錢，去油，琥珀二錢，三棱二錢，文朮二錢，甘草一錢，藕節二個。水煮，酒對服。三劑後服奪命丹末藥，效後用活血住痛散。

胃脘穴，恐睡熟時，有人在上打一下，及驚醒時，不知有傷，日後漸覺胸前痛，咳嗽吐白痰，氣血不足，不思飲食，未一年忽吐血，周身燒熱必死，若早治尚可保。

【注釋】

①的乳：胡先生：「即乳香」。

②末藥：胡先生：「即沒藥」。

丑時圖

天心穴是正逢中，丑時不宜破天宮，

若還傷風身寒冷，縱有妙藥難收功。

太陽太陰受傷者，要用推拿活血法，外貼風損膏藥，再吃水藥，庶可全癒。

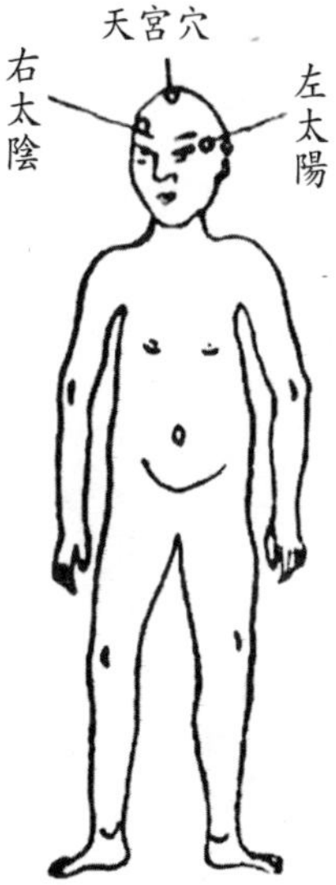

天宮穴

右太陰

左太陽

治三穴方

辛夷二錢，蒿本①二錢，荊芥二錢，活血二錢，碎補②二錢，山七二錢切片，血結一錢，川芎二錢，白芷二錢，赤芍三錢，青皮二錢，洋參一錢，香的乳二錢，去油，金釵三錢，藕節二個，引，甘草一錢，末藥二錢，去油，檳榔二錢，北防風二錢。

以上共十九味煎服，如不收功，再服活血住痛散末藥即癒。

【注釋】

①菁本：胡先生曰「即槀本」。

②碎補：胡先生曰「即骨碎補」。

又方

乾薑八分，槀本錢半①，澤蘭一錢，羌活錢半，僵蟲一錢，山七一錢，白芷一錢，黃七②錢半，茜草一錢，當歸錢半，石斛錢半，川芎八分。

共研細末用開水對服。若跌動腦髓，再服安髓散。

【注釋】

①錢半：胡先生曰「即一錢五分」。

②黃七：即黃耆。後同。

安髓散

山七二錢，天麻錢三，川芎一錢，白芷一錢，鹿茸錢八分，澤蘭一錢，碎補一錢，土別一錢，當歸錢半，炙甘草八分，人參三錢，穀精草錢二分①。

以上十二味，共研細末，開水對服。

【注釋】

①錢二分：胡先生曰「即一錢二分」。可知前文「錢八分」即一錢八分，「錢三」即一錢三分。

寅宮圖

井泉穴在耳根下，寅時受傷七竅通，
七孔血流牙緊閉，心驚肉跳命必終。

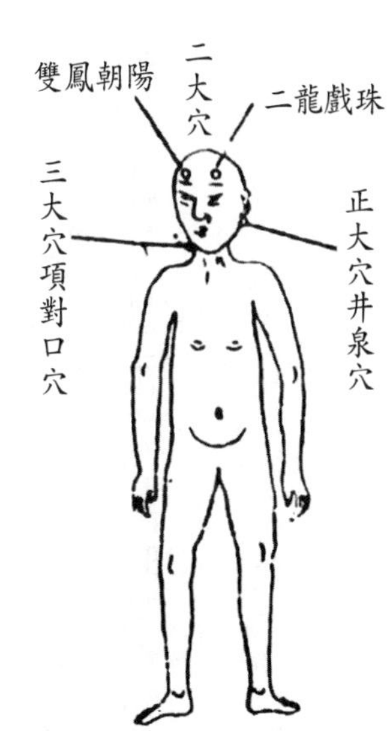

井泉穴係正大穴，傷重者難治，又云「鼻梁穴在眉心中，受傷不宜寅刻宮，血似長空如射箭，心驚肉跳命送終，縱然能醫須妙手，勿誤時刻枉費功。」此穴在兩眉中間印堂上，亦不可傷重。

治井泉穴方

洋參三錢切片，活血二錢，赤芍二錢，檳榔二錢，山七二錢，切片，的乳二錢，去油，明皮三錢，去油，甘草一錢五，廣皮二錢，白歸尾二錢，人中白製乾，二錢，白茯苓二錢，炒支仁①二錢，北防風二錢，炒茸苓②二錢，粉白芷二錢。用鐵馬鞭去根，每劑五錢為引，將藥分作二劑，煎後用童便對，吃後再服活血止痛散方癒。

對口穴傷重者，舌尖吐出言語不清，頭不能起，若只傷筋骨，輕者先用手推揉，使氣血活動後，用蘿蔔湯吃一大碗即時收舌，再服水藥二帖全癒。

【注釋】

①炒支仁：即炒梔仁。後同。

②炒茸苓：胡先生說可能「是黃芩」。

治對口穴方

藿香二錢，蘇白①二錢，檳榔二錢，赤芍二錢，白朮二錢，茯苓一錢五，川厚朴一錢五，山七一錢，切片，血結②二錢，廣皮二錢，桔梗二錢，枳殼二錢，法夏二錢，黑薑二錢，西砂二錢，白芷二錢，用水煎服。

【注釋】

①蘇白：胡先生曰「為蔥白或蘇葉」。

②血結：即血竭。後同。

二龍戲珠在寅宮，雙鳳朝陽名相同。若將眸子擊出外，只要有筋吊在中。雖然眼珠傷如此，凡為醫者且從容。

法取豬肝切片，將眼珠緩緩托入眶內歸原，又將豬肝貼上，用絲巾包定，再取象骨文銀，用雄雞血放碗內磨汁，點之即解，包巾豬肝將此磨汁點入眼內，連點數次自癒。若無象骨，即鹿骨亦可。

治二龍戲珠方

白菊花二錢，草決明二錢，夜明砂二錢，洗淨，北蟲退二錢，夏枯草二錢，穀精草二錢，大桃仁二錢，川獨活二錢，廣陳皮二錢，粉白芷二錢，尖檳榔、陳枳殼、粉甘草、紅蒼朮、北前子①、田山七（均二錢），燈草引，煎服數劑即癒。

【注釋】

①北前子：胡先生曰「當作車北前子」。

治鼻梁穴方（穴在兩眉中心）

白附子一錢，紫荊皮一錢五，骨碎補一錢，高麗參一錢，靈芝草八分，天麻一錢，明黨一錢，鹿茸一錢，白芷一錢，密黃耆二錢，土別八分。以上共十一味，共研細末開水沖服。

卯宮圖

卯時血氣流兩脅，黑星過度緊防側。若是此時受傷重，失卻聲音醫不得。

按黑星過度之左脅肢骨為血門，右脅肢骨為氣門，左乳下一指為血腕，右乳下一指為氣腕穴，傷黑星過度穴，同

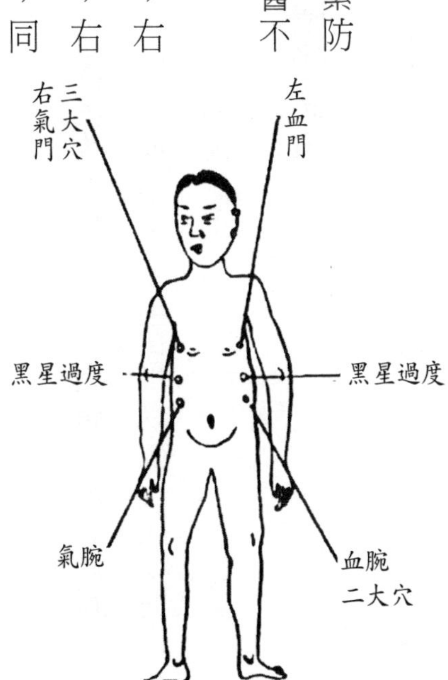

血腕氣腕穴，各分左右。

脅肢骨之藥方醫治：凡受傷者一月後發咳嗽吐痰呼吸氣痛，猶如針刺，將及百日，咳嗽愈甚，痰中帶紫血，此時即當療治；若至百日以後，久咳失音，一身發燒，縱欲醫治亦難愈矣，至半年吐血而亡。

治黑星過度及血腕穴與左脅肢骨通用方

當歸二錢，赤芍二錢，檳榔二錢，陳皮二錢，三棱一錢五，莪朮一錢五，蘇木二錢，桃仁二錢，山七一錢五，切片，血結一錢五，活血一錢五，化皮①二錢，枳殼二錢，生地二錢，白乳②去油二錢，明沒藥去油二錢，白菊二錢，柴胡二錢，甘草一錢二。

童便糯米酒引水煎服，二劑後再用馬全散活血住痛散完功。

【注釋】

①化皮：胡先生曰「即化橘紅」。

②白乳：胡先生曰「即乳香」。

治黑星過度及氣腕穴與右脅肢骨通用方

香附二錢，台烏①二錢，檳榔二錢，赤芍二錢，蘇木二錢，三棱二錢，莪朮二錢，獨活二錢，枳殼二錢，亭力二錢，半夏二錢，茯苓一錢二，的乳三錢，去油，明沒二錢，去油，甘草一錢五，澤蘭二錢，廣香研末另二錢，童便與酒為引，用水煎對服後，用馬全散與活血住痛散全癒。

傷氣門者，輕則不及三年，重則年餘即咳嗽吐血，初受傷月餘，面黃眼花氣上湧。半年後咳嗽吐白痰帶血絲，須早治。

【注釋】

①台烏：胡先生曰「即台烏藥」。

治氣門穴方

香附二錢，台烏二錢，赤芍二錢，檳榔二錢，澤蘭二錢，活血二錢，枳殼二錢，青皮二錢，陳皮二錢，法夏二錢，化皮二錢，羌活二錢，細辛二錢，蘇木二錢，石菖蒲二錢，甘草一錢。藕節引水煎酒對服，後再服活血住痛散即癒。

辰宮圖

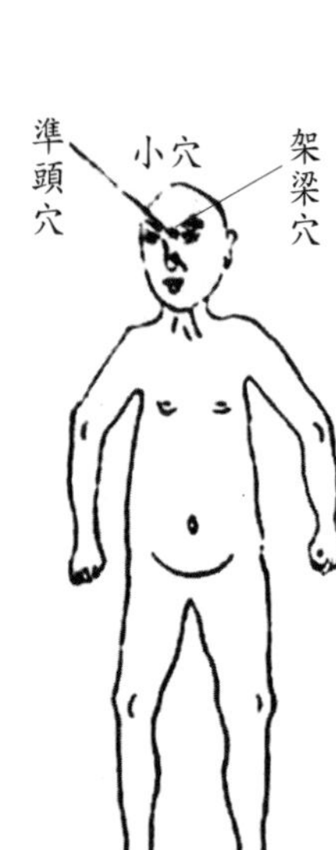

辰時血氣入鳳翅，肺腧穴亦怕此時。跌打若還傷重了，只怕年滿醫或遲。

此宮有架梁準頭二穴，係在鼻上為人之來脈，亦不可重傷者。若鳳翅穴傷重者，三月後發咳嗽吐痰涎，咽喉聲塞至半年餘，漸失音四肢柔軟，咳嗽不止，痰中帶血，若身發燒熱半月必亡。

治鳳翅肺腧二穴方

台烏二錢，靈仙二錢，甲珠①二錢，金釵②二錢，板皂二錢，檳榔二錢，赤芍二錢，蘇木二錢，公丁③打碎，一錢半，山七一錢半，血結二錢，硫黃二錢，莪朮二錢，乳香二錢，沒藥二錢，八麻④二錢，骨豐⑤二錢，白芷二錢，紅肖⑥二錢，廣皮二錢，甘草一錢，藕節引，三劑後再服中部末藥全癒。

傷項築索肋縮入肩內，將傷人臥於床上，醫者坐於床頭，兩足踏住兩肩，雙手抱頭推揉，慢慢推活氣血，用力一扯將項扯出，用神聖散敷項上，又用架子架定服藥。

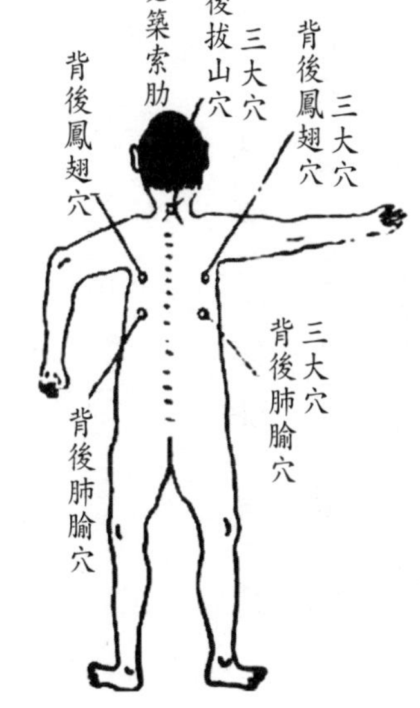

【注釋】

①甲珠：胡先生曰「即穿山甲」。

②金釵：胡先生曰「即石斛」。

③公丁：胡先生曰「即公丁香」。

④八麻：胡先生曰「即八棱麻」。

⑤骨豐：胡先生曰「即尋骨豐」。

⑥紅肖：胡先生曰「即內紅肖」。

治拔山穴方（即項築索肋）

骨碎補二錢，骨豐二錢，獨活三錢，石斛三錢，大活血三錢，建蓮①三錢，乳香一錢，去油，沒藥一錢，赤芍二錢，小活血三錢，檳榔三錢，桃仁三錢，當歸三錢，茯苓三錢，川厚朴二錢，陳皮二錢，伸肋行②三錢，甘草錢半，水煎酒對服全癒。

架梁準頭二穴，傷重者鼻孔流血腫痛，敷以神聖散。用手法挪扯百重穴，左右各一次，服藥可全癒。

【注釋】

①建蓮：胡先生曰「即建蘜」。

②伸肋行：胡先生曰「疑是伸筋草，千年健」。

治鼻孔穴方

歸尾二錢，生地二錢，檳榔二錢，赤芍二錢，紅肖二錢，白芷二錢，碎補二錢，烏藥二錢，桃仁二錢，紅花二錢，血結二錢，蘇木二錢，羌活二錢，獨活二錢，青皮二錢，骨豐①二錢，乳香二錢，去油，沒藥二錢，枳殼二錢，甘草一錢，水煎服癒。

【注釋】

①骨豐：胡先生曰「即尋骨豐，追骨豐」。

巳宮圖

井欄穴上氣節關，打得巳宮咽喉翻。縱有妙藥都難救，輕則急用回生丹。

食核咽喉二穴，上下相連，若傷重無救，井欄穴在肩井中，若獨指下了井傷重，不及三月便氣急流血，面黃肌瘦，咳嗽氣築①，疼痛，半年必亡。輕則用回生丹，先水藥，後服末藥。

【注釋】

①築：急促，短。

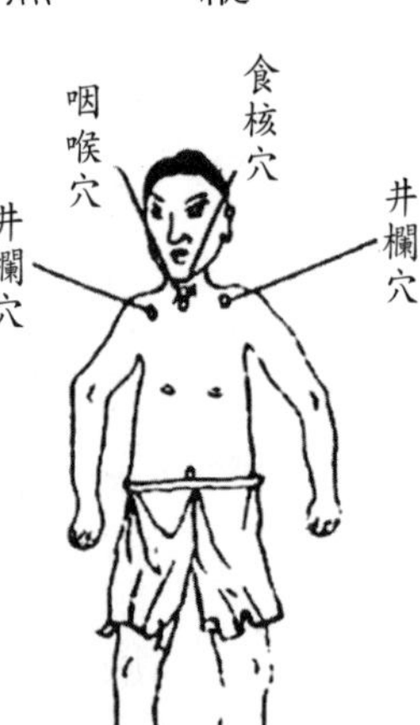

三大穴下牙腮脫落

下肫穴三大穴

治井欄穴方

歸尾二錢，檳榔二錢，生地二錢，桃仁二錢，紅花錢五，乳香二錢，去油，末藥二錢，血結二錢，山七二錢，切片，細辛二錢，川厚朴二錢，獨活二錢，活血二錢，六紅①二錢，化皮②要大，菖蒲二錢，甘草二錢，藕節引服一帖，後用烏金散尋痛散即癒。

下肫穴受傷後七日不腫痛，惟牙骨作緊至百日，便咳嗽肫窩痛是也，行路時則氣喘，動如齒食物，二年餘必吐血而亡，早治可癒。

【注釋】

①六紅：胡先生曰「疑是六神麴」。

②化皮：胡先生曰「即化橘紅」。

治下肫穴方

升麻二錢，葛根二錢，白芍二錢，紅肖二錢，白芷二錢，歸尾二錢，活血二錢，細辛二錢，荊芥二錢，北風①二錢，公丁②一錢，打碎，前胡二錢，山棱二錢，文朮二錢，枳殼二錢，牛膝二錢，川小③錢半，廣皮錢半，甘草錢半，赤苓二錢，檳榔二錢。水煎服後，再用上部末藥服之。

下牙肥脫落穴或脫落錯擙不相合者，此是小傷，可用手法扶上後再服藥即癒。

【注釋】

①北風：胡先生曰「即北防風」。

②公丁：胡先生曰「即公丁香」。

③川小：胡先生曰「即川卜」。

治下牙腮脫落方

蜜黨參三錢，白朮二錢，茯苓三錢，炙甘草一錢，半夏二錢，廣皮二錢，赤芍二錢，檳榔二錢，歸尾三錢，大活血三錢。紅棗引水煎服。

治咽喉穴方

熟人參二錢，用乳香冬酒蒸之，母丁香二錢，不見火研末，廣木香一錢半，不見火研末，白丹桂二錢，白僵蠶一錢四分，炒去線，人中白瓦上焙乾醋淬，一錢，結白苓二錢，酒白芍二錢，真琥珀水煮一炷香久，二錢，上沉香研末，二錢，上珍珠水煮一炷香，一錢，全蟲①水洗去足，一錢二分，川厚朴一錢半，桔梗二錢，枳殼二錢，赤芍二錢，檳榔二錢，的乳一錢，去油，明沒一錢②，共二十味，沉木丁三香③不見火，外下十七味，水煎參湯對服，外用回生散敷之即癒。

【注釋】

①全蟲：胡先生曰「即蠍子」。

②明沒：胡先生曰「即沒藥」。

③沉木丁三香：胡先生曰「即沉香、木香、丁香」。

午宮圖

通脈輪流忌午時，掌心不可傷破之。若還傷破血噴出，縱有良藥命必西。

按白蛇入洞，係兩脅下腋窩裏，若此時傷重者，兩手不能提動，半月後咳吐白痰，將百日便吐血咳痰，頭眼昏花，兩手不能起，輕者早治即癒。

二仙傳道穴在乳上二指，二仙傳道之上，

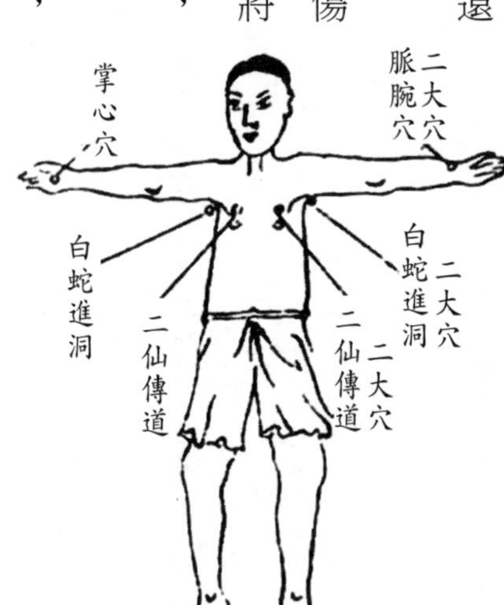

橫三指便左為血食，右為血氣，若傷者必死。至三十五日吐鮮血，至四十九日亡。午時抓破手脈者，臨時即腫，敷用神聖散，再服水藥即癒。

治左白蛇進洞方

歸尾二錢，赤芍二錢，檳榔二錢，枳殼二錢，蘇木二錢，桃仁二錢，細辛二錢，山七二錢，細結①二錢，赤苓二錢，班苗②二錢，大黃二錢，芒硝二錢，海馬二錢，香附二錢，台烏二錢，廣皮二錢，甘草一錢半。

用松滾水泡過為引，水煎生酒對服後，用馬全散末藥，再用中部末藥即癒。

【注釋】

①細結：胡先生曰「即血結」。

②班苗：胡先生曰「有毒，令內臟出血，最好慎用或不用」。

治右白蛇進洞方

澤蘭二錢，赤芍二錢，香附二錢，台烏二錢，廣皮二錢，川厚朴一錢半，山七一錢半，血結二錢，三棱二錢，莪朮二錢，蘇木二錢，菖蒲二錢，亭力二錢，大黃二錢，芒硝二錢，枳殼二錢，獨活二錢，細辛一錢二，茜草三錢，桃寄生三錢，甘草一錢半，用老松節開水滾過為引，生酒對服後，用馬全散再服中部末藥即癒。

治手上方

靈仙二錢，赤芍二錢，桂枝二錢，紅肖二錢，白芷二錢，檳榔二錢，淮牛膝二錢，歸尾二錢，獨活二錢，山甲二錢，陳皮二錢，枳殼二錢，細辛一錢，三棱二錢，莪朮二錢，的乳二錢去油，明沒二錢，木通三錢，甘草一錢。水煎服。

又治掌心方

歸尾一錢半，赤芍八分，桂枝一錢，淮牛膝三錢，乳沒三錢①，甘草一錢，靈仙一錢，生地一錢，白芷八分，升麻五分，檳榔二錢，獨活一錢半，水煎服。

【注釋】

①乳沒：胡先生曰「是乳香、沒藥」。

治二仙傳道方

羌活二錢，獨活二錢，活血二錢，枳殼二錢，荊芥二錢，北豐二錢，桔梗二錢，川芎二錢，陳皮二錢，茯苓二錢，柴胡二錢，香附二錢，木香二錢，甘草二錢。除木香不見火外，共研末，服二劑後，用馬全散末，再用活血住痛散，服之即癒。

未宮圖

未時血氣入□□①，左為命宮左盆肱。金錢下海空腔內，醫者須早莫遲延。

按盆肱穴傷，重者半年，輕則一年。凡受傷後似傷寒吊脅症，至一月後，便咳吐白痰，氣上壅，日久吐血而亡，須早療治。

又金錢下海穴與盆肱穴，命宮血均不宜傷重，若偶爾伸手撞中此穴者，不及百日必咳痰吐血而亡。

【注釋】

①□□：字不清待考，疑為「臟腑」。

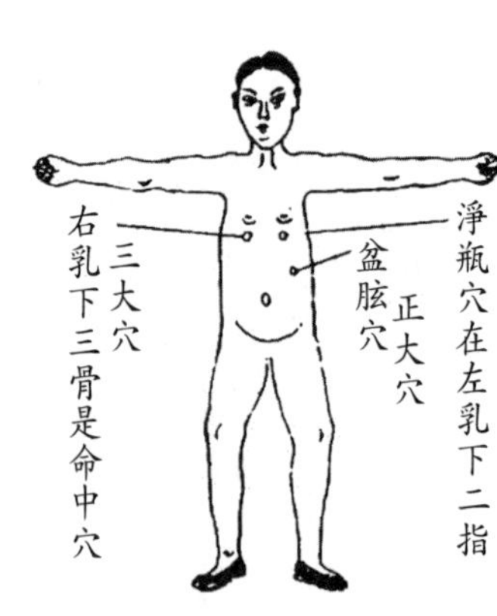

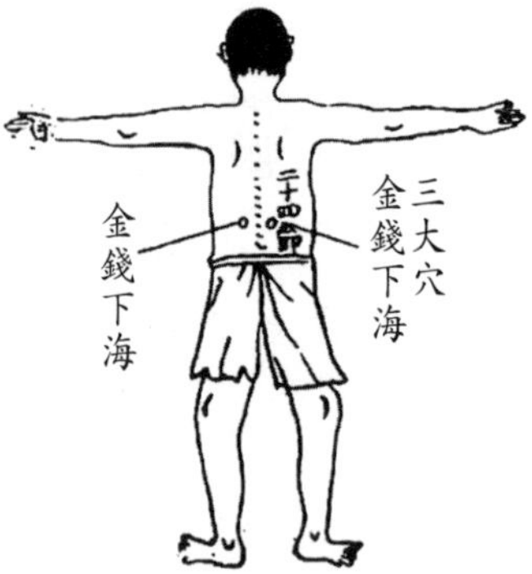

治盆肱穴方

歸尾二錢，生地二錢，檳榔二錢，赤芍二錢，蘇木二錢，桃仁二錢，紅花二錢，山七二錢，血結二錢，廣皮二錢，川厚朴二錢，柴胡二錢，枳殼二錢，白烏①二錢，細辛一錢，甘草一錢，化皮二錢。童便引服二帖後，用馬全散與中部末藥即癒。

【注釋】

①白烏：胡先生曰「疑為白芍」。

治命宮穴方

香附二錢，澤蘭二錢，台烏二錢，三棱二錢，莪朮二錢，蘇木二錢，血結二錢，山七二錢，川厚朴二錢，廣皮二錢，枳殼二錢，赤芍二錢，檳榔二錢，菖蒲二錢，化皮二錢，大黃二錢，芒硝二錢，細辛一錢，甘草一錢，乳香去油一錢，沒藥一錢。童便引服二劑，除大黃、芒硝，再服用馬全散、活血住痛散末藥即癒。按：命宮穴，在右乳下三條骨內。

治金錢下海穴方

三棱二錢，莪朮二錢，蘇木二錢，紅花二錢，桃仁二錢，秦艽二錢，杜仲二錢，故紙二錢，獨活二錢，廣皮二錢，大黃二錢，芒硝二錢，檳榔二錢，枳殼二錢，赤芍二錢，血結二錢，細辛一錢半，山七一錢半，甘草一錢半。服二劑後，用馬全散，酒對服，再用活血住痛散即癒。

申宮圖

申時血氣鳳尾中，二十四節謹相通。打落腰子人自哭，即時三刻①命必終。

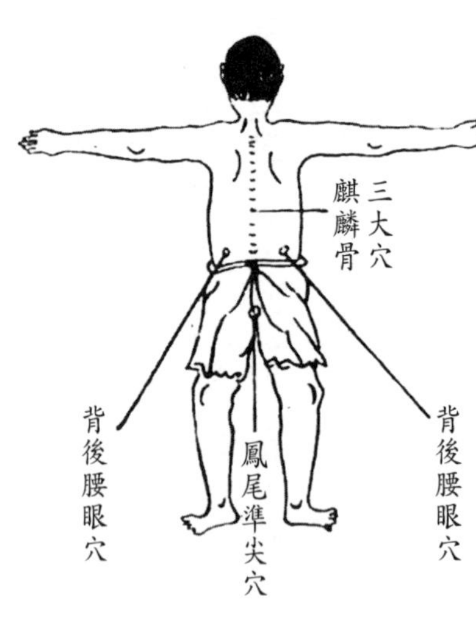

按：腰眼穴傷者，用手法推拿，然後服藥見效。麒麟骨係背脊骨，共二十四節，若跌打脫落者，須用移掇法端正推揉活動氣血後，依方服藥。

兩膀為「童子骨」，尾脊為「吊筋穴」。

【注釋】

①三刻：胡先生曰當作「四十五分鐘，實踐中三天死」，的確見過實例。

治腰眼穴方

杜仲二錢，炒，秦艽二錢，續斷二錢，香附二錢，台烏二錢，大黃二錢，枳殼二錢，故紙二錢，檳榔二錢，陳皮二錢，川厚朴二錢，公丁二錢，的乳去油，二錢，明沒二錢，獨活二錢，赤苓二錢，金釵二錢，甘草一錢，藕節引服二劑後，再用尋痛散即癒。

鳳尾穴方

血氣流行鳳尾中，申時傷重糞門通，損傷大便自流出，一定常落褲襠中。傷則緊痛難當，氣血阻滯不行，醫者用手法推拿，再用九龍大針一射後服藥。

治鳳尾、準尖二穴方

骨豐二錢，骨碎補二錢，歸尾二錢，枳殼二錢，血結二錢，赤芍二錢，桃仁二錢，紅花二錢，蘇木二錢，陳皮二錢，牛膝二錢，獨活二錢，的乳去油，二錢，明沒二錢，大活血二錢，石斛三錢，牙皂一錢半，甘草一錢半，水煎酒對服後，用尋痛散全癒。

麒麟骨方

麒麟骨在背脊中鳳尾血氣共相通，最怕申時受傷，重醫者一月方見功，倘若不醫誤大事，不及一年命必終。又申時血海在尾中，二十一節皆相通，受傷兩腿定難坐，通氣下血大便中。

治麒麟骨方

當歸二錢，生地二錢，赤芍二錢，檳榔二錢，骨碎補二錢，桃仁二錢，三棱二錢，莪朮二錢，血結二錢，山七二錢，公丁香二錢，乳沒去油，二錢，土別二錢，甲珠二錢，秦艽二錢，杜仲二錢，細辛一錢半，甘草一錢半，藕節引水煎酒對服後，用馬全散糯米酒對服自癒。

治脊骨中節方

熟軍一錢半，茜草八分，漆渣燒灰，一錢半，通草八分，歸尾一錢半，文朮一錢，木香一錢，元支①二錢，枳殼二錢，三苓②八分，蘇木二分，桃仁七粒，川牛膝一錢半，水煎服。後用黑鉛丹。

【注釋】

①元支：胡先生曰「疑為桑枝」。

②三苓：胡先生曰「當作三棱」。

酉宮圖

酉時氣血在丹田，腰子肚角亦相連。若是此時遭跌打，重即當日輕半年。

傷丹田腰子穴重者，腰背不伸，面白嘔吐，小腹緊痛，飲食難下，須用手法推拿打掇，使血氣活動，再依方服藥。若不早治，不及半年必死。

治丹田腰子二穴方

歸尾二錢，赤芍二錢，檳榔二錢，木香二錢，三棱

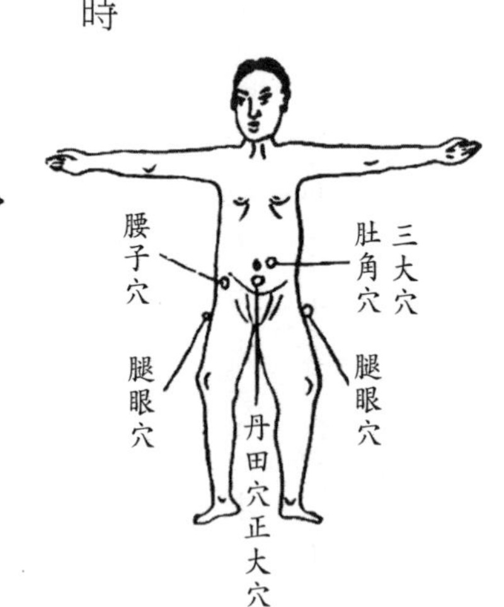

二錢，莪朮二錢，木通二錢，陳皮二錢，枳殼二錢，蘇木二錢，血力①二錢，山七二錢，知仁②蜜炒，二錢，黃檗二錢，茯苓二錢，乳沒③去油，二錢。燈心引水煎服，後用馬全散與活血住痛散即癒。

肚角穴傷重者，肚中翻覆，腰背不伸，肚角緊痛閉脹，口中嘔糞。醫者用推拿掇轉法推轉肚腹後，服藥自效。

【注釋】

①血力：胡先生曰「疑為疾力」。

②知仁：胡先生曰「當作益智仁」。

③乳沒：胡先生曰「是乳香、沒藥」。

治肚角穴方

香附二錢，廣皮二錢，活血二錢，小茴二錢，乳沒二錢，獨活二錢，牙皂二錢，三棱二錢，莪朮二錢，山七二錢，血結二錢，歸尾二錢，赤芍二錢，蘇木二錢，廣香二錢，丹皮二錢，台烏二錢，枳殼二錢，檳榔二錢，燈心引水煎服後，用五香糯米酒對服。

邊翅穴之內骨通腿眼穴，或脫或跛，醫者看其傷在內，在外用手法掇鬥原處，以夾板縛之，服藥見效，若夾五日鬆縛，用手推揉活血，再夾七日即可鬆矣。

治邊翅腿眼二穴方

獨活三錢，牛膝三錢，桃仁三錢，生地三錢，歸尾三錢，防己三錢，秦艽三錢，紅花三錢，赤芍三錢，骨碎補三錢，桃寄生三錢，加皮五錢，細辛一錢五，上桂二錢，乳沒去油，二錢，甘草一錢半，水煎酒對服後再用下部末藥。

戌宮圖

銅壺滴漏忌戌時，月裏偷桃也不宜。此傷不要先服藥，炒熟早穀敷一回。

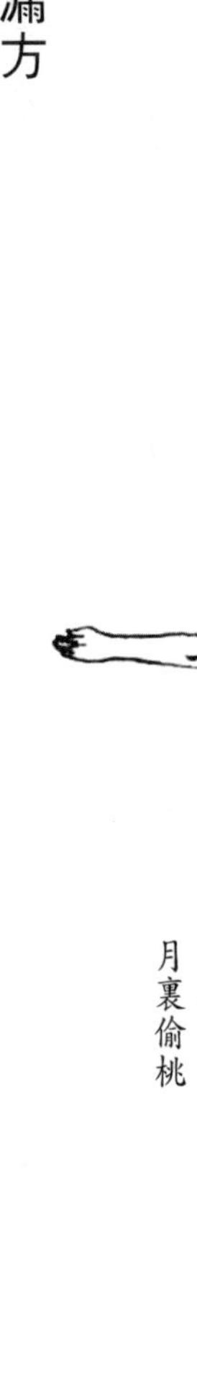

治銅壺滴漏方

車前子三錢，木通三錢，知母三錢，廣陳皮二錢，香附二錢，山七二錢，粉甘草二錢，腹皮二錢，茯苓二錢，柴胡二錢，蘇木二錢，黃檗二錢，乳沒一錢，去油，水煎酒對服二劑後，五香散末藥，再用活血住痛散全癒。

月裏偷桃傷重者，即時腫痛，敷以平安散，用絹紬包裹後服水藥。

治月裏偸桃方

當歸三錢，檳榔三錢，內紅肖二錢，白芷二錢，蒼朮一錢，陳皮二錢，枳殼二錢，血力二錢，三棱二錢，莪朮二錢，蘇木二錢，乳沒一錢，甘草一錢，山七切片，一錢。水煎服二劑，傷重者用馬蘭散膏丹，若腹腫脹痛，血氣不行，小便內塞，用平安散敷之，服此水藥即癒。

治馬欄穴方（在下陰門上三大穴）

車前二錢，木通二錢，白芷二錢，柴胡二錢，荊芥二錢，枳殼二錢，羌活二錢，獨活二錢，防風二錢，桔梗二錢，檳榔二錢，骨碎補二錢，白茯苓二錢，甘草一錢半，燈心引水煎服。

亥宮圖

亥時血氣落地空，左右兩足都相通。欲行數步亦難走，依法服藥始見功。

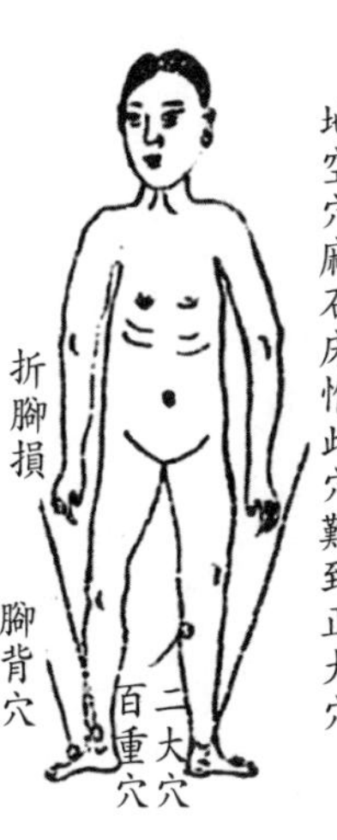

傷地空穴者，服藥欲藥行下部，須用好酒調服，至七日，可鬆。若傷重者，還須掇骨門筍方可醫治全癒。

又：湧泉穴上麻石床，受傷之人面帶黃。站行一步都難走，十二宮內選藥方。

傷折腳損者，用九龍火針一射，貼風損膏藥，一張即全癒。

治兩腳方

牛膝三錢，加皮三錢，獨活三錢，寄生三錢，秦艽三錢，杜仲二錢，乳香二錢，沒藥二錢，木瓜二錢，檳榔二錢，當歸二錢，赤芍二錢，蘇木二錢，安桂研末，三錢，地于、石斛各三錢，甘草二錢，土別二錢，藕節引水煎酒對服，再服下部末藥全癒。

治兩腳再用末藥方

五加皮炒，一兩，牛膝一兩，木瓜一兩，石斛五錢，獨活五錢，桑寄生酒炒，五錢，乳沒五錢，去油，海龍二隻，血結五錢，虎骨酒浸火煅，五錢，田山七三錢，切片，元寸二錢，沉香不見火，二錢，土別五錢，自然銅五錢，肉桂三錢，細辛五錢，牙皂三錢，條參三錢，廣皮三錢，茯苓三錢，秦艽三錢，杜仲三錢，建蓮五錢，赤芍五錢，苡仁五錢，生地五錢，桃仁五錢，骨碎補五錢，甘草二錢。共三十一味，各製合研末，早晚用酒服各一錢有餘。

跌打損傷所用散丹丸藥等方

沉香佛手散此方能接轉氣，只要有氣服，此可救廣沉香三錢，不見火，母丁一錢，山七一錢三分，血結三錢，南桂三錢，大佛手三錢，元寸①五分，川厚朴一錢五，雲苓二錢三，硃砂水煮一炷香，二錢，真琥珀水煮一炷香，二錢，檳榔、枳殼各二錢，全蟲水洗去足，二錢，化皮三錢，赤芍二錢，的乳去油，二錢，明沒二錢，雄黃二錢，木香不見火，二錢，人中白瓦上焙，二錢，製香附、粉甘草各三錢，廣陳皮二錢，合為丸，用人參煎湯，加蜜糖為糊，每粒重三分，曬乾聽用，服時以薑湯水化下，此為急救妙方。

【注釋】

①元寸：胡先生曰「即麝香」。

奪命丹 此方鎮心安魂定魂，接治傷患見效

人參錢三，琥珀三錢，珍珠三錢，化桂錢五，母丁錢三，上麝一錢，豆砂一錢，沉香三錢，木香三錢，血結三錢，蘇木三錢，當歸三錢，白芍三錢，雲苓三錢，山七三錢，白蔻二錢，檳榔二錢，赤肖①、乳沒各三錢，桃仁三錢，紅花三錢，廣皮三錢，枳殼三錢，生地、自然銅各三錢，虎骨二錢，金砂一錢，甘草二錢，白木耳、人中白各三錢，炙，白硃砂三錢，八棱麻三錢，酒炒，羚羊角銼末，三錢，馬全子②製，三錢二分。共三十六味，用檀香引研細末，用糯米酒調，每服一錢。

【注釋】

①赤肖：胡先生曰「即內紅肖」。

②馬全子：胡先生曰「當作馬錢子」。

尋痛散

的乳三錢，明沒三錢，去油，當歸三錢，川芎三錢，酒芍①三錢，生地三錢，赤芍三錢，檳榔三錢，碎補三錢，雲苓三錢，桃仁三錢，紅花三錢，蘇木三錢，血結三錢，白芷三錢，甲珠三錢，建蓮三錢，香附三錢，枳殼三錢，廣皮三錢，羌活三錢，獨活三錢，北辛三錢，內紅肖三錢，台烏三錢，桂枝三錢，淮膝三錢，秦艽三錢，靈仙三錢，續斷三錢，杜仲三錢，故紙三錢，三棱三錢，莪朮三錢，活血三錢，木瓜三錢，川牛膝三錢，加皮三錢，骨豐三錢，化皮三錢，自然銅三錢，上桂三錢，山七三錢，母丁三錢，上麝三錢，廣香五錢，虎骨炙三錢，大茴三錢，小茴三錢，甘草二錢。共五十味，各製和研末用好酒服之。

【注釋】

①酒芍：胡先生曰「即酒製芍藥」。

五香散

沉香五錢，檀香五錢，麝香五錢，丁香五錢，小茴五錢，山七五錢，車前五錢，木通五錢，洋參五錢，白苓五錢，歸尾五錢，活血五錢，獨活五錢，檳榔五錢，赤芍五錢，丹皮五錢，澤瀉五錢，乳香五錢，明沒五錢，牡蠣五錢，香附五錢，上桂三錢，血結三錢，虎骨炙二錢，自然銅二錢，知母三錢，黃檗三錢，甘草三錢，各製研末，好酒調服。

通關散 開竅吹鼻

豬牙皂、北細辛、麝香，三味共研細末，用磁瓶收好聽用。

神聖散 敷藥方

川烏三錢，草烏三錢，梔子三錢，黃檗三錢，黃芩三錢，大黃三錢，白芷三錢，內紅肖三錢，蔥牯三錢，甘草一錢，灰麵一錢，南星三錢，半夏三錢，有傷處加此二味，合研細末，用燒酒調敷。

【注釋】

按：胡先生曰「注意：外用藥切記，不能入口內服。」

平安散敷藥方

生大黃、白芷稍、五培子、大甘草、芙蓉花、柑子葉各五錢，用薑黃汁調敷。

回生丹

條參二三錢，當歸二錢，白芩①二錢，母丁二錢，上桂二錢，人中白炙一錢三，豆砂一錢三，血結三錢，麝香一錢，沉香不見火，三錢，羚羊角三錢，木香不見火，三錢，山七二錢，川厚朴三錢，赤芍三錢，虎骨二錢，醋炙，自然銅三錢，琥珀水煮一炷香久，三錢，的乳、明沒各二錢，去油，酒白芍三錢，桃仁三錢，紅花三錢，生地三錢，珍珠三錢，水煮，甘草一錢，合研細末，用糯米酒早晚調服一次，每次一錢。

五通丸

生巴豆去殼，不見火，三錢，生大黃五錢，鮮檳榔五錢，合研末；淨芒硝五錢，陳枳殼五錢，用糯米為糊，如古月開水服二十幾丸，即有血自大便出。

【注釋】

①白芩：胡先生曰「當作白茯苓」。

活血住痛散

大活血五錢，小活血五錢，北秦艽五錢，廣木香五錢，大化皮五錢，京赤芍五錢，白當歸五錢，骨碎補五錢，大土別五錢，製香附三錢，上化桂三錢，母香丁三錢，田山七二錢，真琥珀醋炙，二錢，上元寸一錢，川厚朴五錢，北細辛二錢，東坡叩①三錢，川獨活三錢，絲杜仲三錢，杭白芍三錢，亭歷子三錢，川貝母三錢，生地黃三錢，川羌活三錢，血結三錢，穿山甲三錢，廣陳皮三錢，大小茴三錢，蘇木三錢，的乳香三錢，明沒三錢，桃仁三錢，紅花三錢，故紙三錢，薄荷三錢，紅硝三錢，菖蒲三錢，川芎三錢，山柰三錢，甘草二錢。合研細末，每日早晚用酒調服。

【注釋】

①東坡叩：胡先生曰「當作東坡肉」。

馬全散

馬全子一兩，珍珠五錢，水煮一柱香，朱砂三錢，小便炙，豆砂一錢，水煮一柱香，山甲三錢，麝香一錢，真琥珀五錢，水煮一炷香，的乳三錢，明沒三錢，去油，獨活三錢，廣皮三錢，秦艽三錢，生地三錢，桃仁三錢，紅花三錢，枳殼三錢，廣木香五錢，不見火，大黃一錢，細辛三錢，上桂三錢，赤芍三錢，檳榔三錢，玄明粉三錢，大小茴三錢，骨碎補三錢，甘草、大母丁各三錢，山七二錢，血結、蘇木、歸尾各五錢，沉香三錢，不見火，檀香三錢，不見火，共研細末，早晚調服。

製馬全子法

或取一斤二斤不等，放便桶內用水春浸一月，夏浸二十四日，秋浸二十七日，冬浸四十九日，擇良辰取出，至長流水濱沖洗之，刮去皮毛，用酒浸一晝夜，洗淨用扎刀切片曬乾聽用。若先未製就急欲用時，以溫水浸之，刮去皮毛，由香麻油煮之，不可煎枯，取出合研細末，每單用一兩。

治槍刀大傷用藥方

真象骨三兩，切片，用黃土炒乾去土，胎髮毛取九個，燒灰用，赤石脂一兩，火煅紅，小便淬炙乾，石龍骨一兩，火煅便淬炙乾，國黃丹五錢，鍋炒擂碎，川黃連三錢，切片，香甘石三兩，火煅便淬令乾，研末，檗輕粉四錢，血結五錢，大黃五錢，黃檗五錢，白芷五錢，雲苓三錢，山七三錢，明沒三錢，法夏三錢，的乳四錢，去油，用無毛鼠，鼠以石灰逼死，瓦上曬乾，研細末，放大擂缽內加冰片一錢，元寸五分，擂勻用磁罐收緊。

治刀斧小傷用藥方

陳石灰節極細者一斤，蘇瓜葉五錢，芙蓉葉三錢，此二葉先入碓內，舂爛如泥後，放石灰入五黃藥水汁內，合勻輕舂極細取出，做成餅，陰乾打碎研末，篩過收好聽用。

九龍火針丹

蘄艾心五錢，生蒼朮五錢，生川芎五錢，生草烏五錢，炒老薑三錢，粉白芷三錢，上元寸五分，合研細末，用青布包定，火煅勻射之患處自癒。

總治上部末藥方

天麻二錢，藁本二錢，辛夷二錢，羌獨活二錢，北豐二錢，當歸二錢，檳榔二錢，白芍二錢，生地二錢，台烏二錢，桂枝二錢，淮膝二錢，陳皮二錢，枳殼二錢，桔梗二錢，乳沒二錢，去油，活血三錢，菖蒲三錢，山甲三錢，碎補三錢，川、草烏製，各三錢，楊花三錢，赤芍三錢，山七三錢，血結三錢，蘇木三錢，上桂三錢，虎骨三兩，自然銅三錢，土別三錢，甘草三錢，元寸五分，地龍一兩，曬乾，劉黃兵①五錢，各研細末，飯後服之。

【注釋】

①劉黃兵：胡先生曰「存疑」。

總治中部末藥方

歸尾三錢，檳榔三錢，赤芍三錢，三棱三錢，莪朮三錢，桃仁三錢，紅花三錢，蘇朮三錢，陳皮三錢，青皮三錢，川、草烏各三錢，楊花三錢，大黃三錢，芒硝三錢，香附三錢，台烏三錢，薄荷三錢，杏仁三錢，山甲三錢，白芍三錢，山七切片三錢，血結三錢，上桂三錢，沉香三錢，秦艽三錢，菖蒲三錢，廣香三錢，細辛三錢，甘草三錢，生地五錢，化皮三錢，馬全子三錢，虎骨一兩，自然銅二兩，醋炙，乳沒二錢，去油，元寸五分，以上共三十六味，各研細末，酒調服。

總治下部末藥方

川芎三錢，活血三錢，獨活三錢，寄生三錢，建蓮三錢，秦艽三錢，續斷三錢，自然銅三錢，安桂三錢，血結三錢，紅硝三錢，條參三錢，碎補三錢，紅花三錢，蘇木三錢，公丁三錢，歸尾三錢，赤芍三錢，檳榔三錢，川草烏①三錢，小茴三錢，廣皮三錢，生地三錢，桃仁三錢，甘草三錢，虎骨二兩，醋炙，元寸五分，乳沒一錢，去油，伸筋行②三錢。以上共二十九味，合研細末，用酒調服。

【注釋】

①川草烏：胡先生曰「當作川烏、草烏」。

②伸筋行：胡先生曰「當作伸筋草」。

解活法說

凡跌打傷重，因而閉氣者，其施行解活術之時間，當不逾十五分鐘。若過乎此時者，須驗其心窩與兩脅內有無溫度，開其眼簾察共瞳子之色，若何已變白色者，無救；大便已泄者，唇皮不能開闔者，亦無救。施行時用二人，以一人用兩掌推揉軀幹活動其氣血，又一人照法伸縮其手足，俟呼吸漸有氣時，用開關散甦之，已噎甦後，令其靜臥養神，依法服藥，自無不愈者矣。

心一拳術上、中、下三卷已終。

【注釋】

按：胡先生曰：「看此書者請自重武德，不要拿別人做實驗。此書所述確實靈驗。」又：「傍穴、偏位，皆可救治。凡從事武醫者，必須認清是否能夠救治，以免草菅人命，耽誤病者時間。」

李泰慧前輩不僅將其所掌握、由姬龍鳳徒弟雙鶴老祖所傳這一支的武學和盤托出，而且將其所知道的其他武學，包括點穴傷科、秘傳經驗藥方也和盤托出。

老拳譜新編

吳鑒泉氏的太極拳
太極拳全書
拳經
新太極拳書
新太極劍書
太極拳圖說
太極劍圖說
增演易筋洗髓內功圖說
（合訂本）
陳氏太極拳圖說
太極拳術的理論與實際
太極正宗
太極薀真
張三丰內功煉丹秘訣
傷科真傳秘抄
內功煉丹秘訣
（合訂本）
煉氣行功秘訣
萇氏武技全書
（合訂本）
太極拳講義
教門彈腿圖說
六合潭腿圖說
陳氏世傳太極拳術
太極拳精義

武學釋典

顧留馨太極拳研究
太極密碼
太極拳今論
意拳正軌
汪永泉
太極拳的力學原理
太極拳理論之源
《易經》通俗解
太極拳理傳真
內家拳武術探微
拳道述真
懂勁
內家拳的瑰寶
走進王薌齋
太極拳心法體悟
太極拳勢通解
太極十三經心解
太極拳經典拳勢詳解
懂勁之後
內家勁的修煉

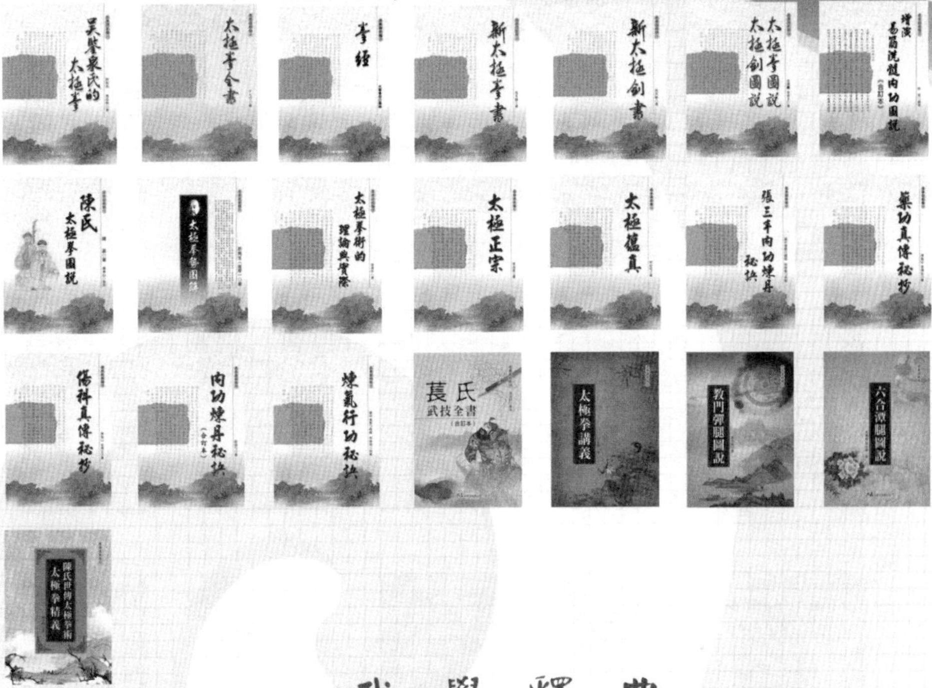

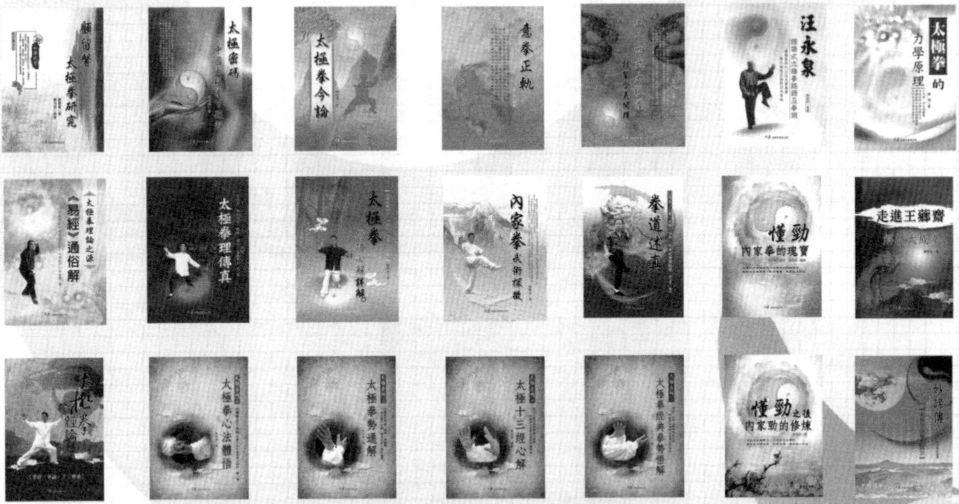

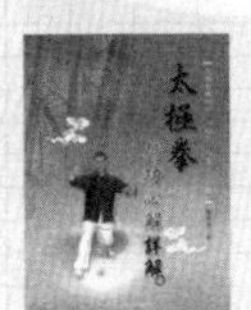

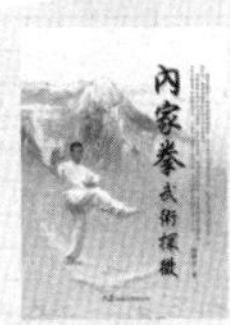

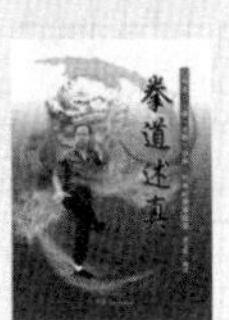

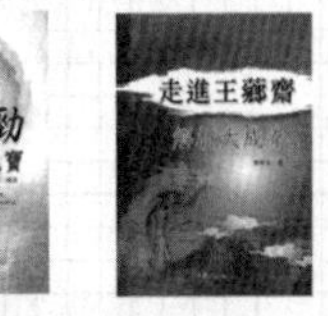

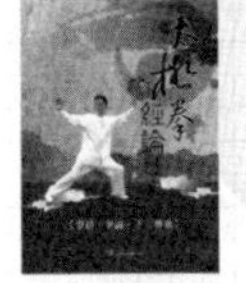

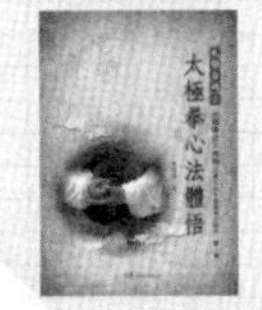

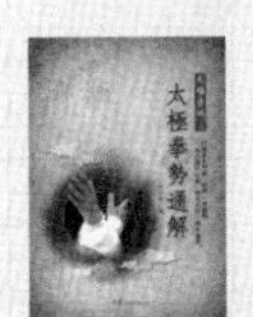

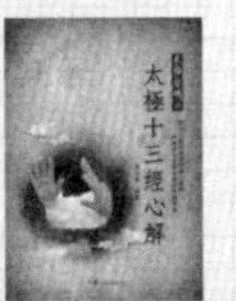

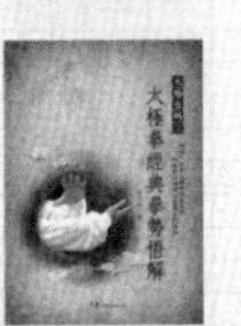

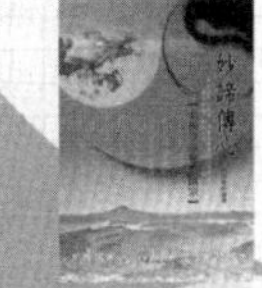

彩色圖解太極武術

歡迎至本公司購買書籍

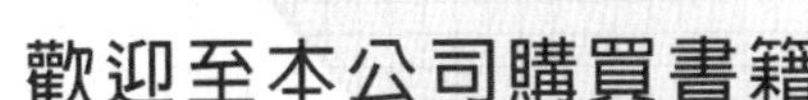

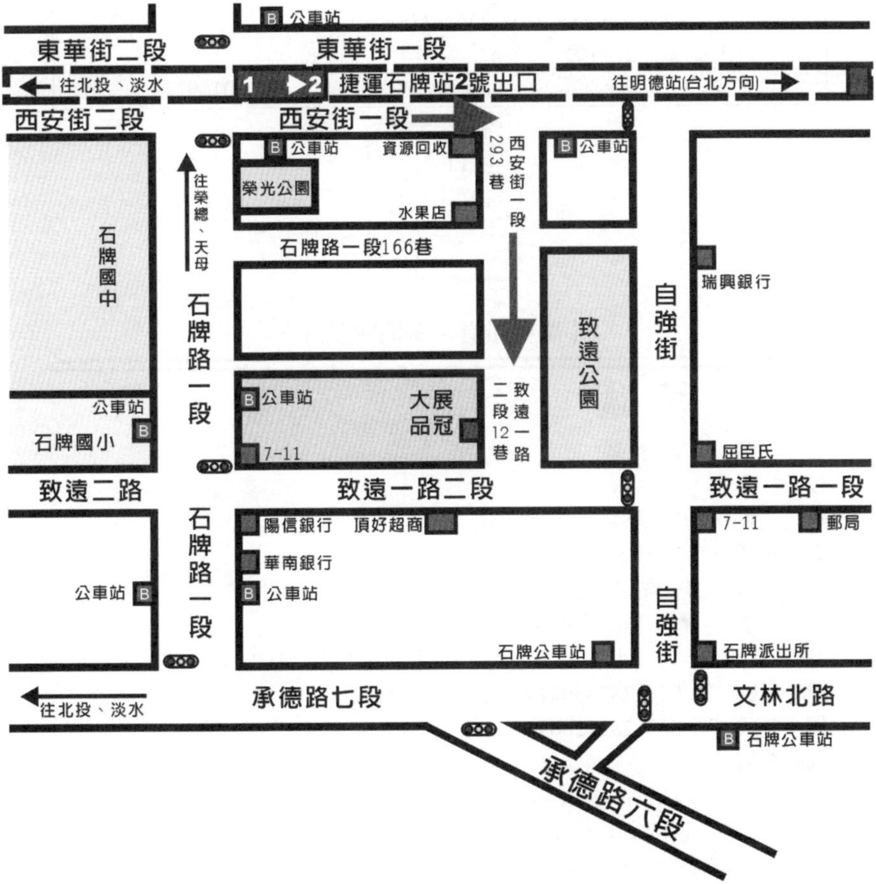
公車站
東華街二段
東華街一段
往北投、淡水
1
2
捷運石牌站2號出口
往明德站(台北方向)
西安街二段
西安街一段
公車站
資源回收
西安街一段293巷
公車站
往榮總、天母
榮光公園
水果店
石牌國中
石牌路一段166巷
瑞興銀行
自強街
石牌路一段
致遠公園
公車站
大展品冠
致遠一路二段12巷
公車站
石牌國小
7-11
屈臣氏
致遠二路
致遠一路二段
致遠一路一段
陽信銀行
頂好超商
7-11
郵局
石牌路一段
華南銀行
公車站
公車站
自強街
石牌公車站
石牌派出所
往北投、淡水
承德路七段
文林北路
石牌公車站
承德路六段

建議路線

1.搭乘捷運・公車

淡水線石牌站下車，由石牌捷運站2號出口出站(出站後靠右邊)，沿著捷運高架往台北方向走(往明德站方向)，其街名為西安街，約走100公尺(勿超過紅綠燈)，由西安街一段293巷進來(巷口有一公車站牌，站名為自強街口)，本公司位於致遠公園對面。搭公車者請於石牌站(石牌派出所)下車，走進自強街，遇致遠路口左轉，右手邊第一條巷子即為本社位置。

2.自行開車或騎車

由承德路接石牌路，看到陽信銀行右轉，此條即為致遠一路二段，在遇到自強街(紅綠燈)前的巷子(致遠公園)左轉，即可看到本公司招牌。

國家圖書館出版品預行編目資料

心一拳術／李泰慧　著　　崔虎剛　校注
——初版，——臺北市，大展，2019〔民108.12〕
面；21公分 ——（武學古籍新注；5）
ISBN 978－986－346－273－6（平裝）
1.拳術　2.中國
528.972　　108016924

心 一 拳 術

著　　者／李泰慧
校 注 者／崔虎剛
策　　劃／王躍平　常學剛
責任編輯／苑博洋
發 行 人／蔡森明
出 版 者／大展出版社有限公司
社　　址／台北市北投區（石牌）致遠一路2段12巷1號
電　　話／（02）28236031・28236033・28233123
傳　　眞／（02）28272069
郵政劃撥／01669551
網　　址／www.dah-jaan.com.tw
E－mail ／service@dah-jaan.com.tw
登 記 證／局版臺業字第2171號
承 印 者／傳興印刷有限公司
裝　　訂／眾友企業公司
排 版 者／弘益電腦排版有限公司
授 權 者／北京科學技術出版社
初版1刷／2019年（民108）12月

定 價／550元

大展好書　好書大展

品嘗好書　冠群可期